진짜
수학의 답을
찾아서!

수학의 답

중학 수학 ②

KB190401

중/학/기/본/서 베/스/트/셀/러

교과서가 달라도,
한 권으로 끝내는
자기 주도 학습서
뉴런

국어 1~3 영어 1~3 수학 1(상)~3(하)
사회 ①, ② 과학 1~3 역사 ①, ②

문제 상황

뉴런으로 해결!

 학교마다 다른 교과서 ·····→ 어떤 교과서도 통하는
중학 필수 개념 정리

 자신 없는 자기 주도 학습 ·····→ All-in-One 구성(개념책/실전책/미니북),
무료 강의로 자기 주도 학습 완성

 풀이가 꼭 필요한 수학 ·····→ 수학 강의는 문항코드가 있어
원하는 문항으로 바로 연결

수학의 답

중학 수학 2

STRUCTURE

EBS 중학 수학의 인기 강좌 수학의 답!
이제 교재로 만날 수 있습니다!

수학의 답 총 1,300개의 강의 중 2학년 교육과정
순서에 맞게 160개 유형으로 재구성하였습니다.

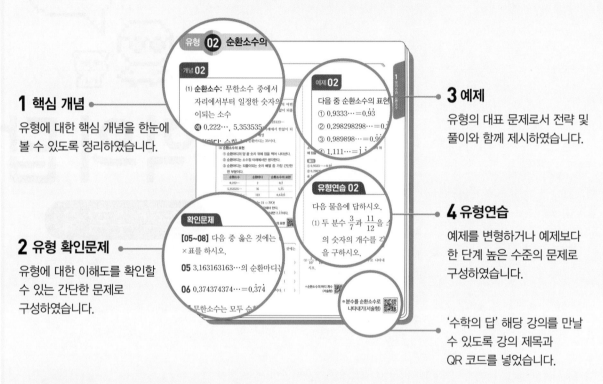

1 핵심 개념

유형에 대한 핵심 개념을 한눈에
볼 수 있도록 정리하였습니다.

2 유형 확인문제

유형에 대한 이해도를 확인할
수 있는 간단한 문제로
구성하였습니다.

3 예제

유형의 대표 문제로서 전략 및
풀이와 함께 제시하였습니다.

4 유형연습

예제를 변형하거나 예제보다
한 단계 높은 수준의 문제로
구성하였습니다.

'수학의 답' 해당 강의를 만날
수 있도록 강의 제목과
QR 코드를 넣었습니다.

● **정답과 풀이** 자세하고 친절한 풀이

수학의 답 강의 활용 방법 EBS ◖◗● 중학

개념이나 문제 하단의 QR 코드를 찍으세요!
수학의 답 해당 강의를 바로 만날 수 있습니다.

이 책의 차례
CONTENTS

이 책의 차례
CONTENTS

1 유리수와 순환소수

유형 01 유한소수와 무한소수

개념 01

(1) **유리수**: 분수 $\dfrac{a}{b}$ (a, b는 정수, $b \neq 0$) 꼴로 나타낼 수 있는 수

(2) **소수의 분류**

① 유한소수: 소수점 아래에 0이 아닌 숫자가 유한 번 나타나는 소수

例 0.2, 2.9

② 무한소수: 소수점 아래에 0이 아닌 숫자가 무한 번 나타나는 소수

例 π, 0.343434···, 0.31897985···

[주의] 무한소수 중에는 원주율 $\pi = 3.141592$···와 같이 순환하지 않는 무한소수도 존재한다.

[참고] 정수가 아닌 유리수는 나눗셈을 이용하여 유한소수나 무한소수로 나타낼 수 있다.

例 $\dfrac{4}{5} = 4 \div 5 = 0.8$ ➡ 유한소수

$\dfrac{2}{3} = 2 \div 3 = 0.666$··· ➡ 무한소수

⊙ 유한소수와 무한소수

예제 01

다음 분수를 소수로 나타내시오.

(1) $\dfrac{7}{4}$

(2) $\dfrac{1}{3}$

풀이 전략

정수가 아닌 유리수는 나눗셈을 이용하여 유한소수나 무한소수로 나타낼 수 있다.

풀이

(1) $\dfrac{7}{4} = 7 \div 4 = 1.75$

(2) $\dfrac{1}{3} = 1 \div 3 = 0.333$···

⊙ 유한소수와 무한소수

확인문제

[01~04] 다음 중 옳은 것에는 ○표, 옳지 <u>않은</u> 것에는 ×표를 하시오.

01 2.3333은 무한소수이다. ( )

02 7.687687687···은 유한소수이다. ( )

03 $\dfrac{2}{7}$는 무한소수이다. ( )

04 $\dfrac{3}{15}$은 유한소수이다. ( )

유형연습 01

다음 중 분수를 소수로 나타낸 것으로 옳지 <u>않은</u> 것은?

① $\dfrac{3}{8} = 0.375$

② $-\dfrac{5}{12} = -0.41666$···

③ $\dfrac{6}{20} = 0.3$

④ $\dfrac{2}{15} = 0.13$

⑤ $\dfrac{1}{9} = 0.111$···

유형 02 순환소수의 표현

개념 02

(1) **순환소수**: 무한소수 중에서 소수점 아래의 어떤 자리에서부터 일정한 숫자의 배열이 한없이 되풀이되는 소수

예 $0.222\cdots$, $5.353535\cdots$, $0.6123123123\cdots$

(2) **순환마디**: 순환소수의 소수점 아래에서 한없이 되풀이되는 일정한 숫자의 배열

예 $5.353535\cdots$의 순환마디는 35이다.

(3) **순환소수의 표현**

① 순환마디의 양 끝 숫자 위에 점을 찍어 나타낸다.

② 순환마디는 소수점 아래에서만 생각한다.

③ 순환마디는 되풀이되는 숫자 배열 중 가장 간단한 한 부분이다.

순환소수	순환마디	순환소수의 표현
$0.222\cdots$	2	$0.\dot{2}$
$5.353535\cdots$	35	$5.\dot{3}\dot{5}$
$0.6123123123\cdots$	123	$0.6\dot{1}2\dot{3}$

[주의] $2.121212\cdots$의 순환마디는 21 ⇨ NO!

➡ 순환마디는 소수점 아래에서만 생각해야 한다.

따라서 순환마디는 12이고 간단히 나타내면 $2.\dot{1}\dot{2}$이다.

● 순환소수의 표현

확인문제

[05~08] 다음 중 옳은 것에는 ○표, 옳지 <u>않은</u> 것에는 ×표를 하시오.

05 $3.163163163\cdots$의 순환마디는 316이다. (   )

06 $0.374374374\cdots=0.\dot{3}7\dot{4}$ (   )

07 무한소수는 모두 순환소수이다. (   )

08 분수 $\dfrac{11}{99}$을 순환소수로 나타내면 $0.\dot{1}\dot{1}$이다. (   )

예제 02

다음 중 순환소수의 표현으로 옳은 것은?

① $0.9333\cdots=0.9\dot{3}$

② $0.298298298\cdots=0.2\dot{9}\dot{8}$

③ $0.989898\cdots=0.\dot{9}\dot{8}$

④ $1.111\cdots=1.\dot{1}\dot{1}$

⑤ $1.030303\cdots=1.0\dot{3}$

풀이 전략

소수점 아래에서 순환마디를 찾고 순환마디의 양 끝 숫자 위에 점을 찍어 나타낸다.

풀이

① $0.9333\cdots=0.9\dot{3}$

② $0.298298298\cdots=0.\dot{2}9\dot{8}$

④ $1.111\cdots=1.\dot{1}$

⑤ $1.030303\cdots=1.\dot{0}\dot{3}$

따라서 옳은 것은 ③이다.

● 순환소수의 표현

유형연습 02

다음 물음에 답하시오.

(1) 두 분수 $\dfrac{3}{7}$과 $\dfrac{11}{12}$을 소수로 나타내었을 때, 순환마디의 숫자의 개수를 각각 a, b라 하자. 이때 $a-b$의 값을 구하시오.

(2) $\dfrac{1}{10^2}+\dfrac{1}{10^4}+\dfrac{1}{10^6}+\dfrac{1}{10^8}+\cdots$을 순환소수로 나타내시오.

● 순환소수의 마디 개수 (서술형)   ● 분수를 순환소수로 나타내기(서술형)

유형 03 소수점 아래 n번째 자리의 숫자 구하기

개념 03

소수점 아래 n번째 자리의 숫자 구하는 방법

① 순환마디를 이루는 숫자의 개수를 구한다.

② n을 순환마디의 숫자의 개수로 나눈 후 순환마디가 되풀이되는 규칙성을 이용한다.

예 분수 $\dfrac{4}{7}$를 소수로 나타내었을 때, 소수점 아래 2014번째 자리의 숫자를 구해 보자.

$$\dfrac{4}{7}=0.\dot{5}7142\dot{8}$$

➡ 순환마디의 숫자의 개수는 6개

➡ $2014 \div 6 = 335 \cdots 4$, 즉 나머지가 4

➡ 따라서 2014번째 자리의 숫자는 순환마디의 네 번째 숫자인 4이다.

[주의] 순환마디가 소수 첫째 자리부터 시작하지 않는 경우에는 소수점 아래 n번째 자리의 숫자를 구할 때 주의를 기울여야 한다.

● 소수점 아래 n번째 자리의 숫자 찾기

예제 03

분수 $\dfrac{3}{7}$을 소수로 나타내었을 때, 순환마디의 숫자의 개수를 a라 하고 소수점 아래 100번째 자리의 숫자를 b라 하자. 이때 ab의 값을 구하시오.

풀이전략

100을 순환마디의 숫자의 개수로 나눈 후 나머지를 이용하여 순환마디의 순서에 따라 소수점 아래 100번째 숫자를 찾는다.

풀이

주어진 분수를 소수로 나타내면

$$\dfrac{3}{7}=3 \div 7=0.\dot{4}2857\dot{1}$$

이므로 순환마디의 숫자의 개수 $a=6$

이때 $100 \div 6 = 16 \cdots 4$이므로 나머지가 4이다.

그러므로 소수점 아래 100번째 자리의 숫자는 순환마디의 4번째 숫자이므로 $b=5$

따라서 $ab=6 \times 5=30$

● 순환소수 응용하기(1)(서술형)

확인문제

[09~11] 다음 중 옳은 것에는 ○표, 옳지 않은 것에는 ×표를 하시오.

09 순환소수 $0.3\dot{8}\dot{5}$의 순환마디의 숫자의 개수는 2개이다. ( )

10 순환소수 $0.3\dot{8}\dot{5}$의 소수점 아래 10번째 자리의 숫자는 8이다. ( )

11 순환소수 $0.3\dot{8}\dot{5}$의 소수점 아래 10번째 자리의 숫자는 8이다. ( )

유형연습 03

순환소수 $0.\dot{6}82\dot{3}$의 소수점 아래 43번째 자리의 숫자와 50번째 자리의 숫자를 각각 x, y라 할 때, xy의 값을 구하시오.

유형 04 유한소수로 나타낼 수 있는 분수

개념 04

(1)
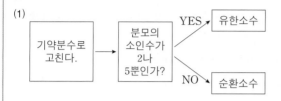

① **기약분수**: 분모와 분자의 공약수가 1뿐인 분수

➡ 분수 $\dfrac{b}{a}$ 에서 a, b가 서로소이면 $\dfrac{b}{a}$ 는 기약분수

② **소인수**: 어떤 자연수를 나누어떨어지게 하는 약수 중에서 소수인 것

(2) 정수가 아닌 유리수를 기약분수로 나타내었을 때, 기약분수의 분모의 소인수가 2 또는 5뿐이라면 분모를 10의 거듭제곱 꼴로 고쳐서 유한소수로 나타낼 수 있다.

예 $\dfrac{7}{20} = \dfrac{7}{2^2 \times 5}$ ➡ 분모의 소인수가 2와 5뿐이므로 유한소수로 나타낼 수 있다.

[주의] $\dfrac{21}{60} = \dfrac{3 \times 7}{2^2 \times 3 \times 5} = \dfrac{7}{2^2 \times 5}$ 과 같이 분모의 소인수에 3이 있어도 분자와 약분될 수 있으므로 반드시 기약분수로 고치고 분모의 소인수를 체크해야 한다.

● 분수를 유한소수로 나타내기   ● 유한소수로 나타낼 수 있는 분수 찾기

확인문제

[12~14] 다음 중 옳은 것에는 ○표, 옳지 <u>않은</u> 것에는 ×표를 하시오.

12 분수 $\dfrac{7}{21}$ 은 유한소수이다. (　　)

13 분수 $\dfrac{8}{25}$ 은 유한소수로 나타낼 수 있다. (　　)

14 분수 $\dfrac{6}{30}$ 은 분모의 소인수에 2와 5 이외의 소인수가 있으므로 순환소수이다. (　　)

예제 04

다음은 $\dfrac{3}{25}$ 을 유한소수로 나타내는 과정이다. (가), (나)에 알맞은 수를 구하시오.

$$\dfrac{3}{25} = \dfrac{3}{5^2} = \dfrac{3 \times \boxed{(가)}}{5^2 \times \boxed{(가)}} = \dfrac{12}{100} = \boxed{(나)}$$

풀이전략

분수의 분모와 분자에 적당한 수를 각각 곱하여 분모를 10의 거듭제곱의 꼴로 고치면 분수를 유한소수로 나타낼 수 있다.

풀이

$$\dfrac{3}{25} = \dfrac{3}{5^2} = \dfrac{3 \times \boxed{2^2}}{5^2 \times \boxed{2^2}} = \dfrac{12}{100} = \boxed{0.12}$$

따라서 (가)=2^2=4, (나)=0.12

● 분수를 유한소수로 나타내기

유형연습 04

다음 **보기** 중 유한소수로 나타낼 수 <u>없는</u> 것을 모두 고르시오.

| 보기 |

ㄱ. $\dfrac{1}{8}$　　　ㄴ. $\dfrac{4}{25}$　　　ㄷ. $\dfrac{27}{56}$

ㄹ. $\dfrac{27}{150}$　　　ㅁ. $\dfrac{35}{2 \times 3 \times 7}$

● 유한소수로 나타낼 수 있는 분수 찾기

유형 **05** 순환소수를 분수로 나타내기

개념 **05**

(1) 10의 거듭제곱을 이용하는 방법

❶ 순환소수를 x로 놓는다.

❷ 양변에 적당한 10의 거듭제곱을 곱하여 소수점 아래 부분이 같은 두 식을 만든다.

❸ 두 식을 변끼리 빼서 x의 값을 구한다.

예 순환소수 $0.\dot{1}\dot{3}$을 분수로 나타내어보자.

$x=0.131313\cdots$이라 하면

$$\begin{array}{r} 100x=13.131313\cdots \\ -)x=0.131313\cdots \\ \hline 99x=13 \end{array}$$

$\Rightarrow x=\dfrac{13}{99}$이므로

$$0.\dot{1}\dot{3}=\dfrac{13}{99}$$

(2) 공식을 이용하는 방법

a, b, c, d가 0 또는 한 자리 자연수일 때

① $0.\dot{a}=\dfrac{a}{9}$ ② $0.\dot{a}\dot{b}=\dfrac{ab}{99}$

③ $0.a\dot{b}=\dfrac{ab-a}{90}$ ④ $0.\dot{a}b\dot{c}=\dfrac{abc}{999}$

⑤ $a.b\dot{c}\dot{d}=\dfrac{abcd-ab}{990}$

예 $3.1\dot{4}\dot{2}=\dfrac{3142-31}{990}$, $2.\dot{1}\dot{3}=\dfrac{213-2}{99}$

● 순환소수를 분수로 빠르게 나타내기   ● 순환소수를 분수로 나타내기

예제 **05**

$3.\dot{0}\dot{9}=\dfrac{b}{a}$이고 a와 b가 서로소인 자연수일 때, 다음 물음에 답하시오.

(1) $3.\dot{0}\dot{9}$를 기약분수로 나타내시오.

(2) $a+b$의 값을 구하시오.

풀이 전략

주어진 순환소수를 분수로 고친다. 이때 a와 b가 서로소인 자연수이므로 분수 $\dfrac{b}{a}$는 기약분수이다.

풀이

(1) $3.\dot{0}\dot{9}=\dfrac{309-3}{99}=\dfrac{306}{99}=\dfrac{34}{11}$

(2) $a=11$, $b=34$이므로 $a+b=45$

● 순환소수 응용하기(2)(서술형)

확인문제

[15~17] 다음 중 옳은 것에는 ○표, 옳지 않은 것에는 ✕표를 하시오.

15 순환소수 $0.ab\dot{c}$를 분수로 나타내면 $\dfrac{abc-ab}{99}$이다.

(   )

16 순환소수 $2.03\dot{1}$을 분수로 나타내면 $\dfrac{2011}{990}$이다.

(   )

17 순환소수 $0.\dot{a}\dot{1}$을 분수로 나타내면 $0.\dot{a}\dot{1}=\dfrac{a+1}{99}$이다.

(   )

유형연습 **05**

$1.\dot{1}a-0.\dot{a}\dot{1}=2.0\dot{1}$을 만족하는 한 자리 자연수 a의 값을 구하시오.

● 순환소수 응용하기(3)(서술형)

유형 06 기약분수의 분모, 분자를 잘못 본 경우

개념 06

기약분수를 소수로 나타낼 때,
① 분모를 잘못 보았다. ⇨ 분자는 제대로 보았다.
② 분자를 잘못 보았다. ⇨ 분모는 제대로 보았다.
➡ 잘못 본 것은 버리고 제대로 본 것만 선택하자!

● 기약분수의 분모, 분자를 잘못 본 경우

확인문제

[18~22] 다음 중 옳은 것에는 ○표, 옳지 않은 것에는 ×표를 하시오.

18 기약분수 $\dfrac{4}{7}$를 소수로 나타낼 때, 잘못 보고 순환소수 $0.\dot{4}$로 나타냈다면 이는 분모를 잘못 본 것이다.
( )

19 기약분수 $\dfrac{17}{9}$을 소수로 나타낼 때, 잘못 보고 순환소수 $1.\dot{7}$로 나타냈다면 이는 분모를 잘못 본 것이다.
( )

20 기약분수 $\dfrac{13}{99}$을 소수로 나타낼 때, 잘못 보고 순환소수 $0.\dot{3}\dot{1}$로 나타냈다면 이는 분자를 잘못 본 것이다. ( )

21 기약분수 $\dfrac{31}{90}$을 소수로 나타낼 때, 잘못 보고 순환소수 $0.3\dot{1}$로 나타냈다면 이는 분자를 잘못 본 것이다. ( )

22 기약분수 $\dfrac{a}{b}$의 분모를 잘못 보고 나타낸 소수가 있다. 이 소수를 기약분수로 나타냈을 때 $\dfrac{c}{d}$라 하면 a와 c는 서로 다른 값이다. ( )

예제 06

어떤 기약분수를 소수로 나타내는데 선재는 분자를 잘못 보고 계산하여 $0.\dot{3}$이 되었고, 석현이는 분모를 잘못 보고 계산하여 $1.\dot{5}$가 되었다. 처음 기약분수를 소수로 나타내시오.

풀이 전략

선재는 분자를 잘못 보았지만 분모는 제대로 보았다. 또, 석현이는 분모를 잘못 보았지만 분자는 제대로 보았다. 즉, 잘못 본 것은 버리고 제대로 본 것을 이용한다.

풀이

$0.\dot{3} = \dfrac{3}{9} = \dfrac{1}{3}$에서 선재가 분모는 제대로 보았으므로 처음 기약분수의 분모는 3이다.

또, $1.\dot{5} = \dfrac{15-1}{9} = \dfrac{14}{9}$에서 석현이가 분자는 제대로 보았으므로 처음 기약분수의 분자는 14이다.

따라서 처음 기약분수 $\dfrac{14}{3}$을 소수로 나타내면

$$\dfrac{14}{3} = 14 \div 3 = 4.666\cdots = 4.\dot{6}$$

● 기약분수의 분모, 분자를 잘못 본 경우

유형연습 06

어떤 기약분수 A를 순환소수로 나타내는데 민수는 분모를 잘못 보아 $0.40\dot{6}$이라고 하였고, 지우는 분자를 잘못 보아 $0.\dot{3}\dot{7}$이라고 하였다. 기약분수 A를 순환소수로 바르게 나타내시오.

● 기약분수의 분모, 분자를 잘못 본 경우(서술형)

유형 07 범위 내에 해당하는 유한소수 찾기

개념 07

범위 내에 해당하는 유한소수 찾는 방법

❶ 분모, 분자에 적당한 수를 곱하여 주어진 분수를 변형하기

❷ 조건을 만족하는 분수의 조건을 파악하기

[참고] 정수가 아닌 유리수를 기약분수로 나타내었을 때, 기약분수의 분모의 소인수가 2 또는 5뿐이라면 분모를 10의 거듭제곱으로 고쳐서 유한소수로 나타낼 수 있다.

[주의] 기약분수가 아닌 분수의 경우, 분모가 2나 5 이외의 소인수를 가지더라도 유한소수로 나타낼 수 있는 경우가 있다.

예 $\dfrac{3}{6} = \dfrac{3}{2 \times 3} = \dfrac{1}{2} = 0.5$

확인문제

[23~27] 다음 중 옳은 것에는 ○표, 옳지 <u>않은</u> 것에는 ×표를 하시오.

23 분수 $\dfrac{7}{28}$은 유한소수로 나타낼 수 있다. ( )

24 분수 $\dfrac{1}{15}$은 유한소수로 나타낼 수 있다. ( )

25 분수 $\dfrac{63}{210}$은 분모가 2와 5 이외의 소인수를 가지므로 유한소수로 나타낼 수 없다. ( )

26 $\dfrac{1}{5}$과 $\dfrac{4}{5}$ 사이의 분수는 2개뿐이다. ( )

27 $\dfrac{2}{7}$보다 크고 $\dfrac{7}{2}$보다 작은 분수 중에서 분모가 14인 분수의 개수는 46이다. ( )

예제 07

$\dfrac{1}{4}$과 $\dfrac{5}{6}$ 사이의 분수 중에서 분모가 12이고, 유한소수로 나타낼 수 있는 수들의 합을 구하시오.

풀이 전략

구하는 분수의 분모에 맞추어 주어진 분수를 변형한다.

풀이

4와 6의 최소공배수는 12이므로 주어진 두 분수를 통분하면

$$\dfrac{1}{4} = \dfrac{3}{12}, \dfrac{5}{6} = \dfrac{10}{12}$$

두 분수 사이에서 분모가 12인 분수는

$$\dfrac{4}{12}, \dfrac{5}{12}, \dfrac{6}{12}, \dfrac{7}{12}, \dfrac{8}{12}, \dfrac{9}{12}$$

의 6개이다.

이때 $12 = 2^2 \times 3$이므로 유한소수로 나타내기 위해서는 분자가 3의 배수이어야 한다.

따라서 유한소수로 나타낼 수 있는 분수는

$$\dfrac{6}{12}\left(=\dfrac{1}{2}\right), \dfrac{9}{12}\left(=\dfrac{3}{4}\right)$$

이고 그 합은

$$\dfrac{6}{12} + \dfrac{9}{12} = \dfrac{15}{12} = \dfrac{5}{4}$$

● 범위 내에 해당하는 유한소수 찾기(서술형)

유형연습 07

1보다 작은 양의 유리수 $\dfrac{3}{n}$을 유한소수로 나타낼 수 있을 때, 가능한 20 이하의 자연수 n의 개수를 구하시오.

유형 **08** 순환소수를 포함한 식의 계산

개념 **08**

(1) 순환소수의 덧셈, 뺄셈, 곱셈, 나눗셈은 순환소수를 분수로 나타내어 계산한다.

[참고] 분수로 고쳐서 계산하면 실수를 줄일 수 있다.

(2) **순환소수를 분수로 나타내는 공식**

a, b, c, d가 0 또는 한 자리 자연수일 때

① $0.\dot{a} = \dfrac{a}{9}$

② $0.\dot{a}\dot{b} = \dfrac{ab}{99}$

③ $0.a\dot{b} = \dfrac{ab-a}{90}$

④ $0.\dot{a}b\dot{c} = \dfrac{abc}{999}$

⑤ $a.b\dot{c}\dot{d} = \dfrac{abcd-ab}{990}$

● 순환소수를 포함한 식의 계산

예제 **08**

$0.\dot{6}$보다 $2.\dot{4}$만큼 큰 수는?

① $3.\dot{1}$ ② 3.15 ③ $3.\dot{2}$

④ $3.2\dot{5}$ ⑤ $3.\dot{3}$

풀이 전략

순환소수를 분수로 나타내어 계산한다.

풀이

$0.\dot{6} = \dfrac{6}{9}$이고 $2.\dot{4} = \dfrac{24-2}{9} = \dfrac{22}{9}$

두 분수를 더하면

$\dfrac{6}{9} + \dfrac{22}{9} = \dfrac{6+22}{9} = \dfrac{28}{9} = 3.111\cdots = 3.\dot{1}$

따라서 $0.\dot{6}$보다 $2.\dot{4}$만큼 큰 수는 $3.\dot{1}$이다.

● 순환소수를 포함한 식의 계산

확인문제

[28~32] 다음 중 옳은 것에는 ○표, 옳지 <u>않은</u> 것에는 ×표를 하시오.

28 순환소수 $1.\dot{3}$을 분수로 나타내면 $\dfrac{13}{9}$이다.

(   )

29 순환소수 $0.\dot{3}1\dot{5}$를 분수로 나타내면 $\dfrac{35}{111}$이다.

(   )

30 순환소수 $2.\dot{7}3\dot{4}$를 분수로 나타내면 $\dfrac{2732}{999}$이다.

(   )

31 순환소수 $0.3\dot{7}$을 분수로 나타내면 $\dfrac{37}{90}$이다.

(   )

32 순환소수 $1.212121\cdots$을 분수로 나타내면 $\dfrac{40}{33}$이다.

(   )

유형연습 **08**

$0.\dot{5}\dot{4} - 0.\dot{3}\dot{6}$을 계산한 값을 기약분수로 나타내면 $\dfrac{a}{b}$일 때, 자연수 a, b에 대하여 $a+b$의 값을 구하시오.

● 순환소수를 포함한 식의 계산

유형 **09** 순환소수를 포함한 방정식의 풀이

개념 09

(1) **일차방정식의 풀이**

① 계수가 소수 또는 분수이면 양변에 적당한 수를 곱하여 계수를 정수로 고친다.

② 괄호가 있으면 괄호를 풀어 정리한다.

③ 미지수 x를 포함한 항은 좌변으로, 상수항은 우변으로 이항하여 $ax=b(a\neq0)$의 꼴로 정리한다.

④ 양변을 미지수의 계수로 나누어 해를 구한다.

(2) **순환소수를 포함한 방정식의 풀이**

① 순환소수는 모두 분수로 고친다.

② 이항을 이용하여 좌변에 미지수만 남긴다.

○ 순환소수를 포함한 방정식의 풀이

확인문제

[33~34] 다음 ☐ 안에 알맞은 것을 써넣으시오.

33 등식의 성질을 이용하여 등식의 어느 한 변에 있는 항을 부호만 바꾸어 다른 변으로 옮기는 것을 ☐☐이라고 한다.

34 등식 $5A=135$를 만족시키는 A의 값을 구하기 위해 양변에 A의 계수 5의 ☐☐를 곱하면

$5A\times\dfrac{1}{5}=135\times\dfrac{1}{5}$, $A=27$

[35~37] 다음 중 옳은 것에는 ○표, 옳지 <u>않은</u> 것에는 ×표를 하시오.

35 일차방정식 $5x+2=8-x$에서 $-x$와 2를 각각 이항하면 $5x-x=8+2$이다. ( )

36 분수 $\dfrac{23}{90}$을 순환소수로 나타내면 $\dfrac{25-2}{90}=0.2\dot{5}$이다. ( )

37 분수 $\dfrac{124}{99}$를 순환소수로 나타내면 $\dfrac{125-1}{99}=1.2\dot{5}$이다. ( )

예제 09

다음 등식을 만족시키는 A의 값을 순환소수로 나타내시오.

$$0.4\dot{3}=A-0.\dot{2}$$

풀이 전략

순환소수를 모두 분수로 나타낸 후 A의 값을 구한다.

풀이

$0.4\dot{3}=\dfrac{43}{99}$, $0.\dot{2}=\dfrac{2}{9}$이므로 주어진 등식은

$\dfrac{43}{99}=A-\dfrac{2}{9}$

따라서

$A=\dfrac{43}{99}+\dfrac{2}{9}=\dfrac{43+22}{99}=\dfrac{65}{99}=0.\dot{6}\dot{5}$

○ 순환소수를 포함한 방정식의 풀이

유형연습 09

x에 대한 일차방정식 $0.3\dot{6}x+0.2\dot{1}=1$을 풀고, 해를 순환소수로 나타내시오.

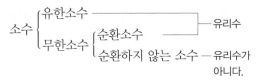

유형 ❿ 유리수와 소수의 관계

개념 10

소수 $\begin{cases} \text{유한소수} \\ \text{무한소수} \begin{cases} \text{순환소수} \\ \text{순환하지 않는 소수} \end{cases} \end{cases}$ ─ 유리수

순환하지 않는 소수 ─ 유리수가 아니다.

(1) 정수가 아닌 유리수를 소수로 나타내면 유한소수 또는 순환소수이다.

(2) 유한소수와 순환소수는 모두 유리수이다.

[참고] 순환소수가 아닌 무한소수는 $\dfrac{(정수)}{(0이\ 아닌\ 정수)}$ 꼴로 나타낼 수 없기 때문에 유리수가 아니다.

● 유리수와 소수의 관계

확인문제

[38~42] 다음 중 옳은 것에는 ○표, 옳지 않은 것에는 ×표를 하시오.

38 순환소수는 유리수이다. (　　)

39 유리수는 순환소수이다. (　　)

40 선생님은 사람이다. (　　)

41 사람은 선생님이다. (　　)

42 모든 무한소수는 순환마디를 가진다. (　　)

예제 10

다음 중 옳지 <u>않은</u> 것은?

① 모든 유한소수는 유리수이다.

② 모든 무한소수는 유리수이다.

③ 모든 순환소수는 유리수이다.

④ 유한소수로 나타낼 수 없는 분수는 모두 순환소수로 나타낼 수 있다.

⑤ 정수가 아닌 유리수는 유한소수 또는 순환소수로 나타낼 수 있다.

풀이 전략

유리수와 소수의 관계를 이용한다.

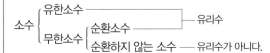

풀이

② 무한소수에는 순환소수와 순환하지 않는 소수가 있다. 순환하지 않는 소수는 분수로 나타낼 수 없기 때문에 순환소수만 유리수에 포함된다.

즉, 모든 무한소수가 유리수인 것은 아니다.

따라서 옳지 않은 것은 ②이다.

유형연습 10

다음 중 유리수가 <u>아닌</u> 것은?

① $0.\dot{3}$ ② 1.234567

③ -23 ④ $0.101010\cdots$

⑤ $0.1223334444\cdots$

유형 **11** $\dfrac{B}{A} \times x$가 유한소수가 되도록 하는 조건

개념 **11**

$\dfrac{B}{A} \times x$가 유한소수가 되기 위한 x의 값 구하기

❶ 분수 $\dfrac{B}{A}$를 기약분수로 나타낸다.

❷ 분모를 소인수분해한다.

❸ x의 값은 기약분수의 분모의 소인수 중 2와 5를 제외한 소인수들의 거듭제곱의 배수이다.

예 $\dfrac{7}{2 \times ③ \times 5^2} \times A$가 유한소수일 때 ← 3의 배수여야 한다!

↓ 불순물

분모를 소인수분해

➡ 분모에 2나 5가 아닌 불순물이 있다면?

➡ 약분해서 제거해 줄 친구가 필요!

● 어떤 분수가 유한소수가 되기 위한 조건(기본) ● 어떤 분수가 유한소수가 되기 위한 조건

예제 **11**

분수 $\dfrac{4}{105} \times a$를 소수로 나타내면 유한소수가 될 때, 다음 중 a의 값이 될 수 <u>없는</u> 것은?

① 21   ② 42   ③ 63

④ 72   ⑤ 84

풀이 전략

분모를 소인수분해하여 a의 값이 될 수 있는 수를 찾는다.

풀이

$\dfrac{4}{105} = \dfrac{4}{3 \times 5 \times 7}$이므로 $\dfrac{4}{105} \times a$가 유한소수로 나타내어

지기 위해서 a는 3×7의 배수이어야 한다.

따라서 a의 값이 될 수 없는 것은 ④이다.

● 어떤 분수가 유한소수가 되기 위한 조건(기본)

확인문제

[43~45] 다음 중 옳은 것에는 ○표, 옳지 않은 것에는 ×표를 하시오.

43 모든 기약분수는 유한소수로 나타낼 수 있다.

(   )

44 어떤 기약분수의 분모에 2와 5 이외의 소인수가 있 더라도 유한소수로 나타낼 수 있다. (   )

45 유한소수로 나타낼 수 있는 기약분수는 분모에 2와 5 이외의 소인수가 없다. (   )

46 분수 $\dfrac{1}{3 \times 5^2}$에 $\square$의 배수를 곱하면 유한소수로 나 타낼 수 있는 분수가 된다. 위의 $\square$ 안에 알맞은 가 장 작은 자연수를 써넣으시오.

유형연습 **11**

$\dfrac{3}{216} \times a$를 소수로 나타내면 유한소수가 될 때, a의 값 이 될 수 있는 수 중 가장 작은 자연수를 구하시오.

● 어떤 분수가 유한소수가 되기 위한 조건(1) (서술형)

유형 12 $\dfrac{x}{A}$가 유한소수가 되도록 하는 조건

개념 12

$\dfrac{x}{A}$가 유한소수가 되기 위한 x의 값 구하기

❶ 분모 A를 소인수분해한다.

❷ x의 값은 분모의 소인수 중 2와 5를 제외한 소인수들의 거듭제곱의 배수이다.

예 $\dfrac{x}{2^2 \times 5^3 \times ⑪}$ 가 유한소수일 때

11의 배수여야 한다.

불순물

분모를 소인수분해

➡ 분모에 2나 5가 아닌 불순물이 있다면?

➡ 약분해서 제거해 줄 친구가 필요!

확인문제

[47~48] 다음 □ 안에 알맞은 수를 써넣으시오.

47 어떤 분수가 유한소수가 되려면 기약분수로 나타내었을 때 분모의 소인수가 □ 또는 □뿐이어야 한다.

48 자연수 n이 □의 배수일 때, 분수 $\dfrac{n}{2^3 \times 7}$은 유한소수로 나타낼 수 있다.

[49~50] 다음 중 옳은 것에는 ○표, 옳지 않은 것에는 ×표를 하시오.

49 모든 분수는 유한소수로 나타낼 수 있다. (　　)

50 분모에 2와 5 이외의 소인수가 있는 분수는 모두 유한소수로 나타낼 수 없다. (　　)

예제 12

분수 $\dfrac{x}{2^3 \times 5 \times 7}$가 다음 조건을 모두 만족시킬 때, 모든 x의 값을 구하시오.

(가) $\dfrac{x}{2^3 \times 5 \times 7}$를 소수로 나타내면 유한소수이다.

(나) x는 3의 배수이고, 두 자리의 자연수이다.

풀이 전략

분수를 유한소수로 나타내기 위해서는, 기약분수로 나타내었을 때 분모의 소인수가 2나 5뿐이어야 한다.

풀이

조건 (가)에서 $\dfrac{x}{2^3 \times 5 \times 7}$가 유한소수로 나타내어지므로 x는 7의 배수이다.

조건 (나)에서 x가 3의 배수이므로 x는 3과 7의 최소공배수인 21의 배수이다.

따라서 x는 두 자리의 자연수이므로 가능한 모든 x의 값은 21, 42, 63, 84이다.

● 어떤 분수가 유한소수가 되기 위한 조건(심화)

유형연습 12

두 분수 $\dfrac{n}{28}$과 $\dfrac{n}{30}$을 소수로 나타내면 모두 유한소수가 된다고 할 때, 두 자리 자연수 n의 개수를 구하시오.

● 어떤 분수가 유한소수가 되기 위한 조건(2) (서술형)

유형 **13** $\dfrac{x}{A}$가 유한소수일 때, 기약분수로 나타내기

개념 **13**

(1) $\dfrac{x}{A}$가 유한소수이려면 $\dfrac{x}{A}$를 기약분수로 나타내었을 때 분모의 소인수는 2나 5뿐이어야 한다.

(2) $\dfrac{x}{A}$를 기약분수로 나타내었을 때 $\dfrac{B}{y}$이려면 x는 B의 배수이어야 한다.

① 3의 배수여야 한다.

② 7의 배수여야 한다.

(예) $\dfrac{x}{2\times③\times5^2}=\dfrac{⑦}{y}$이 유한소수일 때

불순물

분모를 소인수분해

➡ 분모에 2나 5가 아닌 불순물이 있다?

➡ 약분해서 제거해 줄 친구가 필요!

확인문제

[51~53] 다음 중 옳은 것에는 ○표, 옳지 <u>않은</u> 것에는 ×표를 하시오.

51 자연수 x, y에 대하여 정수가 아닌 두 유리수 $\dfrac{x}{5}$, $\dfrac{2}{y}$ 가 $\dfrac{x}{5}=\dfrac{2}{y}$일 때, x는 2의 약수이다. （　）

52 자연수 x, y에 대하여 정수가 아닌 두 유리수 $\dfrac{x}{5}$, $\dfrac{2}{y}$ 가 $\dfrac{x}{5}=\dfrac{2}{y}$일 때, y는 5의 배수이다. （　）

53 자연수 n에 대하여 1보다 작은 분수 $\dfrac{n}{5}$은 4개이다. （　）

예제 **13**

자연수 x, y에 대하여 $\dfrac{x}{86}$를 소수로 나타내면 1보다 작은 유한소수가 되고 기약분수로 나타내면 $\dfrac{1}{y}$이다. 이때 $x+y$의 값을 구하시오.

풀이 전략

분모를 소인수분해하여 분수가 유한소수가 되기 위한 x의 값을 찾는다.

풀이

$\dfrac{x}{86}=\dfrac{x}{2\times43}$이므로 유한소수가 되려면 x는 43의 배수이어야 한다.

또 주어진 분수는 1보다 작으므로 x는 86보다 작다.

따라서 조건을 만족시키는 x의 값은 43뿐이다.

이때 $\dfrac{x}{86}=\dfrac{43}{86}=\dfrac{1}{2}$이므로 $y=2$

따라서 $x+y=43+2=45$

● $\dfrac{x}{A}$가 유한소수일 때, 기약분수로 나타내기

유형연습 **13**

1보다 작은 분수 $\dfrac{m}{270}$을 소수로 나타내면 유한소수가 되고 기약분수로 나타내면 $\dfrac{7}{n}$이 된다. m이 200보다 작은 자연수일 때, $m-n$의 값을 구하시오.

유형 14 어떤 분수가 순환소수가 되도록 하는 조건

개념 14

$\dfrac{B}{A} \times x$ 또는 $\dfrac{B}{A \times x}$ 가 순환소수가 되기 위한 조건

① $\dfrac{B}{A} \times x$ 또는 $\dfrac{B}{A \times x}$ 를 기약분수로 나타낸다.

② 순환소수로 나타내어지려면 기약분수의 분모가 2와 5 이외의 소인수를 가져야 한다.

● 어떤 분수가 순환소수가 되기 위한 조건

● 어떤 분수가 순환소수가 되도록 하는 미지수의 값 (분모에 미지수가 있는 경우)

확인문제

[54~56] 다음 중 옳은 것에는 ○표, 옳지 않은 것에는 ×표를 하시오.

54 기약분수로 나타냈을 때 분모의 소인수에 2와 5 이외의 소인수가 있으면 순환소수로 나타낼 수 있다.
( )

55 유한소수로 나타낼 수 없는 분수는 분모가 2와 5 이외의 다른 소인수를 가진다. ( )

56 유한소수로 나타낼 수 없는 정수가 아닌 유리수는 순환소수로 나타낼 수 있다. ( )

[57~58] 다음 □ 안에 알맞은 수를 써넣으시오.

57 분수 $\dfrac{3}{n}$ 을 유한소수로 나타낼 수 없는 한 자리 자연수 n은 □, □뿐이다.

58 분수 $\dfrac{n}{3}$ 을 순환소수로 나타낼 수 있는 한 자리 자연수 n은 □, □, □, □, □, □뿐이다.

예제 14

분수 $\dfrac{6}{50 \times a}$ 을 소수로 나타내었을 때, 순환소수가 되도록 하는 모든 한 자리 자연수 a의 값의 개수를 구하시오.

풀이 전략

기약분수로 나타내었을 때, 분모의 소인수에 2와 5 이외의 다른 소인수가 있으면 순환소수로 나타낼 수 있다.

풀이

분수 $\dfrac{6}{50 \times a} = \dfrac{2 \times 3}{2 \times 5^2 \times a} = \dfrac{3}{5^2 \times a}$ 이 순환소수이려면

분모의 소인수가 2와 5 이외의 다른 소인수를 가져야 하므로 가능한 한 자리 자연수 a의 값은 3, 6, 7, 9이다.

이때 $a=3$ 또는 $a=6$이면 분자의 3과 약분되어 주어진 분수는 유한소수가 된다.

따라서 조건을 만족시키는 한 자리 자연수 a의 값은 7, 9의 2개이다.

● 어떤 분수가 순환소수가 되기 위한 조건

유형연습 14

분수 $\dfrac{15}{2^4 \times 5^2 \times a}$ 를 소수로 나타내었을 때, 순환소수가 되도록 하는 모든 한 자리의 자연수 a의 값의 합을 구하시오.

● 어떤 분수가 순환소수가 되도록 하는 미지수의 값 (분모에 미지수가 있는 경우)

1 유리수와 순환소수

유형 15 순환소수를 유한소수로 만드는 미지수의 값

개념 15

어떤 순환소수에 x를 곱하여 유한소수가 되도록 하는 x의 값 구하기

❶ 순환소수를 기약분수로 나타낸다.

❷ 분모를 소인수분해한다.

❸ x의 값은 분모의 소인수 중 2와 5를 제외한 소인수들의 거듭제곱의 배수이다.

[참고] 기약분수 $\dfrac{A}{B}$에 대하여 어떤 자연수 x를 곱한 결과가 자연수가 되려면 x는 분모 B의 배수이어야 한다.

● 순환소수를 유한소수로 만드는 미지수의 값

예제 15

순환소수 $0.\dot{4}\dot{5}$에 a를 곱한 결과가 자연수일 때, 두 자리 자연수 a의 개수를 구하시오.

풀이 전략

순환소수 $0.\dot{4}\dot{5}$를 기약분수로 나타내어 $0.\dot{4}\dot{5} \times a$가 자연수가 되도록 하는 a의 값을 찾는다.

풀이

$0.\dot{4}\dot{5} = \dfrac{45}{99} = \dfrac{5}{11}$이므로 $0.\dot{4}\dot{5} \times a = \dfrac{5}{11} \times a$가 자연수이려면 a는 11의 배수이어야 한다.

이때 a는 두 자리 자연수이므로 조건을 만족시키는 a의 값은 11, 22, 33, 44, 55, 66, 77, 88, 99이다.

따라서 두 자리 자연수 a의 개수는 9이다.

● 순환소수를 유한소수로 만드는 미지수의 값

확인문제

[59~62] 다음 ☐ 안에 알맞은 것을 써넣으시오.

59 어떤 기약분수의 분모의 소인수에 2와 5 이외의 다른 소인수가 있으면 ☐☐☐☐로 나타낼 수 있다.

60 ☐☐☐☐는 기약분수로 나타냈을 때 분모의 소인수가 2 또는 5뿐이다.

61 분수 $\dfrac{n}{2}$이 자연수가 되게 하는 한 자리 자연수 n은 ☐, ☐, ☐, ☐이다.

62 분수 $\dfrac{n}{2 \times 3 \times 5}$이 유한소수가 되게 하는 한 자리 자연수 n은 ☐, ☐, ☐이다.

유형연습 15

$1.7\dot{3} \times k$를 소수로 나타내면 유한소수가 될 때, 가장 작은 두 자리 자연수 k의 값은?

① 12   ② 18   ③ 22

④ 30   ⑤ 45

2 식의 계산

유형 01 지수법칙(1)

개념 01

m, n이 자연수일 때

지수끼리의 합

$$a^m \times a^n = a^{m+n}$$

(예) $a^3 \times a^2 = a^{3+2} = a^5$

[주의] $a^3 \times a^2 \neq a^{3 \times 2}$

[참고]

이것만 지수법칙이 아니에요

$$a^m \times a^n = a^{m+n}$$

이것도 지수법칙

◉ 지수법칙(1)

◉ 지수법칙(1) 응용

◉ 지수법칙(1) 서술형

예제 01

$2^2 \times 2^3 \times 2^a = 256$일 때, 자연수 a의 값은?

① 2   ② 3   ③ 4
④ 5   ⑤ 6

풀이 전략

지수법칙 $a^m \times a^n = a^{m+n}$을 이용한다.

풀이

좌변을 간단히 하면
$2^2 \times 2^3 \times 2^a = 2^{2+3+a} = 2^{5+a}$
우변은 $256 = 2^8$이므로
$2^{5+a} = 2^8$, $5 + a = 8$
따라서 $a = 3$

◉ 지수법칙(1) 응용

확인문제

[01~03] 다음 중 옳은 것에는 ○표, 옳지 않은 것에는 ×표를 하시오.

01 $a^4 \times a^3 = a^7$ (　　)

02 $x^2 \times y^4 \times x^3 \times y^5 = x^5 y^9$ (　　)

03 $a^{m+n} = a^m \times a^n$ (　　)

04 $y^3 \times y^\square \times x^4 \times x = x^5 y^6$일 때, $\square$ 안에 알맞은 수를 구하시오.

유형연습 01

$x^3 \times y \times x^{a-1} \times y^{2b-1} \times x = x^{2a-1} y^{b+1}$일 때, $a+b$의 값을 구하시오.

◉ 지수법칙(1) 서술형

유형 02 지수법칙(2)

개념 02

m, n이 자연수일 때

지수끼리의 곱

$(a^m)^n = a^{mn}$

예 $(a^2)^3 = a^{2 \times 3} = a^6$

[참고] 밑이 서로 다른 두 거듭제곱을 비교하는 경우 '밑'을 서로 같게 만들어 '지수'끼리 비교한다.

● 지수법칙(2)

● 지수법칙(2) 응용

● 지수법칙(2) 서술형

예제 02

$16^{x+2} = 2^{28}$을 만족시키는 자연수 x의 값을 구하시오.

풀이 전략

양변의 거듭제곱의 밑이 서로 다르므로 양변의 밑을 2로 같게 만든 후 지수끼리 비교한다.

풀이

좌변의 거듭제곱의 밑은 $16 = 2^4$이므로

$16^{x+2} = (2^4)^{x+2} = 2^{4(x+2)}$

즉, $2^{4(x+2)} = 2^{28}$에서

$4(x+2) = 28$, $x+2 = 7$

따라서 $x = 5$

● 지수법칙(2) 응용

확인문제

[05~07] 다음 중 옳은 것에는 ○표, 옳지 않은 것에는 ×표를 하시오.

05 $(a^2)^5 = a^{10}$　　　　　　　　(　　)

06 $(b^3)^4 = b^{12}$　　　　　　　　(　　)

07 $(x^2)^2 \times (y^3)^5 \times (x^4)^2 = x^{12}y^{15}$　(　　)

08 $\{(a^3)^2\}^4 = a^{\square}$일 때, $\square$ 안에 알맞은 수를 구하시오.

유형연습 02

$\left(\dfrac{2x^a}{y^4}\right)^3 = b\left(\dfrac{x^3}{y^c}\right)^2$일 때, $a+b-c$의 값을 구하시오.

(단, a, b, c는 상수)

● 지수법칙(2) 서술형

유형 03 지수법칙(3)

개념 03

$a \neq 0$이고 m, n이 자연수일 때

(1) $m > n$이면 $a^m \div a^n = a^{m-n}$

 예 $a^5 \div a^2 = a^{5-2} = a^3$

(2) $m = n$이면 $a^m \div a^n = 1$

 예 $a^3 \div a^3 = 1$

(3) $m < n$이면 $a^m \div a^n = \dfrac{1}{a^{n-m}}$

 예 $a^2 \div a^5 = \dfrac{1}{a^{5-2}} = \dfrac{1}{a^3}$

[주의] $a^m \div a^n$을 계산할 때는 먼저 지수 m, n의 대소를 비교해야 한다.

[참고] 거듭제곱의 밑이 서로 같을 때, 지수법칙을 이용할 수 있다.

$$64^5 \times 8^x \div 4^6 = 16^9$$

모두 2의 거듭제곱 꼴로 나타낼 수 있다.

● 지수법칙(3) 응용   ● 지수법칙(3)

예제 03

다음 식을 간단히 하시오.

$$(x^2)^4 \div (x^3)^2$$

풀이 전략
지수법칙 $(a^m)^n = a^{mn}$을 이용하여 괄호를 푼다.

풀이
$$
\begin{aligned}
(x^2)^4 \div (x^3)^2 &= x^8 \div x^6 \\
&= x^{8-6} \\
&= x^2
\end{aligned}
$$

● 지수법칙(3)

확인문제

[09~11] 다음 중 옳은 것에는 ○표, 옳지 않은 것에는 ×표를 하시오.

09 $x^{10} \div x^5 = x^2$　　　　　　　　　　（　　）

10 $x^5 \div x^9 = \dfrac{1}{x^4}$　　　　　　　　（　　）

11 $x^{11} \div x^6 \div x^5 = 1$　　　　　　　（　　）

유형연습 03

$64^5 \times 8^x \div 4^6 = 16^9$일 때, 자연수 x의 값을 구하시오.

● 지수법칙(3) 응용

유형 **04** 지수법칙(4)

개념 **04**

n이 자연수일 때

(1) $(ab)^n = a^n b^n$

(2) $\left(\dfrac{a}{b}\right)^n = \dfrac{a^n}{b^n}$ (단, $b \neq 0$)

예 $(ab)^3 = a^3 b^3$, $\left(\dfrac{a^2}{b}\right)^3 = \dfrac{a^{2 \times 3}}{b^{1 \times 3}} = \dfrac{a^6}{b^3}$

[참고] $a \neq 0$이고 n이 자연수일 때

$$(-a)^n = \begin{cases} a^n & (n \text{이 짝수}) \\ -a^n & (n \text{이 홀수}) \end{cases}$$

◉ 지수법칙(4)

◉ 지수법칙(4) 응용

예제 **04**

다음 식을 간단히 하시오.

$$(x^2 y^3)^4 \times \left(\dfrac{x}{y^2}\right)^3$$

풀이 전략

지수법칙 $(ab)^m = a^m b^m$, $\left(\dfrac{a}{b}\right)^m = \dfrac{a^m}{b^m}$ $(b \neq 0)$을 이용하여 괄호를 푼다.

풀이

$(x^2 y^3)^4 \times \left(\dfrac{x}{y^2}\right)^3 = x^8 y^{12} \times \dfrac{x^3}{y^6}$

$\qquad\qquad\qquad\quad = x^{8+3} y^{12-6}$

$\qquad\qquad\qquad\quad = x^{11} y^6$

◉ 지수법칙(4)

확인문제

[12~14] 다음 중 옳은 것에는 ○표, 옳지 <u>않은</u> 것에는 ×표를 하시오.

12 $(a^3 b)^5 = a^3 b^5$ ( )

13 $\left(\dfrac{x^3}{y^2}\right)^2 = \dfrac{x^6}{y^4}$ ( )

14 $(a^2 b)^2 \times (a^2)^3 = a^8 b^2$ ( )

유형연습 **04**

$\left(\dfrac{3x^a}{y^4}\right)^2 = \dfrac{bx^6}{y^c}$일 때, 자연수 a, b, c에 대하여 $a+b+c$의 값을 구하시오.

◉ 지수법칙(4) 응용

유형 05 같은 것을 여러 번 더한 경우

개념 05

m이 자연수일 때,

$$\underbrace{a^m+a^m+a^m+\cdots+a^m}_{a개}=a^m\times a=a^{m+1}$$

예 $\underbrace{5^3+5^3+5^3+5^3+5^3}=5^3\times 5=5^4$
$\qquad\qquad\longrightarrow 5^3$을 5번 더했다

[참고] 같은 거듭제곱을 여러 번 곱한 경우

예 $\underbrace{4^3\times 4^3\times 4^3}=(4^3)^3=4^9$
$\qquad\longrightarrow 4^3$을 3번 곱했다

● 지수법칙 응용(같은 것을 여러 번 더한 경우1)

● 지수법칙 응용(같은 것을 여러 번 더한 경우2)

예제 05

$5^3+5^3+5^3+5^3+5^3=5^a$, $4^3\times 4^3\times 4^3=2^b$일 때,
자연수 a, b에 대하여 $a+b$의 값을 구하시오.

[풀이 전략]

같은 것이 몇 번 더해졌는지 또는 몇 번 곱해졌는지를 계산하여 거듭제곱의 꼴로 간단히 나타낸다.

[풀이]

$5^3+5^3+5^3+5^3+5^3=5^3\times 5=5^4=5^a$,
$4^3\times 4^3\times 4^3=(4^3)^3=4^9=(2^2)^9=2^{18}=2^b$
따라서 $a=4$, $b=18$이므로
$a+b=4+18=22$

● 지수법칙 응용(같은 것을 여러 번 더한 경우1)

확인문제

[15~17] 다음 중 옳은 것에는 ○표, 옳지 않은 것에는 ×표를 하시오.

15 $3^3+3^3+3^3=3^4$ ( )

16 $3^3\times 3^3\times 3^3=3^4$ ( )

17 $2^2+2^2=2^2\times 2^2$ ( )

유형연습 05

$\dfrac{4^3+4^3+4^3+4^3}{3^3+3^3+3^3}\times\dfrac{9^2+9^2+9^2}{2^5+2^5}$ 을 계산하시오.

● 지수법칙 응용(같은 것을 여러 번 더한 경우2)

유형 **06** 다른 문자를 사용하여 나타내기

개념 **06**

m, n이 자연수일 때, $a^n = X$이면

① $a^{mn} = (a^n)^m = X^m$

② $a^{m+n} = a^m \times a^n = a^m X$

예 $3^x = A$일 때, 27^{2x}을 A를 사용하여 나타내면
$27^{2x} = (3^3)^{2x} = 3^{6x} = (3^x)^6 = A^6$

● 지수법칙 응용(다른 문자를 사용하여 나타내기1)

● 지수법칙 응용(다른 문자를 사용하여 나타내기2)

예제 **06**

$3^x = A$일 때, $3^{x+1} + 3^{x+2}$을 A를 사용하여 나타내시오.

풀이 전략

주어진 식을 변형하여 3^x을 A로 바꾸어 나타낸다.

풀이

$$3^{x+1} + 3^{x+2} = 3^x \times 3 + 3^x \times 3^2$$
$$= 3A + 9A$$
$$= 12A$$

● 지수법칙 응용(다른 문자를 사용하여 나타내기1)

확인문제

[18~20] 다음 중 옳은 것에는 ○표, 옳지 않은 것에는 ×표를 하시오.

18 $16^{2x} = (2^x)^8$ (　　)

19 $9^{2+x} \div 3^{2x+1} = \dfrac{1}{3}$ (　　)

20 $2^x = a$일 때, $2^{x+3} = 8a$이다. (　　)

유형연습 **06**

$2^4 = a$, $3^3 = b$일 때, 72^5을 a, b를 사용하여 나타내시오.

● 지수법칙 응용(다른 문자를 사용하여 나타내기2)

유형 **07** 자릿수 구하기

개념 **07**

(1) 자연수 a, n에 대하여

$$(a \times 10^n \text{의 자릿수}) = (a \text{의 자릿수}) + n$$

예 $135 \times 10^6 = 135\underline{000000} \Rightarrow (3+6) = 9$자리

↳ 0이 6개

(2) $2^n \times 5^n = (2 \times 5)^n = 10^n$

➡ 10의 거듭제곱의 꼴을 만들어 간단하게 자릿수를 구할 수 있다.

● 지수법칙의 응용(몇 자리의 자연수일까?)

예제 **07**

$2^{14} \times 5^{12}$은 n자리의 자연수일 때, n의 값을 구하시오.

풀이 전략

$a \times 10^n$의 꼴로 식을 변형하여 자릿수를 구한다.

풀이

주어진 식을 변형하면

$$2^{14} \times 5^{12} = 2^2 \times 2^{12} \times 5^{12}$$
$$= 2^2 \times (2 \times 5)^{12}$$
$$= 4 \times 10^{12}$$

따라서 $2^{14} \times 5^{12}$은 13자리 자연수이므로

$$n = 13$$

● 지수법칙의 응용(몇 자리의 자연수일까?)

확인문제

[21~23] 다음 중 옳은 것에는 ○표, 옳지 <u>않은</u> 것에는 ×표를 하시오.

21 $2^2 \times 5^2$은 3자리 자연수이다. (   )

22 $2^2 \times 5^4$은 3자리 자연수이다. (   )

23 $2^2 \times 4^2 \times 5^4$은 4자리 자연수이다. (   )

유형연습 **07**

$2^{10} \times 5^6$이 n자리의 자연수일 때, n의 값을 구하시오.

유형 **08** 단항식의 곱셈과 나눗셈

개념 **08**

(1) **단항식의 곱셈**

① 계수는 **계수끼리**, 문자는 **문자끼리** 곱한다.

② 같은 문자끼리 곱할 때는 **지수법칙을 이용**한다.

계수끼리
$$3a \times 2b = 6ab$$
문자끼리

- 단항식: 하나의 항으로 이루어진 식
- 계수: 문자를 포함한 항에서 문자 앞에 곱해진 수

(2) **단항식의 나눗셈**

분수 꼴로 나타내거나 역수를 이용하여 나눗셈을 곱셈으로 고쳐서 계수는 계수끼리, 문자는 문자끼리 계산한다.

예 ① 분수 꼴로 나타낸 경우 ➡ $8xy \div 2x = \dfrac{8xy}{2x}$

② 역수를 이용한 경우 ➡ $8xy \div 2x = 8xy \times \dfrac{1}{2x}$

- 역수: 두 수의 곱이 1이 될 때, 한 수를 다른 수의 역수라 한다.

예 2의 역수: $\dfrac{1}{2}$, $-\dfrac{3}{5}$의 역수: $-\dfrac{5}{3}$

[주의] 역수로 바꿀 때, 부호는 바뀌지 않는다.

● 단항식의 곱셈과 나눗셈

예제 **08**

다음 식을 간단히 하시오.

(1) $3ab^2 \times (-2a^2 b)$

(2) $8a^2 b^3 \div 2a^3 b^4$

풀이 전략

곱셈을 할 때는 계수는 계수끼리, 문자는 문자끼리 곱하고, 나눗셈을 할 때는 역수를 이용하여 곱셈으로 바꾸거나 분수 꼴로 나타내어 계산한다.

풀이

(1) $3ab^2 \times (-2a^2 b) = -6a^3 b^3$

(2) $8a^2 b^3 \div 2a^3 b^4 = 8a^2 b^3 \times \dfrac{1}{2a^3 b^4}$

$$= \dfrac{4}{ab}$$

● 단항식의 곱셈과 나눗셈

유형연습 **08**

다음 식을 간단히 하시오.

(1) $(-2x^2)^2 \times \dfrac{7}{6} x^5 \times \left(-\dfrac{1}{7} x\right)$

(2) $\dfrac{9}{4} xy \div 6x^2 \div (-3xy^2)^2$

확인문제

[24~26] 다음 □ 안에 알맞은 수 또는 식을 써넣으시오.

24 $3a \times 5b = 3 \times \boxed{} \times a \times b = \boxed{} ab$

25 $10x^3 \div (-2x^2) = \dfrac{10x^3}{\boxed{}} = \boxed{} x$

26 $2a^5 b \div \dfrac{1}{3} a = 2a^5 b \times \dfrac{\boxed{}}{a} = \boxed{} a^4 b$

개념 **09**

(1) **단항식의 곱셈, 나눗셈의 혼합 계산**

① 괄호가 있으면 괄호를 푼다.

② 나눗셈은 역수를 이용하여 곱셈으로 바꾼다.

③ 계수는 계수끼리, 문자는 문자끼리 곱한다.

(2) **도형에서의 식의 계산**

① (직육면체의 부피)

= (가로의 길이) × (세로의 길이) × (높이)

② (기둥의 부피) = (밑넓이) × (높이)

③ (뿔의 부피) = $\dfrac{1}{3}$ × (밑넓이) × (높이)

● 단항식의 곱셈과 나눗셈의 혼합 계산

● 단항식의 곱셈과 나눗셈(도형에 활용)

예제 **09**

$\left(-\dfrac{2}{3}xy^A\right)^3 \times \dfrac{3}{8}x^2y \times (-3x^2y)^2 = Bx^cy^{12}$일 때,

$A+B+C$의 값을 구하시오. (단, A, B, C는 상수)

풀이 전략

지수법칙에 따라 괄호를 풀고 계수와 문자를 구분하여 계산한다.

풀이

주어진 식을 정리하면

$-\dfrac{8}{27}x^3y^{3A} \times \dfrac{3}{8}x^2y \times 9x^4y^2 = Bx^cy^{12}$

$-x^9y^{3A+3} = Bx^cy^{12}$

이때 $3A+3=12$, $B=-1$, $C=9$이므로

$A=3$, $B=-1$, $C=9$

따라서

$A+B+C = 3+(-1)+9 = 11$

● 단항식의 곱셈과 나눗셈의 혼합 계산(1) 서술형

확인문제

[27~29] 다음 식 $-4x^3y^{8-3c} = ax^by^5$에 대하여 □ 안에 들어갈 알맞은 수를 써넣으시오.

27 $a=$ □

28 $b=$ □

29 $c=$ □

유형연습 **09**

밑면의 반지름의 길이가 $3a^2b$인 원기둥에 가득 담긴 물을 밑면의 반지름의 길이가 $3ab^3$이고 높이가 $6a^4b$인 원뿔 모양의 그릇에 부었더니 그릇 전체 부피의 $\dfrac{2}{3}$만큼 채워졌다. 이때 원기둥의 높이를 a, b의 식으로 나타내시오.

● 단항식의 곱셈과 나눗셈(도형에 활용)(서술형)

유형 10 다항식의 덧셈과 뺄셈

개념 10

괄호가 있으면 먼저 괄호를 풀고 동류항끼리 모아서 계산한다.

예 ① 다항식의 덧셈

$(2x-y)+(4x-3y)$ ← 괄호를 풀다.

$=2x-y+4x-3y$

$=2x+4x-y-3y$ ← 동류항끼리 계산한다.

$=6x-4y$

② 다항식의 뺄셈

$(2x-y)-(4x-3y)$ ← 괄호를 풀다.

$=2x-y-4x+3y$

$=2x-4x-y+3y$ ← 동류항끼리 계산한다.

$=-2x+2y$

[주의] 괄호 앞에 $-$ 부호가 있으면 괄호 안의 부호는 **반대로** 바뀌는 것에 주의한다.

[참고] (소괄호) ⇨ {중괄호} ⇨ [대괄호]의 순으로 괄호를 풀어 계산한다.

•다항식의 덧셈과 뺄셈   •괄호가 있는 식에서 빈칸에 알맞은 식 구하기

확인문제

[30~31] 다음 ☐ 안에 알맞은 것을 써넣으시오.

30 $2(x^2+3x+2)=2x^2+\boxed{}x+\boxed{}$

31 동류항은 $\boxed{}$와 $\boxed{}$가 같은 항이다.

[32~34] 다음은 $2x^2-[\{x^2-3-2(5x+4)\}+5x]$의 괄호를 푸는 과정이다. 빈칸에 알맞은 식을 써넣으시오.

32 $2x^2-[\{x^2-3-2(5x+4)\}+5x]$

$=2x^2-\{(\boxed{})+5x\}$

33 $=2x^2-(\boxed{})$

34 $=\boxed{}$

예제 10

다음 표에서 가로, 세로, 대각선에 있는 세 다항식의 합이 모두 $12x^2-9$로 일정할 때, $A-B$를 x의 식으로 나타내시오.

B		$3x^2+x-7$
x^2-2x+4	$4x^2-3$	A

풀이 전략

③		$3x^2+x-7$
x^2-2x+4	$4x^2-3$	①
		②

① ⇨ ② ⇨ ③의 순서로 빈칸에 들어갈 다항식을 구한다.

풀이

주어진 표의 두 번째 가로줄에서

$(x^2-2x+4)+(4x^2-3)+A=12x^2-9$이므로

$A=12x^2-9-(5x^2-2x+1)=7x^2+2x-10$

세 번째 세로줄의 맨 아래 칸의 식을 C라 하면

$(3x^2+x-7)+(7x^2+2x-10)+C=12x^2-9$이므로

$C=12x^2-9-(10x^2+3x-17)=2x^2-3x+8$

B를 포함하는 대각선에서

$B+(4x^2-3)+(2x^2-3x+8)=12x^2-9$이므로

$B=12x^2-9-(6x^2-3x+5)=6x^2+3x-14$

따라서

$A-B=(7x^2+2x-10)-(6x^2+3x-14)$

$=7x^2+2x-10-6x^2-3x+14=x^2-x+4$

•다항식의 덧셈과 뺄셈(표 완성하기)

유형연습 10

$2x^2-3x+5$에 어떤 다항식 A를 더하면 $-x^2+2x+7$이고, $5x^2-2x+4$에서 어떤 다항식 B를 빼면 $3x+6$일 때, $A+B$를 계산하시오.

•다항식의 덧셈과 뺄셈(빈칸에 알맞은 식 구하기)

개념 **11**

분수 꼴의 식의 계산

$$-\frac{B+C}{A}=\frac{-B-C}{A}$$

[참고] $-\frac{B+C}{A}=\frac{-(B+C)}{A}=\frac{-B-C}{A}$

➡ 분자에 괄호가 있다고 생각하고 분배법칙을 이용한다.

● 분수 꼴의 식의 계산

확인문제

[35~37] 다음 중 옳은 것에는 ○표, 옳지 <u>않은</u> 것에는 ×표를 하시오.

35 $\frac{1}{2}a+\frac{1}{6}b=\frac{3a+b}{6}$　　　　　（　　）

36 $\frac{1}{3}b-\frac{2}{5}a=\frac{b-6a}{15}$　　　　　（　　）

37 $\frac{b+2a}{7}-\frac{3a+b}{2}=\frac{17a+5b}{14}$　　　　（　　）

예제 **11**

$\dfrac{x^2+3x+2}{2}-\dfrac{2x^2-x-1}{3}=ax^2+bx+c$일 때,
상수 a, b, c에 대하여 $a+b-c$의 값을 구하시오.

풀이전략

분모를 통분하고 $-\dfrac{B+C}{A}=\dfrac{-B-C}{A}$를 이용하여 분자를 계산한다.

풀이

주어진 식의 좌변을 간단히 하면

$\dfrac{x^2+3x+2}{2}-\dfrac{2x^2-x-1}{3}$

$=\dfrac{3(x^2+3x+2)-2(2x^2-x-1)}{6}$

$=\dfrac{3x^2+9x+6-4x^2+2x+2}{6}$

$=\dfrac{-x^2+11x+8}{6}$

즉, $ax^2+bx+c=\dfrac{-x^2+11x+8}{6}$이므로

$a=-\dfrac{1}{6}$, $b=\dfrac{11}{6}$, $c=\dfrac{8}{6}$

따라서

$a+b-c=-\dfrac{1}{6}+\dfrac{11}{6}-\dfrac{8}{6}=\dfrac{-1+11-8}{6}=\dfrac{2}{6}=\dfrac{1}{3}$

● 분수 꼴의 식의 계산 (서술형)

유형연습 **11**

$\dfrac{x-4y}{x+y}=-\dfrac{2}{3}$일 때, $\dfrac{5x-4y}{3x+2y}$의 값을 구하시오.

（단, $x\neq0$, $y\neq0$）

● 다항식의 계산 응용(분수 꼴)(서술형)

유형 **12** 다항식과 단항식의 곱셈, 나눗셈

개념 **12**

(1) **다항식과 단항식의 곱셈**

분배법칙을 이용하여 단항식을 다항식의 각 항에 곱한다.

예 $2x(3x-y+1)=6x^2-2xy+2x$

(2) **전개**: 단항식과 다항식의 곱셈을 분배법칙을 이용하여 하나의 다항식으로 나타내는 것

(3) **다항식과 단항식의 나눗셈**

분수 꼴로 나타내거나 역수를 이용하여 나눗셈을 곱셈으로 고친다.

예 $(4x^2y-8xy^2)\div 4xy=(4x^2y-8xy^2)\times\dfrac{1}{4xy}$

[참고] 나눗셈이 두 개 이상이거나 나누는 단항식에 분수가 있는 경우 역수를 이용하는 것이 편리하다.

① $A\div B\div C=A\times\dfrac{1}{B}\times\dfrac{1}{C}$

② $A\div\dfrac{C}{B}=A\times\dfrac{B}{C}$

 ● (단항식)×(다항식)   ● (다항식)÷(단항식)

확인문제

[38~42] 다음 중 옳은 것에는 ○표, 옳지 <u>않은</u> 것에는 ×표를 하시오.

38 $3x(2x+1)=6x^2+3x$ （　　）

39 $4y(x+1)=4xy+1$ （　　）

40 $A\div B\div C=\dfrac{A}{BC}$ （　　）

41 $A\div\dfrac{C}{B}=\dfrac{AC}{B}$ （　　）

42 $\dfrac{A}{B}\div\dfrac{B}{C}\div\dfrac{C}{A}=1$ （　　）

예제 **12**

다음 식을 간단히 하시오.

(1) $2x(2x-3)-4x(x-1)$

(2) $\left(\dfrac{1}{2}x^2y-\dfrac{1}{6}xy^2\right)\div\dfrac{1}{6}xy$

풀이 전략

(1) 분배법칙을 이용하여 단항식을 다항식의 각 항에 곱하여 식을 전개하고 동류항끼리 계산한다.

(2) 나눗셈을 역수의 곱셈으로 나타내어 분배법칙에 따라 식을 전개한다.

풀이

(1) $2x(2x-3)-4x(x-1)$

$=4x^2-6x-4x^2+4x$

$=-2x$

(2) $\left(\dfrac{1}{2}x^2y-\dfrac{1}{6}xy^2\right)\div\dfrac{xy}{6}$

$=\left(\dfrac{1}{2}x^2y-\dfrac{1}{6}xy^2\right)\times\dfrac{6}{xy}$

$=\dfrac{1}{2}x^2y\times\dfrac{6}{xy}-\dfrac{1}{6}xy^2\times\dfrac{6}{xy}$

$=3x-y$

 ● (단항식)×(다항식)   ● (다항식)÷(단항식)

유형연습 **12**

$a(a+4)+a^2(a+3)$을 간단히 하면 a에 대한 m차식이 되고 모든 항의 계수의 합은 n일 때, $m+n$의 값을 구하시오.

 ● 다항식의 차수와 계수(서술형)

개념 **13**

(1) 다항식의 혼합 계산

① 괄호가 있으면 괄호를 푼다.

② 분배법칙을 이용하여 곱셈과 나눗셈을 계산한다.

③ 동류항끼리 모아 덧셈과 뺄셈을 계산한다.

(2) 다항식의 혼합 계산 활용

① (기둥의 부피)=(밑넓이)×(높이)

② (기둥의 겉넓이)=(밑넓이)×2+(옆넓이)

③ (뿔의 부피)=$\frac{1}{3}$×(밑넓이)×(높이)

④ (뿔의 겉넓이)=(밑넓이)+(옆넓이)

● 다항식의 혼합 계산   ● 다항식의 혼합 계산 (입체도형에의 활용1)

확인문제

[43~47] 다음 ☐ 안에 알맞은 것을 써넣으시오.

43 (다항식)÷(단항식)을 계산할 때, ☐☐ 꼴로 나타내거나 ☐☐를 이용하여 나눗셈을 곱셈으로 고쳐서 계산한다.

44 (삼각형의 넓이)=$\frac{1}{☐}$×(☐☐의 길이)×(높이)

45 (직사각형의 넓이)
   =(☐☐의 길이)×(☐☐의 길이)

46 (기둥의 부피)=(☐☐☐)×(☐☐)

47 (뿔의 부피)=$\frac{1}{☐}$×(☐☐☐)×(☐☐)

예제 **13**

다음 식을 간단히 하시오.

$$\{-2x(x+y)-(3x-y)\times 4x\}\div(-2x)$$

풀이 전략

괄호를 풀어 주고, 나눗셈을 역수의 곱셈으로 고쳐서 분배법칙을 이용하여 전개한다.

풀이
$$\{-2x(x+y)-(3x-y)\times 4x\}\div(-2x)$$
$$=(-2x^2-2xy-12x^2+4xy)\times\left(-\frac{1}{2x}\right)$$
$$=(-14x^2+2xy)\times\left(-\frac{1}{2x}\right)$$
$$=7x-y$$

[참고]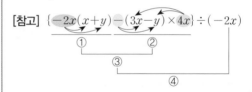
① ②
③
④

● 다항식의 혼합 계산

유형연습 **13**

다음 그림과 같이 가로의 길이가 $5a$, 세로의 길이가 $4b$인 직사각형에서 색칠한 부분의 넓이를 구하시오.

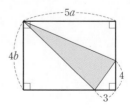

● 다항식의 혼합 계산(평면도형에의 활용1)

유형 14 대입과 식의 값

개념 14

식의 대입

① 대입해야 하는 식은 최대한 간단하게 정리한다.

② 다항식을 대입할 때는 반드시 괄호에 넣어서 한다.

[주의] 계산이 복잡할수록 차근차근 계산한다.

● 식에 식을 대입하기

예제 14

두 다항식 A, B에 대하여 $A=2x-3y$, $B=3x+y$일 때, $2(A-B)-3(A+B)$를 x, y를 사용한 식으로 나타내시오.

풀이 전략

① 대입해야 하는 식은 최대한 간단하게 정리한다.

② 식을 대입할 때는 반드시 괄호에 넣어서 대입한다.

풀이

$2(A-B)-3(A+B)$
$=2A-2B-3A-3B$
$=-A-5B$
$=-(2x-3y)-5(3x+y)$
$=-2x+3y-15x-5y$
$=-17x-2y$

● 식에 식을 대입하기

확인문제

[48~50] 다음 □ 안에 알맞은 것을 써넣으시오.

48 $A=2x+3y$, $B=y-x$일 때, $A+B=$ □

49 $b=a-3$일 때, $-2b+3$을 a의 식으로 나타내면 □ 이다.

50 비례식 $a:b=c:d$는 □ $=$ □ 가 성립한다.

유형연습 14

$(2x-y):(x-y)=3:1$일 때, $\dfrac{2x-y}{x+y}$의 값을 구하시오.

● 등식을 변형하여 식에 대입하기 (비례식)

개념 **15**

(1) **부등식**: 부등호 $<$, $>$, $\leq$, $\geq$를 사용하여 수 또는 식의 대소 관계를 나타낸 식

부등식
$2x+2<x-3$
좌변 우변
양변

① 좌변: 부등호의 왼쪽 부분

② 우변: 부등호의 오른쪽 부분

③ 양변: 부등식의 좌변과 우변

(2) **부등식의 표현**

$a<b$	$a>b$
a는 b보다 작다.	a는 b보다 크다.
a는 b 미만이다.	a는 b 초과이다.

$a\leq b$	$a\geq b$
a는 b보다 작거나 같다.	a는 b보다 크거나 같다.
a는 b 이하이다.	a는 b 이상이다.
a는 b보다 크지 않다.	a는 b보다 작지 않다.

[참고] 참, 거짓과 관계없이 부등호 $<$, $>$, $\leq$, $\geq$가 있으면 부등식이다.

● 부등식의 뜻과 표현

● 문장을 부등식으로 나타내기

확인문제

[51~55] 다음 중 옳은 것에는 ○표, 옳지 <u>않은</u> 것에는 ×표를 하시오.

51 $3x\geq0$은 부등식이다. ( )

52 $4<9-5$는 부등식이다. ( )

53 $2x+11$은 부등식이다. ( )

54 $y-3x=6$은 부등식이다. ( )

55 $2x-3>4$는 부등식이다. ( )

예제 **15**

어떤 수 x의 2배에 9를 더한 수는 x에서 3을 뺀 것의 4배보다 작지 않을 때, 이를 부등식으로 나타내시오.

풀이 전략

'작지 않다'는 '크거나 같다'와 동일한 표현이다.

풀이

$2x+9\geq4(x-3)$

● 부등식의 뜻과 표현

유형연습 **15**

다음 문장을 부등식으로 나타내시오.

(1) x에서 3을 뺀 수는 x의 4배보다 작다.

(2) x의 3배에서 4를 뺀 수는 x에 3을 더한 것의 2배보다 크지 않다.

(3) 가로의 길이가 x cm, 세로의 길이가 4 cm인 직사각형의 둘레의 길이는 30 cm 미만이다.

(4) 밑변의 길이가 8 cm, 높이가 x cm인 삼각형의 넓이는 28 cm² 이상이다.

(5) 한 개에 2000원인 배 x개와 1500원인 사과 2개의 총 가격은 10000원 이하이다.

● 문장을 부등식으로 나타내기

개념 16

(1) **부등식의 해**: 부등식이 참이 되게 하는 미지수의 값

(2) **부등식을 푼다**: 부등식의 해를 모두 구하는 것

　　예 x의 값이 1, 2, 3일 때, 부등식 $x+2>3$의 해를 구하면

x의 값	좌변	대소 비교	우변	$x+2>3$의 참, 거짓
1	$1+2=3$	$=$	3	거짓
2	$2+2=4$	$>$	3	참
3	$3+2=5$	$>$	3	참

따라서 부등식의 해는 2, 3이다.

● 부등식의 해

확인문제

[56~57] 다음 □ 안에 알맞은 것을 써넣으시오.

56 부등식이 참이 되게 하는 미지수의 값을 부등식의 □라 한다.

57 부등식의 해를 모두 구하는 것을 '부등식을 □□'라 한다.

[58~59] 다음 중 옳은 것에는 ○표, 옳지 않은 것에는 ×표를 하시오.

58 부등식 $2<-1$은 거짓이므로 부등식이 아니다.

　　　　　　　　　　　　　　　　(　)

59 '작지 않다'는 '작거나 같다'와 같은 뜻이다.

　　　　　　　　　　　　　　　　(　)

예제 16

다음 중 [ ] 안의 수가 주어진 부등식의 해가 <u>아닌</u> 것을 모두 고르면? (정답 2개)

① $4x \leq x \ [\,0\,]$

② $\frac{1}{2}x+3 \geq 0 \ [\,-4\,]$

③ $-2x+3 \leq 2 \ [\,-1\,]$

④ $5-3x \leq 0 \ [\,2\,]$

⑤ $-2x+3 \leq 5-4x \ [\,3\,]$

풀이 전략

[ ] 안의 수를 부등식에 대입하여 참, 거짓을 판단한다.

풀이

① $0 \leq 0$ (참)

② $1 \geq 0$ (참)

③ $5 \leq 2$ (거짓)

④ $-1 \leq 0$ (참)

⑤ $-3 \leq -7$ (거짓)

따라서 부등식의 해가 아닌 것은 ③, ⑤이다.

● 부등식의 해

유형연습 16

x가 3 이하의 자연수일 때, 부등식 $3x-1<x+2$의 해를 구하시오.

개념 17

(1) **부등식의 성질**

① 부등식의 양변에 같은 수를 더하거나 양변에서 같은 수를 빼어도 부등호의 방향은 바뀌지 않는다.

➡ $a<b$이면 $a+c<b+c$, $a-c<b-c$

② 부등식의 양변에 같은 양수를 곱하거나 양변을 같은 양수로 나누어도 부등호의 방향은 바뀌지 않는다.

➡ $a<b$, $c>0$이면 $ac<bc$, $\dfrac{a}{c}<\dfrac{b}{c}$

③ 부등식의 양변에 같은 **음수**를 곱하거나 양변을 같은 **음수**로 나누면 부등호의 방향은 바뀐다.

➡ $a<b$, $c<0$이면 $ac>bc$, $\dfrac{a}{c}>\dfrac{b}{c}$

[주의] 음수를 곱하거나 나누면 부등호의 방향이 바뀐다.

(2) **식의 범위 구하기**

$-4<x\le3$일 때, $-3x+2$의 범위를 구해 보자.

➡ $-4<x\le3$의 각 변에 -3을 곱하면

$-9\le-3x<12$

$-9\le-3x<12$의 각 변에 2를 더하면

$-7\le-3x+2<14$

● 부등식의 성질 ● 식의 범위 구하기

예제 17

$a>b$일 때, 다음 중 □ 안에 들어갈 부등호의 방향이 나머지 넷과 다른 하나는?

① $a+5$ □ $b+5$

② $a-7$ □ $b-7$

③ $4a$ □ $4b$

④ $-a$ □ $-b$

⑤ $\dfrac{a}{6}$ □ $\dfrac{b}{6}$

풀이 전략

음수를 곱하거나 나누면 부등호의 방향이 바뀌는 부등식의 성질에 따라 부등호의 방향을 구한다.

풀이

① $a+5>b+5$

② $a-7>b-7$

③ $4a>4b$

④ $-a<-b$

⑤ $\dfrac{a}{6}>\dfrac{b}{6}$

따라서 나머지 넷과 다른 하나는 ④이다.

● 부등식의 성질

확인문제

[60~64] 다음 □ 안에 알맞은 것을 써넣으시오.

60 $a>b$, $c<0$이면 ac □ bc

61 $a>b$, $c<0$이면 $\dfrac{a}{c}$ □ $\dfrac{b}{c}$

62 $1<x<3$의 각 변에 3을 곱하면 □$<$□$<$□

63 $3<3x<9$의 각 변에 5를 더하면 □$<$□$<$□

64 $8<4x<16$의 각 변을 -2로 나누면 □$<$□$<$□

유형연습 17

$-2\le x<3$일 때, $X=\dfrac{2x-1}{5}$을 만족시키는 모든 정수 X의 값의 합을 구하시오.

유형 18 일차부등식

개념 18

(1) **이항**: 부등식의 성질을 이용하여 부등식의 한 변에 있는 항을 부호를 바꾸어 다른 변으로 옮기는 것

(2) **일차부등식**: 부등식에서 우변의 모든 항을 좌변으로 이항하여 정리하였을 때,

(일차식)>0, (일차식)<0,

(일차식)≥ 0, (일차식)≤ 0

중 어느 하나의 꼴로 나타나는 부등식

예 $x+3>1 \xrightarrow{\text{이항}} x+3-1>0 \xrightarrow{\text{정리}} x+2>0$

➡ 일차부등식이다.

$x+4>x \xrightarrow{\text{이항}} x+4-x>0 \xrightarrow{\text{정리}} 4>0$

➡ 일차부등식이 아니다.

[주의] 이항할 때는 부등호의 방향이 바뀌지 않는다.

● 일차부등식의 뜻

예제 18

부등식 $ax^2-bx+9 \leq -3x^2+4x+15$가 일차부등식이 되기 위한 두 상수 a, b의 조건을 각각 구하시오.

풀이 전략

우변의 모든 항을 좌변으로 이항하여 정리하여 (일차식)≤ 0의 꼴로 나타내기 위한 조건을 찾는다.

풀이

주어진 부등식의 우변의 모든 항을 좌변으로 이항하면

$ax^2-bx+9+3x^2-4x-15 \leq 0$

$(a+3)x^2-(b+4)x-6 \leq 0$

이 부등식이 x에 대한 일차부등식이 되려면

$a+3=0$, $b+4 \neq 0$

따라서 $a=-3$, $b \neq -4$

[참고] 일차항은 살리고 이차항은 없앤다.

● 일차부등식이 되기 위한 조건

확인문제

[65~68] 다음 중 옳은 것에는 ◯표, 옳지 않은 것에는 ✕표를 하시오.

65 $-3x>x+1$은 일차부등식이다. (   )

66 $2x-1=3$은 일차부등식이다. (   )

67 $x^2-2x+1>0$은 일차부등식이다. (   )

68 $x^2-2x+4 \leq 2x+x^2$은 일차부등식이다. (   )

유형연습 18

부등식 $5x-2 \leq 4x+1-ax$가 x에 대한 일차부등식이 되지 않게 하는 상수 a의 값을 구하시오.

개념 **19**

일차부등식의 풀이 방법

❶ 미지수 x를 포함한 항은 좌변으로, 상수항은 우변으로 이항한다.

❷ $ax>b$, $ax<b$, $ax\geq b$, $ax\leq b(a\neq 0)$ 중 어느 하나의 꼴로 나타낸다.

❸ 양변을 x의 계수로 나누어 부등식의 해를 구한다.
  이때 음수인 계수로 나누면 부등호의 방향이 바뀐다.

㉑ 일차부등식 $-2x-7<8+x$의 해를 구하면

$$-2x-7<8+x \Rightarrow -2x-x<8+7$$
$$\Rightarrow -3x<15$$
$$\Rightarrow \frac{-3x}{-3} > \frac{15}{-3}$$
$$\Rightarrow x>-5$$

[참고] 이항은 '부등식의 양변에 같은 수를 더하거나 빼어도 부등호의 방향은 바뀌지 않는다'는 성질을 이용한 것이다.

● 일차부등식의 풀이(부등식의 성질 이용)

● 일차부등식의 풀이(이항을 이용)

예제 **19**

부등식의 성질을 이용하여 부등식 $-x+4>2$를 푸시오.

풀이 전략

① x의 항은 좌변으로, 상수항은 우변으로 이항한다.

② $ax>b$, $ax<b$, $ax\geq b$, $ax\leq b$ ($a\neq 0$) 중 어느 하나의 꼴로 나타낸다.

③ 양변을 x의 계수로 나누어 부등식의 해를 구한다.

풀이

$-x+4>2$에서 4를 이항하면

$-x>2-4$

$-x>-2$

양변에 -1을 곱하면 $x<2$

유형연습 **19**

부등식 $5+x\leq a-2x$를 만족시키는 자연수 x가 5개일 때, 상수 a의 값의 범위를 구하시오.

확인문제

[69~71] 다음 ☐ 안에 알맞은 것을 써넣으시오.

69 부등식 $2x>4$의 해는 ☐이다.

70 부등식 $3x-1\leq 5$의 해는 ☐이다.

71 부등식 $x-1>-3x+7$의 해는 ☐이다.

● 일차부등식의 풀이(이항을 이용) (서술형)

2 식의 계산

유형 20 부등식의 해를 수직선 위에 나타내기

개념 20

(1) $x > a$ (2) $x < a$

(3) $x \geq a$ (4) $x \leq a$

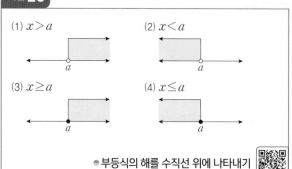

● 부등식의 해를 수직선 위에 나타내기

확인문제

72 $x > -2$를 수직선 위에 나타내어라.

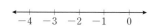

73 $x < -2$를 수직선 위에 나타내어라.

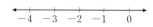

74 $x \geq -2$를 수직선 위에 나타내어라.

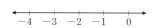

75 $x \leq -2$를 수직선 위에 나타내어라.

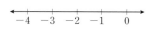

예제 20

일차부등식 $-3x - 5 \leq 4x + 9$의 해를 수직선 위에 옳게 나타낸 것은?

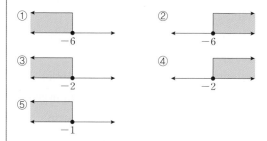

풀이 전략

일차부등식을 이항하여 정리하고 그 해를 수직선 위에 나타낸다.

풀이

주어진 부등식에서 미지수 x를 포함하는 항은 좌변으로, 상수항은 우변으로 이항하여 정리하면

$-3x - 4x \leq 9 + 5$, $-7x \leq 14$

양변을 -7로 나누면

$\dfrac{-7x}{-7} \geq \dfrac{14}{-7}$, $x \geq -2$

따라서 $x \geq -2$의 해를 수직선 위에 옳게 나타낸 것은 ④이다.

● 부등식의 해를 수직선 위에 나타내기

유형연습 20

일차부등식 $ax + 5 < 2x - 3$의 해를 수직선 위에 나타내면 그림과 같다. 이때 상수 a의 값을 구하시오.

● 부등식의 해를 수직선 위에 나타내기 (서술형)

유형 21 괄호가 있는 일차부등식

개념 21

괄호가 있는 일차부등식은 분배법칙을 이용하여 괄호를 풀고 동류항끼리 정리한 후 일차부등식을 푼다.

예 $2(x-1)>x+3$ $\xrightarrow{\text{괄호 풀기}}$ $2x-2>x+3$

$\xrightarrow{\text{이항}}$ $2x-x>3+2$

$\xrightarrow{\text{정리}}$ $x>5$

◉ 괄호가 있는 일차부등식

예제 21

일차부등식 $4(2x-5)>3(2x-8)-10$을 만족시키는 x의 값 중에서 가장 작은 정수를 구하시오.

풀이 전략

괄호가 있으면 분배법칙을 이용하여 괄호를 풀고 동류항끼리 정리한 후 일차부등식을 푼다.

풀이

주어진 부등식의 괄호를 풀어 정리하면

$8x-20>6x-24-10$

$8x-20>6x-34$

미지수 x를 포함하는 항은 좌변으로, 상수항은 우변으로 이항하여 정리하면

$8x-6x>-34+20$

$2x>-14$

$x>-7$

따라서 가장 작은 정수 x의 값은 -6이다.

◉ 괄호가 있는 일차부등식

확인문제

[76~78] 다음은 일차부등식 $2x-4<6(x-2)$를 푸는 과정이다. □ 안에 알맞은 수 또는 식을 써넣으시오.

76 분배법칙을 이용하여 괄호를 풀면

$2x-4<\boxed{}$

77 미지수 x를 포함하는 항은 좌변으로, 상수항은 우변으로 이항하여 동류항끼리 정리하면

$-4x<\boxed{}$

78 양변을 x의 계수로 나누면

$x>\boxed{}$

유형연습 21

부등식 $2(x-1)-3\geq3x-2a+1$을 만족시키는 자연수 x가 3개일 때, 상수 a의 값의 범위를 구하시오.

◉ 괄호가 있는 일차부등식 (서술형)

유형 22 계수가 소수 또는 분수인 일차부등식

개념 22

(1) **계수가 소수인 일차부등식**

양변에 적당한 10의 거듭제곱을 곱하여 계수를 정수로 고친 후 일차부등식을 푼다.

[참고] 소수점 아래의 숫자의 개수가 1개이면 10, 2개이면 100, 3개이면 1000을 곱한다.

(2) **계수가 분수인 일차부등식**

양변에 분모의 최소공배수를 곱하여 계수를 정수로 고친 후 일차부등식을 푼다.

[주의] 양변에 10의 거듭제곱이나 최소공배수를 곱할 때, 반드시 소수나 분수가 아닌 수에도 곱하도록 주의한다.

● 계수가 소수인 일차부등식 　　　● 계수가 분수인 일차부등식

확인문제

[79~81] 다음은 일차부등식 $0.3x+0.1>x-0.6$을 푸는 과정이다. □ 안에 알맞은 수 또는 식을 써넣으시오.

79 양변에 10을 곱하면 □ > □

80 미지수 x를 포함하는 항은 좌변으로, 상수항은 우변으로 이항하여 동류항끼리 정리하면 □ > -7

81 양변을 x의 계수로 나누면 $x<$ □

[82~84] 다음은 일차부등식 $\dfrac{1}{2}x-\dfrac{4}{3}>\dfrac{2}{3}x-\dfrac{1}{6}$을 푸는 과정이다. □ 안에 알맞은 수 또는 식을 써넣으시오.

82 양변에 분모의 최소공배수 6을 곱하면
□ $> 4x-1$

83 미지수 x를 포함하는 항은 좌변으로, 상수항은 우변으로 이항하여 동류항끼리 정리하면 □ > 7

84 양변을 x의 계수로 나누면 $x<$ □

예제 22

일차부등식 $1.2x+0.8>0.3x-1$을 푸시오.

풀이 전략

양변에 10을 곱하여 계수를 정수로 고친 후 일차부등식을 푼다.

풀이

주어진 부등식의 양변에 10을 곱하면
$12x+8>3x-10$
미지수 x를 포함하는 항은 좌변으로, 상수항은 우변으로 이항하면
$12x-3x>-10-8$
$9x>-18$
따라서 $x>-2$

● 계수가 소수인 일차부등식

유형연습 22

일차부등식 $\dfrac{x-1}{3}<\dfrac{2-x}{4}+x$를 푸시오.

● 분자에 항이 여러 개인 일차부등식

유형 23 x의 계수가 문자인 일차부등식의 풀이

개념 23

x의 계수가 문자인 일차부등식은 다음과 같은 순서로 푼다.

❶ 미지수 x를 포함하는 항은 좌변으로, 상수항은 우변으로 이항한다.

➡ $ax>(수)$, $ax<(수)$,

  $ax≥(수)$, $ax≤(수)$

❷ 양변을 x의 계수 a로 나눈다.

$\begin{cases} a>0이면\ 부등호의\ 방향이\ 바뀌지\ 않는다. \\ a<0이면\ 부등호의\ 방향이\ 바뀐다. \end{cases}$

⚫ x의 계수가 문자인 일차부등식의 풀이

예제 23

$a>0$일 때, x에 대한 일차부등식 $ax+2>0$을 푸시오.

풀이 전략

상수항을 우변으로 이항하고, 양변을 x의 계수 a로 나눈다.

풀이

상수항을 우변으로 이항하면 $ax>-2$

$a>0$이므로 양변을 a로 나누면

$$\frac{ax}{a}>\frac{-2}{a}$$

따라서 $x>-\dfrac{2}{a}$

⚫ x의 계수가 문자인 일차부등식의 풀이

확인문제

[85~87] 다음 중 옳은 것에는 ○표, 옳지 않은 것에는 ×표를 하시오.

85 $a>0$일 때, $ax>2a$를 풀면 $x<2$이다.　(　　)

86 $a<0$일 때, $ax<2a$를 풀면 $x<2$이다.　(　　)

87 $a<0$일 때, $-2(1-ax)>0$을 풀면 $x<\dfrac{1}{a}$이다.

（　　）

유형연습 23

$a<3$일 때, x에 대한 일차부등식 $ax+2a<3x+6$을 푸시오.

⚫ x의 계수가 문자인 일차부등식의 풀이

유형 **24** 부등식의 해의 조건이 주어졌을 때

개념 **24**

(1) **해가 서로 같은 두 일차부등식**

① 계수와 상수항이 모두 주어진 부등식의 해를 먼저 구한다.

② 나머지 부등식의 해가 ①에서 구한 해와 같음을 이용하여 미지수의 값을 구한다.

(2) **x에 대한 일차부등식의 해의 조건이 주어졌을 때**

① x 이외의 다른 문자가 있더라도 미지수 x를 포함하는 항은 좌변으로, 나머지 항은 모두 우변으로 이항하여
$$x > (식),\ x < (식),\ x \geq (식),\ x \leq (식)$$
의 꼴로 변형한다.

② 수직선을 활용하여 조건을 만족시키는 경우를 찾는다.

● 해가 서로 같은 ● 부등식의 해의 조건이
두 일차부등식 주어졌을 때

확인문제

[88~91] 다음 중 옳은 것에는 ○표, 옳지 않은 것에는 ×표를 하시오.

88 두 일차부등식 $2ax > 2$, $x < -1$의 해가 서로 같으면 $a = -1$이다. ( )

89 해를 수직선 위에 나타낼 때, '●'은 그 점에 대응하는 수가 해에 포함되었음을 뜻한다. ( )

90 해를 수직선 위에 나타낼 때, '○'은 그 점에 대응하는 수가 해에 포함되지 않았음을 뜻한다. ( )

91 이항할 때, 부등호의 방향도 함께 바뀐다. ( )

예제 **24**

두 일차부등식
$$0.4x + a \geq 2(0.3x - a),\quad \frac{2x-1}{3} \leq \frac{x-2}{2} + 1$$
의 해가 서로 같을 때, 상수 a의 값을 구하시오.

풀이 전략

① 계수와 상수항이 모두 주어진 부등식의 해를 먼저 구한다.

② 나머지 부등식의 해가 ①에서 구한 해와 같음을 이용하여 미지수의 값을 구한다.

풀이

부등식 $0.4x + a \geq 2(0.3x - a)$의 양변에 10을 곱하여 정리하면

$4x + 10a \geq 6x - 20a$

$4x - 6x \geq -20a - 10a$

$-2x \geq -30a$

$x \leq 15a$

부등식 $\dfrac{2x-1}{3} \leq \dfrac{x-2}{2} + 1$의 양변에 분모의 최소공배수 6을 곱하여 정리하면

$2(2x - 1) \leq 3(x - 2) + 6$

$4x - 2 \leq 3x - 6 + 6$

$4x - 3x \leq 2$

$x \leq 2$

이때 주어진 두 부등식의 해가 서로 같으므로 $15a = 2$

따라서 $a = \dfrac{2}{15}$

● 해가 서로 같은 두 일차부등식(서술형)

유형연습 **24**

부등식 $-2x + a \geq 5x + 10$을 만족시키는 자연수 x가 2개일 때, 상수 a의 값의 범위를 구하시오.

● 부등식의 해의 조건이 주어졌을 때 (서술형)

유형 25 일차부등식의 활용 (수, 평균)

개념 25

(1) **일차부등식의 활용(수)**

① 차가 a인 두 정수: x, $x+a$

② 연속하는 세 정수: x, $x+1$, $x+2$
   또는 $x-1$, x, $x+1$

③ 연속하는 세 짝수 또는 홀수: x, $x+2$, $x+4$
   또는 $x-2$, x, $x+2$

(2) **일차부등식의 활용(평균)**

① 두 수 a, b의 평균은 $\dfrac{a+b}{2}$이다.

② 세 수 a, b, c의 평균은 $\dfrac{a+b+c}{3}$이다.

[참고] 〈소원이의 성적표〉

국어	수학	영어
95	100	93

$$(\text{평균}) = \frac{95+100+93}{3} = \frac{288}{3} = 96$$

● 일차부등식의 활용 ● 일차부등식의 활용(평균)
(수에 관한 문제)

확인문제

[92~96] 다음 중 옳은 것에는 ○표, 옳지 않은 것에는 ×표를 하시오.

92 차가 a인 두 정수는 $x-a$, $x+a$로 놓는다.
( )

93 연속하는 세 홀수는 $x-2$, x, $x+2$로 놓는다.
( )

94 두 수 a, b의 평균은 $\dfrac{a+b}{2}$이다. ( )

95 세 수 a, b, c의 평균은 $\dfrac{a+b+c}{2}$이다. ( )

96 네 수 a, b, c, d의 평균은 $\dfrac{a+b+c+d}{2}$이다.
( )

예제 25

연속하는 세 정수에 대하여 작은 두 수의 합에서 가장 큰 수를 뺀 것이 8보다 작다. 이와 같은 수 중에서 가장 큰 세 정수를 구하시오.

풀이 전략

연속하는 세 정수를 각각 $x-1$, x, $x+1$로 놓는다.

풀이

연속하는 세 정수를 각각 $x-1$, x, $x+1$이라 하면
주어진 조건에 의하여
$(x-1)+x-(x+1)<8$
이 부등식의 괄호를 풀어 정리하면
$x-1+x-x-1<8$
$x-2<8$
$x<10$
따라서 가장 큰 정수 x의 값은 9이므로 가장 큰 세 정수는 8, 9, 10이다.

● 일차부등식의 활용(수에 관한 문제)

유형연습 25

하연이는 세 번의 수학 시험에서 82점, 86점, 92점을 받았다. 네 번째 시험에서 최소 몇 점 이상을 받아야 4번의 수학 시험 점수의 평균이 87점 이상이 되는지 구하시오.

● 일차부등식의 활용(평균)

유형 26 일차부등식의 활용 (가격, 입장료, 요금, 비용)

개념 26

(1) **일차부등식의 활용(가격, 개수)**

⑩ (장미 가격)＋(안개꽃 가격)＋(포장비)

미만 → ＜ (전체 비용)

(2) **일차부등식의 활용(입장료)**

⑩ (어른 총 가격)＋(어린이 총 가격)

이하 → ≤ (전체 비용)

(3) **일차부등식의 활용(임대료, 기간)**

⑩ 매달 임대료를 내고 정수기를 임대하는 것보다 매달 유지비를 내고 정수기를 구입하는 것이 비용이 더 적게 드는 경우

➡ (정수기 가격)＋(유지비)×(개월 수)＜
(임대료)×(개월 수)

(4) **일차부등식의 활용(예금액)**

⑩ 현재까지 예금액이 a원이고 매달 b원씩 예금할 때, x개월 후의 예금액은 $(a+bx)$원이다.

● 일차부등식의 활용 (가격, 개수) 　　● 일차부등식의 활용 (입장료)

● 일차부등식의 활용 (임대료, 기간)(서술형) 　　● 일차부등식의 활용 (예금액)

확인문제

[97~99] 다음 □ 안에 알맞은 것을 써넣으시오.

97 현재까지 예금액이 1000원이고 매달 100원씩 예금할 때, 5개월 후의 예금액은 □□□□□ 원이다.

98 박물관의 1인당 입장료가 어른은 2500원, 어린이는 1500원일 때, 어른 2명과 어린이 3명의 입장료는 □□□□□ 원이다.

99 한 송이에 500원인 장미 8송이로 꽃다발을 만들 때, 포장비 2000원을 합한 전체 비용은 □□□□□ 원이다.

예제 26

집 근처 편의점에서 4800원 하는 우유를 대형 마트에서는 10 % 할인된 금액으로 판매한다. 대형 마트에서 우유를 몇 개 이상 사야 편의점에서 사는 것보다 유리한지 구하시오.(단, 대형 마트를 다녀오려면 2000원의 교통비가 든다.)

풀이 전략

(편의점 가격)×(개수)＞(대형 마트 가격)×(개수)＋(교통비)

풀이

편의점 또는 대형 마트에서 사는 우유의 개수를 x라 하면

$4800x > 4320x + 20000$이므로 $x > \dfrac{25}{6} = 4.\times\times\times$

따라서 대형 마트에서 우유를 5개 이상 사야 편의점에서 사는 것보다 유리하다.

● 일차부등식의 활용(가격이 더 유리한 조건 찾기)

유형연습 26

다음 물음에 답하시오.

(1) 보건실에 새 정수기를 들여놓으려고 한다. 정수기를 살 경우에는 80만 원의 구입비용과 매달 20000원의 유지비가 들고, 정수기를 임대할 경우에는 매달 45000원의 임대료가 든다. 정수기를 구입하여 몇 개월 이상 사용해야 임대하는 비용보다 더 적게 드는지 구하시오.

(2) 40명 미만의 우현이네 반 학생들이 영화를 보려고 하는데 이 영화의 관람료는 오른쪽 표와 같다. 몇 명 이상일 때, 40명의 단체 관람권을 사는 것이 개인 관람권을 사는 것보다 비용이 적게 드는지 구하시오.

영화 관람료
개인: 8000원
단체: 6000원 (40명 이상)

● 일차부등식의 활용 (임대료, 기간)(서술형) 　　● 일차부등식의 활용 (단체 입장 할인)

유형 ②7 일차부등식의 활용 (도형)

개념 27

(1) **삼각형의 세 변의 길이 사이의 관계**

(가장 긴 변의 길이)<(나머지 두 변의 길이의 합)

(2) **(직사각형의 둘레의 길이)**

=2×{(가로의 길이)+(세로의 길이)}

◆일차부등식의 활용(도형)

예제 27

가로의 길이가 세로의 길이보다 12 cm만큼 긴 직사각형이 있다. 이 직사각형의 둘레의 길이가 200 cm 이상이 되도록 하려면 세로의 길이는 몇 cm 이상이어야 하는지 구하시오.

풀이 전략

직사각형의 세로의 길이를 미지수로 놓고, 주어진 조건에 따라 부등식으로 나타낸다.

풀이

직사각형의 세로의 길이를 x cm라 하면 가로의 길이는 $(x+12)$ cm이다.

$2x+2(x+12)\geq200$

$2x+2x+24\geq200$

$4x\geq176$

$x\geq44$

따라서 직사각형의 둘레의 길이가 200 cm 이상이 되도록 하기 위한 세로의 길이는 44 cm 이상이다.

◆일차부등식의 활용(도형)

확인문제

[100~102] 다음 ☐ 안에 알맞은 부등호를 써넣으시오.

100 삼각형의 세 변의 길이 사이의 관계

➡ (가장 긴 변의 길이) ☐

(나머지 두 변의 길이의 합)

101 도형의 둘레의 길이가 a 이하인 경우

➡ (도형의 둘레의 길이) ☐ a

102 도형의 넓이 또는 부피가 b 이상인 경우

➡ (도형의 넓이 또는 부피) ☐ b

유형연습 27

삼각형의 세 변의 길이가 x, $x+7$, $x+9$일 때, 10보다 크지 않은 x의 값들의 합을 구하시오.

유형 28 일차부등식의 활용 (거리, 시간, 속력)

개념 28

(1) 거리, 시간, 속력의 관계

  ① (거리) = (속력) × (시간)

  ② (속력) = $\dfrac{(거리)}{(시간)}$ ③ (시간) = $\dfrac{(거리)}{(속력)}$

(2) 같은 거리를 왕복하는 경우

  (총 이동 시간) = (가는 데 걸린 시간) +
                          (오는 데 걸린 시간)

(3) 물건을 사거나 중간에 쉬고 왕복하는 경우

  (총 걸린 시간) = (총 이동 시간) +
                   (물건을 사거나 중간에 쉰 시간)

(4) 반대 방향으로 이동하는 경우

  A, B 두 사람이 같은 지점에서 반대 방향으로 동시에 출발할 때

  (A, B 사이의 거리) = (A의 이동 거리) +
                     (B의 이동 거리)

[주의] 거리, 속력, 시간의 단위를 주의해야 한다.

● 일차부등식의 활용(속력, 같은 거리를 왕복하는 경우)

● 일차부등식의 활용(속력, 거리가 달라지는 경우)

● 일차부등식의 활용(속력, 반대 방향으로 출발하는 경우)

확인문제

[103~105] 다음 ☐ 안에 알맞은 수를 써넣으시오.

103 분속 60 m의 속력으로 3 km를 이동할 때 걸린 시간은 ☐ 분이다.

104 5 km의 거리를 2시간 동안 일정한 속력으로 이동할 때 그 속력은 시속 ☐ km이다.

105 총알이 초속 100 m의 속력으로 1분 동안 날아간 거리는 ☐ km이다.

예제 28

A지점에서 15 km 떨어져 있는 B지점까지 가는데 처음에는 시속 4 km로 걷다가 도중에 시속 8 km로 뛰어서 3시간 이내에 B지점에 도착하려고 한다. 몇 km 이상을 뛰어가야 하는지 구하시오.

풀이 전략

뛰어가는 거리를 x km라 하고 일차부등식을 세운다.

풀이

뛰어가는 거리를 x km라 하면

$\dfrac{15-x}{4} + \dfrac{x}{8} \leq 3$

$2(15-x) + x \leq 24$

$30 - 2x + x \leq 24$

$x \geq 6$

따라서 6 km 이상을 뛰어가야 3시간 이내에 B지점에 도착할 수 있다.

● 일차부등식의 활용(속력, 거리가 달라지는 경우)

유형연습 28

다음 물음에 답하시오.

(1) 엄마가 집에서 시장에 갈 때에는 분속 60 m로, 시장에서 집으로 돌아올 때에는 분속 50 m로 걸었다. 시장에서 물건을 사는 데 걸린 시간 25분을 포함하여 집으로 돌아오는 데 총 1시간 20분을 넘기지 않았을 때, 시장과 집 사이의 거리는 몇 m 이하인지 구하시오.

(2) 형과 동생이 같은 지점에서 동시에 출발하여 형은 동쪽으로 분속 150 m, 동생은 서쪽으로 분속 100 m로 달려가고 있다. 형과 동생이 2 km 이상 떨어지려면 몇 분 이상 달려야 하는지 구하시오.

● 일차부등식의 활용(속력, 같은 거리를 왕복하는 경우)   ● 일차부등식의 활용(속력, 반대 방향으로 출발하는 경우)

유형 **29** 일차부등식의 활용 (농도)

개념 **29**

(1) 소금물의 양과 농도의 관계

① $(소금물의 농도) = \dfrac{(소금의 양)}{(소금물의 양)} \times 100(\%)$

② $(소금의 양) = (소금물의 양) \times \dfrac{(농도)}{100}$

(2) 농도가 다른 두 소금물을 섞는 경우

농도가 각각 $a\,\%$, $b\,\%$인 소금물 $x\,\mathrm{g}$, $y\,\mathrm{g}$을 섞은 소금물의 농도가 $c\,\%$ 이하일 때,

$\dfrac{a}{100}x + \dfrac{b}{100}y \leq \dfrac{c}{100}(x+y)$

(3) 소금물을 증발시키거나 물 또는 소금을 추가하는 경우

① 증발시키는 경우 ➡ 소금의 양은 변하지 않고, 소금물의 양은 감소한다.

② 물을 더 넣는 경우 ➡ 소금의 양은 변하지 않고, 소금물의 양은 증가한다.

③ 소금을 더 넣는 경우 ➡ 소금의 양과 소금물의 양이 모두 증가한다.

● 일차부등식의 활용 (농도, 두 소금물 섞기)   ● 일차부등식의 활용 (농도, 증발이나 물 추가)

확인문제

[106~107] 다음 중 옳은 것에는 ○표, 옳지 <u>않은</u> 것에는 ×표를 하시오.

106 소금물에 물을 더 넣거나 물을 증발시킬 때, 소금의 양도 변한다. (　　)

107 물 360 g에 소금 40 g을 녹여 만든 소금물의 농도는 10 %이다. (　　)

[108~109] 다음 ☐ 안에 알맞은 것을 써넣으시오.

108 소금 50 g이 녹아 있는 소금물 450 g에서 물 50 g을 증발시켰더니 농도가 ☐ %가 되었다.

109 농도가 각각 3 %, 6 %인 소금물 200 g, 100 g을 섞었더니 농도가 ☐ %가 되었다.

예제 **29**

20 %의 소금물 500 g과 10 %의 소금물을 섞어서 농도가 12 % 이하인 소금물을 만들려고 한다. 10 %의 소금물을 몇 g 이상 섞어야 하는지 구하시오.

풀이 전략

$(소금의 양) = (소금물의 양) \times \dfrac{(농도)}{100}$를 이용하여 농도에 대한 부등식을 세운다.

풀이

10 %의 소금물의 양을 $x\,\mathrm{g}$이라 하면

$500 \times \dfrac{20}{100} + x \times \dfrac{10}{100} \leq (500+x) \times \dfrac{12}{100}$

$10000 + 10x \leq 6000 + 12x$

$-2x \leq -4000$

$x \geq 2000$

따라서 10 %의 소금물을 2000 g 이상 섞어야 농도가 12 % 이하인 소금물을 만들 수 있다.

● 일차부등식의 활용 (농도, 두 소금물 섞기)

유형연습 **29**

6 %의 소금물 400 g에 물을 더 넣어 4 % 이하의 소금물을 만들려고 한다. 이때 더 넣어야 하는 물의 양은 몇 g 이상인지 구하시오.

● 일차부등식의 활용 (농도, 증발이나 물 추가)

유형 **30** 일차부등식의 활용 (정가, 원가)

개념 30

일차부등식의 활용(정가, 원가)

(1) 원가가 x원인 상품에 $a\,\%$의 이익을 붙인 정가

➡ 정가: $x\left(1+\dfrac{a}{100}\right)$원

(2) 정가가 y원인 상품에서 $b\,\%$를 할인한 경우

➡ 판매가격: $y\left(1-\dfrac{b}{100}\right)$원

[참고] (판매가격) $-$ (원가) $=$ (이익)

$x+\dfrac{20}{100}x$ 이익

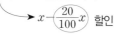 x원에 20 %의 이익을 붙인 가격: $1.2x$원

x원에서 20 % 할인한 가격: $0.8x$원

$x-\dfrac{20}{100}x$ 할인

● 일차부등식의 활용(정가, 원가)

예제 30

원가가 20000원인 티셔츠를 정가의 25 %를 할인하여 팔려고 한다. 이 티셔츠로 원가의 20 % 이상의 이익을 얻으려면 정가를 얼마 이상으로 정해야 하는지 구하시오.

풀이 전략

정가를 x원이라 하고 일차부등식을 세운다.

풀이

정가를 x원이라 하면

$\left(1-\dfrac{25}{100}\right)x \geq 20000 \times \left(1+\dfrac{20}{100}\right)$

$\dfrac{3}{4}x \geq 24000$

$x \geq 32000$

따라서 정가를 적어도 32000원 이상으로 정해야 한다.

● 일차부등식의 활용(정가, 원가)

확인문제

[110~113] 다음 ☐ 안에 알맞은 수를 써넣으시오.

110 원가가 x원인 상품에 15 %의 이익을 붙인 정가

➡ $\dfrac{\boxed{}}{100}x$원

111 원가가 x원인 상품에 40 %의 이익을 붙인 정가

➡ $\dfrac{\boxed{}}{100}x$원

112 정가가 y원인 상품을 45 % 할인한 판매가격

➡ $\dfrac{\boxed{}}{100}y$원

113 정가가 y원인 상품을 60 %를 할인한 판매가격

➡ $\dfrac{\boxed{}}{100}y$원

유형연습 30

원가가 15000원인 모자를 팔아서 원가의 30 % 이상의 이익을 얻으려고 한다. 모자를 얼마 이상에 팔아야 하는지 구하시오.

개념31

미지수가 2개인 일차방정식

미지수가 2개이고, 그 차수가 모두 1인 방정식

➡ $ax+by+c=0$ (단, a, b, c는 상수, $a \neq 0$, $b \neq 0$)

⑩ $x-5y+3=0$ ➡ 미지수가 2개인 일차방정식

$2x-6=0$ ➡ 미지수가 1개인 일차방정식

$3x+y^2-7=0$ ➡ y^2의 차수가 2이므로 일차방정식이 아니다.

• **방정식:** 미지수의 값에 따라 참이 되기도 하고 거짓이 되기도 하는 등식

• **상수:** 변하지 않는 고정된 수

• **차수:** 문자가 있는 항에서 문자가 곱해진 개수

• 미지수가 1개 또는 2개인 일차방정식을 간단히 '일차방정식'이라 한다.

 미지수가 2개인 일차방정식

확인문제

[114~116] 다음 중 옳은 것에는 ○표, 옳지 <u>않은</u> 것에는 ×표를 하시오.

114 $x-2y+4=0$은 미지수가 2개인 일차방정식이다.

( )

115 $2x-3=0$은 미지수가 2개인 일차방정식이다.

( )

116 $x^2+2y-3=0$은 미지수가 2개인 일차방정식이다.

( )

예제31

다음 보기에서 미지수가 2개인 일차방정식을 모두 고르시오.

┌─ | 보기 | ─────────────────┐

ㄱ. $x^2-3y=4$ ㄴ. $-4x=2y+5$

ㄷ. $7x-3xy=4$ ㄹ. $2x-8y=2x+6$

ㅁ. $5x-4y(y+3)+9+4y^2=0$

└──────────────────────────┘

풀이 전략

일차방정식의 모든 항을 좌변으로 이항하여 간단하게 정리하고 미지수가 2개인지, 미지수의 차수가 1인지 살펴본다.

풀이

ㄱ. x^2의 차수가 2이므로 일차방정식이 아니다.

ㄴ. 미지수가 2개인 일차방정식이다.

ㄷ. xy의 차수가 2이므로 일차방정식이 아니다.

ㄹ. $2x-8y-2x-6=0$에서 $-8y-6=0$이므로 미지수가 2개인 일차방정식이 아니다.

ㅁ. $5x-4y^2-12y+9+4y^2=0$에서 $5x-12y+9=0$이므로 미지수가 2개인 일차방정식이다.

따라서 미지수가 2개인 일차방정식은 ㄴ, ㅁ이다.

 미지수가 2개인 일차방정식

유형연습 31

다음 문장을 미지수가 2개인 일차방정식으로 나타내시오.

(1) x살인 소원이의 나이는 y살인 건욱이의 나이보다 5살 많다.

(2) 100원짜리 동전 x개와 50원짜리 동전 y개를 합하면 850원이다.

(3) x의 4배는 y의 3배보다 7만큼 크다.

(4) 강아지 x마리와 오리 y마리의 다리의 수의 합은 36이다.

 미지수가 2개인 일차방정식으로 나타내기

2 식의 계산

유형 32 미지수가 2개인 일차방정식의 해

개념 32

(1) **미지수가 2개인 일차방정식의 해:**

x, y에 대한 일차방정식이 참이 되게 하는 x, y의 값 또는 그 순서쌍 (x, y)

  예 미지수가 x, y인 일차방정식 $x+y=3$에

  $x=1$, $y=2$를 대입하면 $1+2=3$이 참이므로

  $(1, 2)$는 해이다.

  $x=2$, $y=2$를 대입하면 $2+2=3$이 거짓이므로 $(2, 2)$는 해가 아니다.

(2) **일차방정식을 푼다:** 일차방정식의 해를 모두 구하는 것

[참고] 미지수가 1개인 일차방정식의 해는 1개이지만 미지수가 2개인 일차방정식의 해는 여러 개일 수 있다.

● 미지수가 2개인 일차방정식의 해

예제 32

x, y가 자연수일 때, 일차방정식 $2x+y=7$의 해를 모두 구하시오.

풀이 전략

x의 값이 1, 2, 3, …일 때, y의 값이 자연수인 것을 구한다.

풀이

미지수 x가 자연수이므로 x에 1, 2, 3, …을 차례로 대입하여 y의 값을 구하면 다음 표와 같다.

x	1	2	3	4	5	…
y	5	3	1	-1	-3	…

이때 y도 자연수이어야 하므로 자연수가 아닌 것을 제외하면 구하는 해는 $(1, 5)$, $(2, 3)$, $(3, 1)$이다.

● 미지수가 2개인 일차방정식의 해

확인문제

[117~121] 다음 순서쌍 중 일차방정식 $3x-2y=-5$의 해인 것은 ○표, 아닌 것은 ×표를 하시오.

117 $(-3, -2)$　　　　　　　(　)

118 $(-1, 1)$　　　　　　　(　)

119 $(1, 4)$　　　　　　　(　)

120 $(3, 7)$　　　　　　　(　)

121 $(5, 9)$　　　　　　　(　)

유형연습 32

x, y가 자연수일 때, 일차방정식 $2x+5y=17$의 해를 구하시오.

개념 33

일차방정식의 해가 주어진 경우에 그 해는 방정식을 참이 되게 하는 값이므로 일차방정식에 **대입**하면 등식이 참이 된다.

● 일차방정식의 해가 주어진 경우

예제 33

순서쌍 $(3, 2)$가 일차방정식 $5x+ay-9=0$의 해일 때, 상수 a의 값을 구하시오.

（풀이 전략）

$x=3, y=2$를 일차방정식에 대입한다.

（풀이）

$x=3, y=2$를 $5x+ay-9=0$에 대입하면

$15+2a-9=0$

$2a+6=0$

따라서 $a=-3$

● 일차방정식의 해가 주어진 경우

확인문제

[122~125] x, y의 순서쌍 (x, y)에 대하여 다음 중 옳은 것에는 ○표, 옳지 **않은** 것에는 ×표를 하시오.

122 $(1, 15)$는 $3x+y=18$의 해이다. (   )

123 $(2, -2)$는 $2x-y=6$의 해이다. (   )

124 $(3, 7)$은 $x+2y=18$의 해이다. (   )

125 $(1, 9)$는 $y-2x=7$의 해이다. (   )

유형연습 33

두 순서쌍 $(3, 2)$, $(b, -2)$가 일차방정식 $ax-5y=-4$의 해일 때, $a+b$의 값을 구하시오.

（단, a는 상수）

● 일차방정식의 해가 주어진 경우

개념 **34**

(1) **미지수가 2개인 연립일차방정식**

미지수가 2개인 두 일차방정식을 한 쌍으로 묶어 놓은 것

(2) **연립방정식으로 나타내기**

주어진 상황을 x, y에 대한 2개의 일차방정식으로 나타낸 후 한 쌍으로 묶는다.

예 100원짜리 동전 x개와 500원짜리 동전 y개를 합하여 13개가 있고, 전체 금액은 5300원이다.

	100원	500원	합계
개수	x	y	13
금액	$100x$	$500y$	5300

따라서 $\begin{cases} x+y=13 \\ 100x+500y=5300 \end{cases}$

[참고] 연립일차방정식을 간단히 연립방정식이라 한다.

● 연립방정식으로 나타내기

예제 **34**

한 자루에 500원짜리 연필과 한 개에 300원짜리 지우개를 합하여 모두 4개를 사고 1800원을 지불하였다. 이때, 이를 연립방정식으로 나타내시오.

풀이 전략

연필과 지우개의 개수를 각각 x자루, y개라 하고 연립방정식을 세운다.

풀이

	500원 연필	300원 지우개	합계
개수	x	y	4
가격	$500x$	$300y$	1800

따라서 $\begin{cases} x+y=4 \\ 500x+300y=1800 \end{cases}$

● 연립방정식으로 나타내기

확인문제

[126~128] 한 자루에 300원짜리 연필 x자루와 한 개에 200원짜리 지우개 y개를 합하여 모두 6개를 사고 1400원을 지불하였다. 다음 □ 안에 알맞은 수를 써넣으시오.

126 연필과 지우개의 개수를 미지수가 2개인 일차방정식으로 나타내면 $x+y=$ □

127 지불한 금액을 미지수가 2개인 일차방정식으로 나타내면 □$x+200y=1400$

128 미지수가 2개인 연립방정식으로 나타내면
$\begin{cases} x+y= \boxed{} \\ \boxed{}x+200y=1400 \end{cases}$

유형연습 **34**

한 야구 선수가 이번 시즌 동안 2점 홈런 x개와 3점 홈런 y개를 합해서 25개의 홈런을 기록하여 54점을 득점하였다. 이를 연립방정식으로 나타내시오.

개념35

(1) **연립방정식의 해**: 연립방정식에서 두 일차방정식을 동시에 만족시키는 x, y의 값 또는 그 순서쌍 (x, y)

(2) **연립방정식을 푼다**: 연립방정식의 해를 구하는 것

📖 x, y가 자연수일 때, 연립방정식 $\begin{cases} x+y=6 \\ 2x+y=10 \end{cases}$ 의 해를 구해 보자.

(i) $x+y=6$의 해

x	1	2	3	4	5
y	5	4	3	2	1

(ii) $2x+y=10$의 해

x	1	2	3	4
y	8	6	4	2

따라서 연립방정식의 해는 두 방정식을 동시에 만족시키는 $(4, 2)$이다. ➡ 공통해를 찾는다.

[참고] 연립방정식의 해는 두 일차방정식을 동시에 만족시키므로 그 해를 두 일차방정식에 대입하면 모두 참이 된다.

(3) **가감법**: 방정식을 변끼리 더하거나 빼서 한 미지수를 소거하여 연립방정식을 푸는 방법

(4) **대입법**: 한 방정식을 한 미지수에 대하여 정리하고, 이를 다른 방정식에 대입하여 한 미지수를 소거하여 연립방정식을 푸는 방법

●연립방정식의 해

확인문제

[129~131] 다음 중 옳은 것에는 ○표, 옳지 <u>않은</u> 것에는 ×표를 하시오.

129 $(1, -1)$은 $3x-y=4$의 해이다. (　　)

130 $(1, -1)$은 $x+5y=-4$의 해이다. (　　)

131 $(1, -1)$은 $\begin{cases} 3x-y=4 \\ x+5y=-4 \end{cases}$ 의 해이다. (　　)

예제35

다음 연립방정식의 해를 구하시오.

$$\begin{cases} 5x+3y=-1 \\ 3x-2y=-12 \end{cases}$$

풀이 전략

두 일차방정식의 x 또는 y의 계수의 절댓값이 같도록 적당한 수를 곱한다.

풀이

$\begin{cases} 5x+3y=-1 & \cdots\cdots ㉠ \\ 3x-2y=-12 & \cdots\cdots ㉡ \end{cases}$

㉠×3-㉡×5를 하면 $19y=57$, $y=3$

이를 ㉠에 대입하면

$5x+9=-1$, $5x=-10$, $x=-2$

따라서 해는 $(-2, 3)$이다.

[다른 풀이]

㉠×2+㉡×3을 하면

$19x=-38$, $x=-2$

이를 ㉠에 대입하면

$-10+3y=-1$, $3y=9$, $y=3$

따라서 해는 $(-2, 3)$이다.

●연립방정식의 풀이(가감법)

유형연습 35

다음 연립방정식의 해를 구하시오.

$$\begin{cases} y=x+3 \\ 3x-y-5=0 \end{cases}$$

●연립방정식의 풀이(대입법)

유형 36 계수가 소수 또는 분수인 연립방정식

개념 36

(1) **계수가 소수인 연립방정식**

계수가 소수이면 양변에 적당한 10의 거듭제곱을 곱하여 계수를 정수로 고친 후 푼다.

(예) $\begin{cases} 0.3x+0.2y=0.8 \\ 0.2x-0.1y=0.3 \end{cases}$ $\xrightarrow[\text{10을 곱하기}]{\text{양변에}}$ $\begin{cases} 3x+2y=8 \\ 2x-y=3 \end{cases}$

[참고] 소수점 아래의 숫자의 개수가 1개이면 10, 2개이면 100, 3개이면 1000을 곱한다.

(2) **계수가 분수인 연립방정식**

계수가 분수이면 양변에 분모의 최소공배수를 곱하여 계수를 정수로 고친 후 푼다.

(예) $\begin{cases} \dfrac{1}{4}x-\dfrac{1}{2}y=\dfrac{3}{4} \\ \dfrac{1}{3}x+\dfrac{1}{6}y=\dfrac{2}{3} \end{cases}$ $\xrightarrow[\text{최소공배수 곱하기}]{\text{양변에 분모의}}$ $\begin{cases} x-2y=3 \\ 2x+y=4 \end{cases}$

[참고] 양변에 10의 거듭제곱이나 최소공배수를 곱할 때 소수나 분수가 아닌 수에도 곱하는 것을 빠뜨리지 않도록 주의한다.

◦계수가 소수인 연립방정식   ◦계수가 분수인 연립방정식

예제 36

다음 연립방정식의 해를 구하시오.

$$\begin{cases} 0.1x-0.2y=1 \\ 0.03x+0.04y=0.6 \end{cases}$$

풀이 전략

양변에 10의 거듭제곱을 곱하여 계수를 정수로 고친 후 푼다.

풀이

두 일차방정식의 양변에 10의 거듭제곱을 곱하여 계수를 정수로 고치면

$$\begin{cases} x-2y=10 & \cdots\cdots\ \text{㉠} \\ 3x+4y=60 & \cdots\cdots\ \text{㉡} \end{cases}$$

㉠$\times 2+$㉡을 하면

$5x=80,\ x=16$

이를 ㉠에 대입하면

$16-2y=10,\ -2y=-6,\ y=3$

따라서 해는 $(16, 3)$이다.

◦계수가 소수인 연립방정식

확인문제

[132~134] 다음은 $\begin{cases} 0.01x+0.1y=1 & \cdots\cdots\ \text{㉠} \\ \dfrac{1}{3}x+\dfrac{3}{2}y=1 & \cdots\cdots\ \text{㉡} \end{cases}$ 을 푸는

과정이다. ☐ 안에 알맞은 수 또는 식을 써넣으시오.

132 ㉠의 양변에 ☐☐☐ 을 곱하면 $x+10y=$☐☐☐

133 ㉡의 양변에 ☐ 을 곱하면 ☐☐☐ $=6$

134 주어진 연립방정식의 해는 $\begin{cases} x+10y=100 \\ 2x+☐y=6 \end{cases}$ 의 해와 같다.

유형연습 36

다음 연립방정식의 해를 구하시오.

$$\begin{cases} \dfrac{1}{2}x+\dfrac{3}{4}y=1 \\ \dfrac{2}{3}x-\dfrac{1}{6}y=\dfrac{1}{6} \end{cases}$$

◦계수가 분수인 연립방정식

유형 37 $A=B=C$ 꼴인 연립방정식

개념 37

$A=B=C$ 꼴의 연립방정식은 다음 중 간단한 것을 택하여 푼다.

$$\begin{cases} A=B \\ A=C \end{cases} \text{또는} \begin{cases} A=B \\ B=C \end{cases} \text{또는} \begin{cases} A=C \\ B=C \end{cases}$$

[참고] C가 상수인 경우 $\begin{cases} A=C \\ B=C \end{cases}$를 택하여 푸는 것이 가장 간단하다.

● $A=B=C$ 꼴인 연립방정식

예제 37

다음 방정식을 푸시오.
$$2x+y=x+2y=6$$

풀이 전략

$A=B=C$ 꼴인 연립방정식에서 C가 상수인 경우에는
$$\begin{cases} A=C \\ B=C \end{cases}$$로 바꾸어 푼다.

풀이

주어진 방정식을 변형하면
$$\begin{cases} 2x+y=6 & \cdots\cdots ㉠ \\ x+2y=6 & \cdots\cdots ㉡ \end{cases}$$
㉠$-$㉡$\times 2$를 하면
$$-3y=-6,\ y=2$$
이를 ㉡에 대입하면
$$x+4=6,\ x=2$$
따라서 연립방정식의 해는 $(2,\ 2)$이다.

● $A=B=C$ 꼴인 연립방정식

확인문제

[135~137] 다음 중 옳은 것에는 ○표, 옳지 <u>않은</u> 것에는 ×표를 하시오.

135 $A=B=C$이면 $A=C$이다. ( )

136 $A=B$이고 $B=C$이면 $A=B=C$이다. ( )

137 $A=B$이고 $A=C$이면 $A=B=C$이다. ( )

유형연습 37

연립방정식
$$\frac{7-2y}{3}=\frac{4y+ax-7}{2}=\frac{-4x-4y}{5}$$
의 해가 $(-3,\ b)$일 때, 상수 a, b의 합 $a+b$의 값을 구하시오.

● $A=B=C$ 꼴인 연립방정식(서술형)

유형 **38** 해가 무수히 많거나 없는 연립방정식

개념 **38**

(1) **해가 무수히 많은 연립방정식**

두 방정식을 변형하여 x의 계수, y의 계수, 상수항을 각각 같게 만들 수 있을 때 주어진 연립방정식은 해가 무수히 많다.

→ $\begin{cases} ax+by=c \\ a'x+b'y=c' \end{cases}$ 에서 $\dfrac{a}{a'}=\dfrac{b}{b'}=\dfrac{c}{c'}$ 이면 해가 무수히 많다.

(2) **해가 없는 연립방정식**

두 방정식을 변형하여 x의 계수, y의 계수를 각각 같게 만들었을 때 상수항이 다르면 주어진 연립방정식은 해가 없다.

→ $\begin{cases} ax+by=c \\ a'x+b'y=c' \end{cases}$ 에서 $\dfrac{a}{a'}=\dfrac{b}{b'}\neq\dfrac{c}{c'}$ 이면 해가 없다.

● 해가 무수히 많은 연립방정식   ● 해가 없는 연립방정식

예제 **38**

연립방정식 $\begin{cases} x+ay=5 \\ 2x-4y=b \end{cases}$ 의 해가 무수히 많을 때, 상수 a, b의 값을 구하시오.

풀이 전략

연립방정식 $\begin{cases} ax+by=c \\ a'x+b'y=c' \end{cases}$ 에서 해가 무수히 많으면

$\dfrac{a}{a'}=\dfrac{b}{b'}=\dfrac{c}{c'}$ 이다.

풀이

연립방정식 $\begin{cases} x+ay=5 \\ 2x-4y=b \end{cases}$ 의 해가 무수히 많으므로

$\dfrac{1}{2}=\dfrac{a}{-4}=\dfrac{5}{b}$

즉, $\dfrac{1}{2}=\dfrac{a}{-4}$ 에서 $2a=-4$, $a=-2$이고

$\dfrac{1}{2}=\dfrac{5}{b}$ 에서 $b=10$

따라서 $a=-2$, $b=10$

● 해가 무수히 많은 연립방정식

확인문제

[138~140] 다음 중 옳은 것에는 ◯표, 옳지 <u>않은</u> 것에는 ×표를 하시오.

138 $k\neq 0$일 때, 연립방정식 $\begin{cases} ax+by=c \\ kax+kby=kc \end{cases}$ 의 해는 무수히 많다. ( )

139 연립방정식 $\begin{cases} x+y=3 \\ 3x+3y=6 \end{cases}$ 의 해는 무수히 많다. ( )

140 $k\neq 4$이면 연립방정식 $\begin{cases} x+3y=2 \\ 2x+6y=k \end{cases}$ 의 해는 없다. ( )

유형연습 **38**

연립방정식 $\begin{cases} 3x+ay=2 \\ 9x-6y=b \end{cases}$ 의 해가 없기 위한 상수 a, b의 조건을 구하시오.

● 해가 없는 연립방정식

유형 ③⑨ 연립방정식의 해가 주어졌을 때

개념39

연립방정식의 해가 주어졌을 때

그 해는 연립방정식의 두 방정식이 참이 되게 하는 값이므로 각 방정식에 **대입**한다.

● 연립방정식의 해가 주어졌을 때

예제39

연립방정식 $\begin{cases} ax+by=2 \\ bx-ay=16 \end{cases}$ 의 해가 $x=2$, $y=-3$일 때,

상수 a, b에 대하여 $a+b$의 값을 구하시오.

풀이 전략

$x=2$, $y=-3$을 각각의 일차방정식에 대입한 후 a, b에 대한 연립방정식을 푼다.

풀이

$x=2$, $y=-3$을 두 일차방정식에 각각 대입하면

$\begin{cases} 2a-3b=2 & \cdots\cdots ㉠ \\ 2b+3a=16 & \cdots\cdots ㉡ \end{cases}$

㉠×2+㉡×3을 하면

$13a=52$, $a=4$

$a=4$를 ㉡에 대입하면

$2b+12=16$, $b=2$

따라서 $a=4$, $b=2$이므로

$a+b=6$

● 연립방정식의 해가 주어졌을 때 2

확인문제

[141~143] 다음은 $\begin{cases} ax+y=3 & \cdots\cdots ㉠ \\ 3x-2y=-1 & \cdots\cdots ㉡ \end{cases}$ 의 해가

$(1, b)$일 때, 상수 a, b의 값을 구하는 과정이다. ☐ 안에 알맞은 수 또는 식을 써넣으시오.

141 ㉠에 $x=\boxed{}$, $y=b$를 대입하면 $\boxed{}=3$

142 ㉡에 $x=1$, $y=\boxed{}$를 대입하면

$\boxed{}=-1$이므로 $b=\boxed{}$

143 $b=\boxed{}$이므로 $a=\boxed{}$

유형연습 39

연립방정식 $ax-by=2ax+by=6x+5y$의 해가 $x=1$, $y=-2$일 때, 상수 a, b에 대하여 $a+b$의 값을 구하시오.

● 연립방정식의 해가 주어졌을 때 (서술형)

유형 40 여러 방정식의 해가 서로 같을 때

개념 40

(1) **연립방정식의 해와 어떤 일차방정식의 해가 같을 때**

❶ 그 해는 세 일차방정식의 공통인 해이다.

❷ 세 일차방정식 중 계수와 상수항에 문자가 없는 두 일차방정식을 선택하여 연립방정식을 만든다.

❸ ❷의 연립방정식을 풀고 그 해를 나머지 한 일차방정식에 대입한다.

(2) **두 연립방정식의 해가 서로 같을 때**

❶ 그 해는 네 일차방정식의 공통인 해와 같다.

❷ 네 일차방정식 중 계수와 상수항에 문자가 없는 두 일차방정식을 선택하여 연립방정식을 만든다.

❸ ❷의 연립방정식을 풀고 그 해를 나머지 두 일차방정식에 각각 대입한다.

● 연립방정식의 해가 다른 일차방정식을 만족시키는 경우

확인문제

[144~145] 다음 중 옳은 것에는 ○표, 옳지 않은 것에는 ×표를 하시오.

144 $ax+by=5$의 해가 $x=1$, $y=1$이면 $a+b=5$이다. ( )

145 $ax+3y=7$의 해가 $x=-1$, $y=b$이면 $3b-a=7$이다. ( )

146 다음 □ 안에 알맞은 것을 써넣으시오.

연립일차방정식의 해는 연립방정식을 이루는 일차방정식들의 □□인 해이다.

예제 40

연립방정식 $\begin{cases} 2x-3y=-12 \\ ax+7y=5 \end{cases}$ 의 해가 일차방정식 $x+4y=5$를 만족시킬 때, 상수 a의 값을 구하시오.

풀이 전략

① 세 일차방정식 중 계수와 상수항이 모두 문자가 아닌 수로 주어진 두 일차방정식으로 연립방정식을 만들어 해를 구한다.

② ①에서 구한 해를 나머지 일차방정식에 대입하여 미지수의 값을 구한다.

풀이

$\begin{cases} 2x-3y=-12 & \cdots\cdots ㉠ \\ x+4y=5 & \cdots\cdots ㉡ \end{cases}$

㉠$-$㉡$\times2$를 하면 $-11y=-22$, $y=2$

이를 ㉡에 대입하면 $x+8=5$, $x=-3$

$x=-3$, $y=2$를 $ax+7y=5$에 대입하면

$-3a+14=5$, $-3a=-9$

따라서 $a=3$

● 연립방정식의 해가 다른 일차방정식을 만족시키는 경우

유형연습 40

다음 두 연립방정식의 해가 서로 같을 때, 두 상수 a, b의 값을 구하시오.

$\begin{cases} 3x+y=9 & \cdots\cdots ㉠ \\ ax+by=3 & \cdots\cdots ㉡ \end{cases}$, $\begin{cases} ax-2y=4 & \cdots\cdots ㉢ \\ -2x+y=-1 & \cdots\cdots ㉣ \end{cases}$

● 연립방정식의 해가 서로 같은 경우 (서술형)

개념41

연립방정식의 해 x, y에 대한 조건이 주어진 경우에는 식으로 표현한다.

① y의 값이 x의 값의 k배이다. ➡ $y=kx$

② y의 값이 x의 값보다 k만큼 크다. ➡ $y=x+k$

③ y의 값이 x의 값보다 k만큼 작다. ➡ $y=x-k$

④ x, y의 값의 비가 $m:n$이다. ➡ $x:y=m:n$

　　이때 $x:y=m:n$이면 $nx=my$

⑤ x, y의 값의 합이 l이다. ➡ $x+y=l$

● 연립방정식의 해의 조건이 주어졌을 때

예제41

연립방정식 $\begin{cases} 2(x-3)-5y=-3 \\ 3x-4y=a \end{cases}$ 를 만족시키는 x의 값

이 y의 값의 2배일 때, 상수 a의 값을 구하시오.

풀이 전략

x의 값이 y의 값의 2배이면 $x=2y$이다.

풀이

x의 값이 y의 값의 2배이면 $x=2y$이므로

$\begin{cases} 2(x-3)-5y=-3 \\ x=2y \end{cases}$ 에서 $\begin{cases} 2x-5y=3 & \cdots\cdots \text{㉠} \\ x=2y & \cdots\cdots \text{㉡} \end{cases}$

㉡을 ㉠에 대입하면

$2\times 2y-5y=3$, $y=-3$

이를 ㉡에 대입하면 $x=-6$

$x=-6$, $y=-3$을 $3x-4y=a$에 대입하면

$-18+12=a$

따라서 $a=-6$

● 연립방정식의 해의 조건이 주어졌을 때

확인문제

[147~150] 다음 중 옳은 것에는 ○표, 옳지 <u>않은</u> 것에는 ×표를 하시오.

147 y의 값이 x의 값의 3배일 때, $x=3y$　　(　　)

148 y의 값이 x의 값보다 3만큼 작을 때, $y=x-3$

　　　　　　　　　　　　　　　　　　(　　)

149 x, y의 값의 비가 $2:5$일 때, $2x=5y$　(　　)

150 x, y의 값의 합이 10일 때, $xy=10$　(　　)

유형연습 41

연립방정식 $\begin{cases} 3x+y=2 \\ 2x-y=k \end{cases}$ 를 만족시키는 x의 값이 y의 값

보다 2만큼 클 때, 상수 k의 값을 구하시오.

유형 42 계수나 상수항을 잘못 보고 푼 경우

개념 42

(1) **계수 또는 상수항을 잘못 보고 푼 경우**
   잘못 본 계수나 상수항을 다른 문자로 보고 잘못 놓고 구한 해를 대입한다.

(2) **계수 a, b를 바꾸어 놓고 푼 경우**
   a와 b를 바꾸어 만든 새로운 연립방정식에 잘못 보고 구한 해를 대입한다.

● 계수, 상수항을 잘못 보고 푼 경우

● 계수를 바꾸어 푼 경우(서술형)

예제 42

연립방정식 $\begin{cases} 3x-y=5 \\ 4x-3y=-8 \end{cases}$ 에서 $4x-3y=-8$의 3을 잘못 보고 풀어서 $x=3$이 되었다. 3을 어떤 수로 잘못 보고 풀었는지 구하면?

① 4   ② 5   ③ 6
④ 7   ⑤ 8

풀이 전략
잘못 본 계수를 A로 놓고 잘못 놓고 구한 해를 대입한다.

풀이

잘못 본 계수를 A로 놓으면 $\begin{cases} 3x-y=5 & \cdots\cdots\; \text{㉠} \\ 4x-Ay=-8 & \cdots\cdots\; \text{㉡} \end{cases}$

㉠에 $x=3$을 대입하면
$9-y=5$, $y=4$
또, $x=3$, $y=4$를 ㉡에 대입하면
$12-4A=-8$, $-4A=-20$, $A=5$
따라서 3을 5로 잘못 보고 풀었다.

● 계수, 상수항을 잘못 보고 푼 경우

확인문제

[151~153] 다음 중 옳은 것에는 ○표, 옳지 않은 것에는 ×표를 하시오.

151 민수가 $4x+2y=8$을 $3x+2y=8$로 보고 풀었다면 x의 계수를 잘못 본 것이다.   (   )

152 진규가 $ax+by=c$에서 y의 계수를 잘못 보았다면 a를 잘못 본 것이다.   (   )

153 지환이가 $ax+by=8$에서 상수 a, b를 서로 바꾸어 보았다면 $bx+ay=8$로 본 것이다.   (   )

유형연습 42

x, y에 대한 연립방정식 $\begin{cases} ax+by=-6 \\ bx-ay=-2 \end{cases}$ 에서 상수 a, b를 서로 바꾸어 놓고 풀었더니 해가 $x=-1$, $y=2$이었다. 처음 연립방정식의 해를 구하시오.

● 계수를 바꾸어 푼 경우(서술형)

개념 **43**

(1) 각 자리의 숫자를 바꾼 경우

십의 자리의 숫자가 x, 일의 자리의 숫자가 y인 두 자리의 자연수에서

처음 수			바꾼 수	
x	y	바꾼 후	y	x
십	일		십	일

➡ $10x+y$ ➡ $10y+x$

(2) 평균

① 두 수 a, b의 평균 ➡ $\dfrac{a+b}{2}$

② 세 수 a, b, c의 평균 ➡ $\dfrac{a+b+c}{3}$

● 연립방정식의 활용 (평균) ● 연립방정식의 활용 (처음 수, 바꾼 수)

확인문제

[154~156] 다음 □ 안에 알맞은 수를 써넣으시오.

154 십의 자리의 숫자가 7, 일의 자리 숫자가 3인 두 자리 자연수는 $10 \times \boxed{} + 1 \times \boxed{} = \boxed{}$

155 일의 자리의 숫자가 십의 자리의 숫자의 3배이고, 십의 자리의 숫자가 백의 자리의 숫자의 3배인 세 자리 자연수는 $\boxed{}$이다.

156 세 수 1, 2, 4의 평균은 $\dfrac{1+2+4}{\boxed{}}$이다.

예제 **43**

어떤 두 자리 자연수의 각 자리의 숫자의 합은 13이고, 이 수의 십의 자리의 숫자와 일의 자리의 숫자를 서로 바꾼 수는 처음 수보다 9만큼 크다. 처음 두 자리의 자연수를 구하시오.

풀이 전략

십의 자리의 숫자와 일의 자리의 숫자를 각각 x, y라 하고 연립방정식을 세운다.

풀이

십의 자리의 숫자와 일의 자리의 숫자를 각각 x, y라 하면

$$\begin{cases} x+y=13 \\ 10y+x=(10x+y)+9 \end{cases}$$

이때 $10y+x=(10x+y)+9$에서

$-9x+9y=9$, $-x+y=10$이므로

$$\begin{cases} x+y=13 & \cdots\cdots ㉠ \\ -x+y=1 & \cdots\cdots ㉡ \end{cases}$$

㉠+㉡을 하면 $2y=14$, $y=7$

이를 ㉠에 대입하면 $x+7=13$, $x=6$

따라서 처음 두 자리 자연수는 67이다.

● 연립방정식의 활용(처음 수, 바꾼 수)

유형연습 **43**

유미는 지금까지 수학 과목의 1차, 2차 평가를 치루었다. 1차 평가와 2차 평가의 평균 점수는 78점이고, 1차 평가가 2차 평가보다 6점이 낮았다고 할 때, 1차 평가의 점수를 구하시오.

● 연립방정식의 활용(평균)

개념 **44**

(1) **연립방정식의 활용(나이)**

x살인 사람의 k년 후의 나이 ➡ $(x+k)$살

(2) **연립방정식의 활용(긴 의자에 앉는 문제)**

여러 명이 앉을 수 있는 긴 의자 중 꽉 채워서 앉은 의자의 개수와 그렇지 않은 의자의 개수를 확인한다.

● 연립방정식의 활용(긴 의자에 앉는 문제)

예제 **44**

현재 아버지와 민섭이의 나이의 합은 50살이고 5년 후에 아버지의 나이는 민섭이의 나이의 2배가 된다. 현재 아버지의 나이를 구하시오.

풀이 전략

아버지의 나이를 x살, 민섭이의 나이를 y살이라 하고 연립방정식을 세운다.

풀이

현재 아버지의 나이를 x살, 민섭이의 나이를 y살이라 하면

$\begin{cases} x+y=50 \\ x+5=2(y+5) \end{cases}$ 에서 $\begin{cases} x+y=50 & \cdots\cdots ㉠ \\ x-2y=5 & \cdots\cdots ㉡ \end{cases}$

㉠×2+㉡을 하면 $3x=105$, $x=35$

따라서 현재 아버지의 나이는 35살이다.

[참고]

	아버지 나이	민섭이 나이
현재	x	y
5년 후	$x+5$	$y+5$

● 연립방정식의 활용(나이)

확인문제

[157~159] 다음 ☐ 안에 알맞은 수 또는 식을 써넣으시오.

157 6명씩 앉을 수 있는 긴 의자 5개 중 3개는 꽉 채워서 앉았다. 나머지 중 한 의자는 3명만 앉고 마지막 한 의자는 빈 의자로 남았다면 총 ☐명이 앉은 것이다.

158 15살인 은지의 8년 후 나이는 ☐살이다.

159 x살인 아버지가 y살인 아들의 나이의 3배이면 $x=$☐이다.

유형연습 **44**

어느 동아리 학생들이 강당의 긴 의자에 앉는데 한 의자에 6명씩 앉으면 마지막 의자에는 4명이 앉고 한 개의 의자가 남는다고 한다. 또, 한 의자에 5명씩 앉으면 한 명이 남는다고 할 때, 학생 수를 구하시오.

● 연립방정식의 활용(긴 의자에 앉는 문제)

개념 45

연립방정식의 활용(사람 수의 증감량)

(1) x명에서 $a\,\%$만큼 증가한 경우

증가량: $\dfrac{a}{100}x$ ➡ 전체 사람 수: $\left(1+\dfrac{a}{100}\right)x$

(2) x명에서 $b\,\%$만큼 감소한 경우

감소량: $\dfrac{b}{100}x$ ➡ 전체 사람 수: $\left(1-\dfrac{b}{100}\right)x$

● 연립방정식의 활용(학생 수 증감량)

예제 45

어느 박물관의 입장료는 어른이 2000원, 어린이가 1200원이다. 어른과 어린이를 합하여 15명이 입장하였을 때, 총입장료가 25200원이었다. 이때 입장한 어른의 수를 구하시오.

풀이 전략

입장한 어른의 수를 x명, 어린이의 수를 y명이라 하고 연립방정식을 세운다.

풀이

입장한 어른의 수를 x명, 어린이의 수를 y명이라 하면

$\begin{cases} x+y=15 \\ 2000x+1200y=25200 \end{cases}$ 에서 $\begin{cases} x+y=15 & \cdots\cdots ㉠ \\ 5x+3y=63 & \cdots\cdots ㉡ \end{cases}$

㉠×3−㉡을 하면

$-2x=-18,\ x=9$

따라서 입장한 어른의 수는 9명이다.

● 연립방정식의 활용(입장료)

확인문제

[160~162] 다음 ☐ 안에 알맞은 수를 써넣으시오.

160 작년에 100명인 회원 수가 올해 10 % 증가했다면 올해 회원 수는 ☐명이다.

161 작년에 100명인 회원 수가 올해 20% 감소했다면 올해 회원 수는 ☐명이다.

162 작년에 100명인 회원 수가 올해 30% 증가했다면 작년에 비해 올해 증가한 회원 수는 ☐명이다.

유형연습 45

어느 학교의 작년 학생 수는 500명이었다. 올해는 작년보다 남학생이 8 % 증가하고 여학생은 10 % 감소하여 전체 학생 수는 14명이 줄었다. 올해의 남학생 수를 구하시오.

● 연립방정식의 활용(학생 수 증감량)

유형 **46** 연립방정식의 활용 (득점, 다리 개수)

개념 46

(1) **연립방정식의 활용(득점)**

◉ 농구 경기에서 2점 슛 x개, 3점 슛 y개를 넣은 경우, 슛의 개수와 득점에 대한 각각의 식을 세운다.

	2점 슛	3점 슛	합계
개수	x	y	$x+y$
득점	$2x$	$3y$	$2x+3y$

(2) **연립방정식의 활용(동물 다리의 수)**

◉ 돼지가 x마리, 닭이 y마리인 경우, 동물의 수와 다리의 수에 대한 각각의 식을 세운다.

	돼지	닭	합계
마리 수	x	y	$x+y$
다리 개수	$4x$	$2y$	$4x+2y$

◉연립방정식의 활용(득점, 감점)

◉연립방정식의 활용(동물 다리 개수)

예제 46

민국이는 농구 경기에서 2점 슛과 3점 슛을 합하여 15개를 넣어서 35점을 득점하였다. 이때 민국이가 넣은 2점 슛과 3점 슛의 개수를 각각 구하시오.

풀이 전략

민국이가 넣은 2점 슛을 x개, 3점 슛을 y개라 하고 연립방정식을 세운다.

풀이

민국이가 넣은 2점 슛을 x개, 3점 슛을 y개라 하면

	2점 슛	3점 슛	합계
개수	x	y	15
득점	$2x$	$3y$	35

$$\begin{cases} x+y=15 & \cdots\cdots \text{㉠} \\ 2x+3y=35 & \cdots\cdots \text{㉡} \end{cases}$$

㉠$\times 2-$㉡을 하면

$-y=-5,\ y=5$

이를 ㉠에 대입하면

$x+5=15,\ x=10$

따라서 민국이가 넣은 2점 슛은 10개, 3점 슛은 5개이다.

◉연립방정식의 활용(득점, 감점)

확인문제

[163~165] 다음 ☐ 안에 알맞은 수 또는 식을 써넣으시오.

163 2점 슛 3개와 3점 슛 5개를 성공시키면 총 ☐점을 득점한다.

164 소 5마리와 오리 8마리의 다리의 수는 총 ☐개이다.

165 고양이 x마리와 타조 y마리의 다리의 수는 ☐ 이다.

유형연습 46

돼지와 닭을 합하여 15마리가 있다. 다리의 수의 합이 42일 때, 돼지와 닭은 각각 몇 마리인지 구하시오.

◉연립방정식의 활용(동물 다리 개수)

개념 **47**

연립방정식의 활용(일의 양)
① 전체 일의 양을 1로 놓는다.
② 한 사람이 1시간(또는 1일) 동안 할 수 있는 일의 양을 각각 x, y라 하고, 연립방정식을 세운다.

[참고] 1시간 동안 할 수 있는 일의 양이 전체의 $\dfrac{1}{k}$이면 그 일을 끝내는 데 걸리는 시간은 k시간이다.

● 연립방정식의 활용(일의 양)

확인문제

[166~168] 다음 □ 안에 알맞은 수를 써넣으시오.

166 연지가 하루 동안 전체 일의 양의 $\dfrac{1}{3}$만큼을 할 수 있으면 혼자 그 일을 끝내는데 □일이 걸린다.

167 준형이가 8일 동안 혼자서 어떤 일을 끝냈다면 하루 동안 한 일의 양은 전체의 □만큼이다.

168 준수가 1시간 동안 혼자서 전체 일의 양의 $\dfrac{1}{48}$만큼을 할 수 있으면 8시간 동안 혼자서 그 일을 전체의 □만큼 할 수 있다.

예제 **47**

명선이와 순영이가 함께 하면 10일 만에 끝낼 수 있는 일을 명선이가 5일 동안 한 후 나머지는 순영이가 12일 동안 하여 끝냈다고 한다. 이 일을 명선이가 혼자서 할 때와 순영이가 혼자서 할 때, 각각 며칠이 걸리는지 구하시오.

풀이 전략
① 전체 일의 양을 1로 놓는다.
② 한 사람이 하루 동안 할 수 있는 일의 양을 각각 x, y라 하고 연립방정식을 세운다.

풀이
명선이와 순영이가 하루 동안 할 수 있는 일의 양을 각각 x, y라 하면

$$\begin{cases} 10x+10y=1 & \cdots\cdots\ \bigcirc \\ 5x+12y=1 & \cdots\cdots\ \bigcirc \end{cases}$$

$\bigcirc-\bigcirc\times2$를 하면 $-14y=-1$, $y=\dfrac{1}{14}$

이를 $\bigcirc$에 대입하면 $x=\dfrac{1}{35}$

따라서 명선이와 순영이가 혼자서 일을 끝내려면 각각 35일, 14일이 걸린다.

● 연립방정식의 활용 (일의 양)   ● 연립방정식의 활용 (일의 양) (서술형)

유형연습 47

A, B 수도꼭지를 동시에 틀면 30시간 만에 물을 가득 채울 수 있는 물탱크가 있다. A 수도꼭지만 28시간 틀었다가 잠근 후에 B 수도꼭지만 36시간 틀면 물탱크가 가득 찬다고 할 때, B 수도꼭지만 이용하면 몇 시간 만에 이 물탱크를 가득 채울 수 있는지 구하시오.

● 연립방정식의 활용(수도꼭지) (서술형)

유형 **48** 연립방정식의 활용 (계단 오르기)

개념 **48**

연립방정식의 활용(계단 오르기)

가위바위보를 하여 이기면 a계단을 올라가고($+a$), 지면 b계단을 내려간다($-b$)고 하면 x회 이기고 y회 진 사람의 계단의 위치

➡ 처음 위치보다 $(ax-by)$계단의 위치에 있다.

[참고] A, B 두 사람이 비기는 경우를 생각하지 않고 가위바위보를 할 때

(A가 이긴 횟수)＝(B가 진 횟수)

● 연립방정식의 활용(계단 오르기)

확인문제

[169~171] 다음 상황에 대하여 □ 안에 알맞은 수를 써넣으시오.

> A, B 두 사람이 가위바위보를 하여 A가 3번, B가 2번 이겼다.(단, 비기는 경우는 없다.)

169 A가 진 횟수는 □번이다.

170 B가 진 횟수는 □번이다.

171 A, B가 가위바위보를 한 횟수는 □번이다.

예제 **48**

영주와 진수는 가위바위보를 하여 이긴 사람은 2계단 올라가고, 진 사람은 1계단 내려가기로 했다. 영주는 처음의 위치보다 9계단을, 진수는 처음의 위치보다 3계단을 올라가 있게 되었을 때, 영주가 이긴 횟수를 구하시오. (단, 비기는 경우는 생각하지 않는다.)

풀이 전략

영주가 이긴 횟수를 x번, 진 횟수를 y번이라 하고 연립방정식을 세운다.

풀이

영주가 이긴 횟수를 x번, 진 횟수를 y번이라 하면
$$\begin{cases} 2x-y=9 & \cdots\cdots ㉠ \\ 2y-x=3 & \cdots\cdots ㉡ \end{cases}$$
㉠$\times 2+$㉡을 하면
$3x=21$, $x=7$
따라서 영주가 이긴 횟수는 7번이다.

[참고]

	이긴 경우	진 경우	처음 위치와 차이
영주	$+2x$	$-y$	$+9$
진수	$+2y$	$-x$	$+3$

● 연립방정식의 활용(계단 오르기)

유형연습 **48**

병욱이와 지훈이가 가위바위보를 하여 이긴 사람은 4계단을 올라가고, 진 사람은 3계단을 내려가기로 하였다. 얼마 후 병욱이는 처음 위치보다 6계단을 올라가 있었고, 지훈이는 1계단을 내려가 있었다. 병욱이가 이긴 횟수를 구하시오. (단, 비기는 경우는 생각하지 않는다.)

개념 49

(1) x원에 a %만큼의 이익을 붙인 가격

➡ $\left(1+\dfrac{a}{100}\right)x(\,원\,)$

(2) x원을 b %만큼 할인한 가격

➡ $\left(1-\dfrac{b}{100}\right)x(\,원\,)$

● 연립방정식의 활용(정가, 원가)

확인문제

[172~174] 다음 □ 안에 알맞은 수를 써넣으시오.

172 원가 x원에 10 %만큼의 이익을 붙인 가격은

$\left(1+\dfrac{\square}{100}\right)x(\,원\,)$

173 정가 y원을 10 %만큼 할인한 가격은

$\left(1-\dfrac{\square}{100}\right)y(\,원\,)$

174 원가 2000원에 40 %만큼의 이익을 붙인 가격은 □원이다.

예제 49

A, B 두 제품을 합하여 5만원에 사서 A제품은 원가의 5 %, B제품은 원가의 10 %의 이익을 붙여서 팔았더니 3800원의 이익이 발생하였다. A제품의 원가를 구하시오.

풀이 전략

A, B 두 제품의 원가를 각각 x원, y원이라 하고 연립방정식을 세운다.

풀이

A, B 두 제품의 원가를 각각 x원, y원이라 하면

$\begin{cases} x+y=50000 \\ \dfrac{5}{100}x+\dfrac{10}{100}y=3800 \end{cases}$ 에서 $\begin{cases} x+y=50000 & \cdots\cdots ㉠ \\ x+2y=76000 & \cdots\cdots ㉡ \end{cases}$

㉠×2−㉡을 하면 $x=24000$

따라서 A제품의 원가는 24000원이다.

[참고]

	A제품	B제품	합계
원가	x	y	50000
이익	$+\dfrac{5}{100}x$	$+\dfrac{10}{100}y$	3800

● 연립방정식의 활용(정가, 원가)

유형연습 49

두 티셔츠를 각각 원가에 20%의 이익을 붙여 정가를 정하였더니 정가의 합이 42000원이었다. 두 티셔츠의 원가의 차가 5000원일 때, 가격이 비싼 티셔츠의 정가를 구하시오.

● 연립방정식의 활용(정가, 원가) (서술형)

유형 50 연립방정식의 활용 (도형)

개념 50

연립방정식의 활용(도형)

(1) (직사각형의 둘레의 길이)
$= 2 \times \{($가로의 길이$) + ($세로의 길이$)\}$

(2) (사다리꼴의 넓이)
$= \dfrac{1}{2} \times \{($윗변의 길이$) + ($아랫변의 길이$)\}$
$\times ($높이$)$

(3) (마름모의 넓이)$= \dfrac{1}{2} \times ($두 대각선의 길이의 곱$)$

● 연립방정식의 활용(도형)

예제 50

윗변의 길이가 아랫변의 길이보다 4 cm만큼 짧은 사다리꼴이 있다. 이 사다리꼴의 높이가 8 cm이고 넓이가 72 cm²일 때, 아랫변의 길이를 구하시오.

풀이 전략

사다리꼴의 윗변의 길이를 x cm, 아랫변의 길이를 y cm라 하고, 연립방정식을 세운다.

풀이

사다리꼴의 윗변의 길이를 x cm, 아랫변의 길이를 y cm라 하면

$\begin{cases} (x+y) \times 8 \times \dfrac{1}{2} = 72 \\ x = y - 4 \end{cases}$ 에서 $\begin{cases} x+y = 18 & \cdots\cdots ㉠ \\ x = y - 4 & \cdots\cdots ㉡ \end{cases}$

㉡을 ㉠에 대입하면
$(y-4) + y = 18, \ 2y = 22, \ y = 11$
따라서 아랫변의 길이는 11 cm이다.

● 연립방정식의 활용(도형)

확인문제

[175~177] 다음 중 옳은 것에는 ○표, 옳지 <u>않은</u> 것에는 ×표를 하시오.

175 두 대각선의 길이가 5 cm, 10 cm인 마름모의 넓이는 50 cm²이다. ( )

176 윗변, 아랫변의 길이가 각각 2 m, 3 m이고 높이가 10 m인 사다리꼴 모양의 밭 넓이는 50 m²이다. ( )

177 가로, 세로의 길이가 각각 2 cm, 7 cm인 직사각형의 둘레의 길이는 18 cm이다. ( )

유형연습 50

가로의 길이가 세로의 길이보다 5 cm만큼 긴 직사각형이 있다. 이 직사각형의 둘레의 길이가 50 cm일 때, 세로의 길이를 구하시오.

2
식
의
계
산

개념 **51**

(1) **중간에 속력이 바뀐 경우**

$$\begin{cases} \left(\begin{array}{l}\text{시속 } a \text{ km로} \\ \text{이동한 거리}\end{array}\right) + \left(\begin{array}{l}\text{시속 } b \text{ km로} \\ \text{이동한 거리}\end{array}\right) = (\text{전체 거리}) \\ \left(\begin{array}{l}\text{시속 } a \text{ km로} \\ \text{이동할 때 걸린 시간}\end{array}\right) + \left(\begin{array}{l}\text{시속 } b \text{ km로} \\ \text{이동할 때 걸린 시간}\end{array}\right) \\ \qquad\qquad\qquad\qquad\qquad = (\text{전체 걸린 시간}) \end{cases}$$

(2) **올라갈 때의 속력과 내려올 때의 속력이 다른 경우**

$$\begin{cases} (\text{올라간 거리}) + (\text{내려온 거리}) = (\text{전체 거리}) \\ \left(\begin{array}{l}\text{올라갈 때} \\ \text{걸린 시간}\end{array}\right) + \left(\begin{array}{l}\text{내려올 때} \\ \text{걸린 시간}\end{array}\right) = (\text{전체 걸린 시간}) \end{cases}$$

● 연립방정식의 활용(속력: 같은 길을 왕복하는 경우)

● 연립방정식의 활용
(속력, 걸어가다 뛰어감)　● 연립방정식의 활용
　　　　　　　　　　　　　　　(등산 문제)

예제 **51**

등산을 하는데 올라갈 때는 시속 2 km로 걷고, 내려올 때는 다른 길을 따라 시속 4 km로 걸어서 모두 2시간이 걸렸다. 총 5 km를 걸었을 때, 올라간 거리를 구하시오.

풀이 전략

올라간 거리를 x km, 내려간 거리를 y km라 하고, 연립방정식을 세운다.

풀이

올라간 거리를 x km, 내려간 거리를 y km라 하면

$$\begin{cases} x+y=5 \\ \dfrac{x}{2}+\dfrac{y}{4}=2 \end{cases} \text{에서} \begin{cases} x+y=5 & \cdots\cdots ㉠ \\ 2x+y=8 & \cdots\cdots ㉡ \end{cases}$$

㉠－㉡을 하면

$-x=-3,\ x=3$

따라서 올라간 거리는 3 km이다.

● 연립방정식의 활용(등산 문제)

확인문제

[178~180] 다음 □ 안에 알맞은 것을 써넣으시오.

178 $(\text{시간}) = \dfrac{(\boxed{})}{(\boxed{})}$

179 집에서 4 km 떨어진 도서관까지 시속 2 km로 걸으면 이동 시간은 □시간이다.

180 집에서 4 km 떨어진 도서관까지 자전거로 시속 10 km로 달리면 이동 시간은 □분이다.

유형연습 **51**

소원이가 이모네 집에 다녀오는데 갈 때는 시속 120 km로 달리는 기차를 탔고, 올 때는 시속 70 km로 달리는 버스를 타서, 총 이동 시간이 5시간 걸렸다. 버스를 탄 거리가 기차를 탄 거리보다 30 km만큼 짧다고 할 때, 버스를 탄 거리를 구하시오.

● 연립방정식의 활용
(속력: 같은 길을 왕복하는 경우)

유형 **52** 연립방정식의 활용 (거리, 속력, 시간 ⑵)

개념 **52**

A, B 두 사람이 같은 방향으로 시간차를 두고 같은 지점에서 출발하여 만나는 경우

$$\begin{cases} (\text{A의 이동 거리}) = (\text{B의 이동 거리}) \\ (\text{시간차에 대한 식}) \end{cases}$$

[참고]

① $(\text{거리}) = (\text{속력}) \times (\text{시간})$

② $(\text{속력}) = \dfrac{(\text{거리})}{(\text{시간})}$

③ $(\text{시간}) = \dfrac{(\text{거리})}{(\text{속력})}$

● 연립방정식의 활용(속력, 따라잡는 경우) (서술형)

● 연립방정식의 활용(속력: 같은 방향으로 출발하여 따라잡는 경우)

확인문제

[181~183] 다음 상황에 대하여 □ 안에 알맞은 수 또는 기호를 써넣으시오.

> 동생이 집에서 출발한 후 20분 후에 형이 동생을 뒤따라 출발해서 형과 동생이 만났다.

181 (형의 이동 시간) + □ = (동생의 이동 시간)
(단, 시간의 단위는 '분'이다.)

182 (형의 이동 거리)□(동생의 이동 거리)

183 (형의 속력)□(동생의 속력)
(단, 형과 동생의 속력은 각각 일정하다.)

예제 **52**

동생이 집에서 출발한 지 30분 후에 형이 동생을 뒤따라 갔다. 동생은 시속 3 km로 걷고, 형은 시속 10 km로 달렸다고 할 때, 형과 동생이 만나는 것은 형이 출발한 지 몇 분 후인지 구하시오.

풀이 전략

형이 달린 시간을 x시간, 동생이 걸은 시간을 y시간이라 하고 연립방정식을 세운다.

풀이

형이 달린 시간을 x시간, 동생이 걸은 시간을 y시간이라 하면

$$\begin{cases} 10x = 3y & \cdots\cdots \ \unicode{x1D4D8} \\ y = x + \dfrac{1}{2} & \cdots\cdots \ \unicode{x1D4D9} \end{cases}$$

$\unicode{x1D4D9}$을 $\unicode{x1D4D8}$에 대입하면

$$10x = 3x + \frac{3}{2}, \ 7x = \frac{3}{2}, \ x = \frac{3}{14}$$

따라서 형이 달린 시간은 $\dfrac{3}{14} \times 60 = \dfrac{90}{7}$(분)이므로

형이 출발한 지 $\dfrac{90}{7}$분 후에 형과 동생이 만난다.

● 연립방정식의 활용(속력, 따라잡는 경우) (서술형)

유형연습 **52**

형이 분속 40 m로 걸어서 산책을 나간 지 20분 후에 동생이 자전거를 타고 같은 길을 분속 120 m로 형을 뒤따라갔다. 동생은 출발한 지 몇 분 후에 형과 만나는지 구하시오.

● 연립방정식의 활용(속력: 같은 방향으로 출발하여 따라잡는 경우)

2
식의 계산

개념53

• A, B 두 사람이 마주보고 동시에 출발하여 도중 에 만나는 경우

$$\begin{cases} (\text{A의 이동 거리})+(\text{B의 이동 거리}) \\ \qquad\qquad\qquad =(\text{전체 이동 거리}) \\ (\text{A가 걸린 시간})=(\text{B가 걸린 시간}) \end{cases}$$

[참고]

• 연립방정식의 활용(속력: 마주보고 동시에 출발하는 경우)

확인문제

[184~186] 다음 상황에 대하여 □ 안에 알맞은 수 또는 기호를 쓰시오.

> 세원이와 형진이가 각자의 집에서 동시에 출발하여 도중 에 만났다. (단, 형진이가 세원이보다 더 빠르게 이동한다.)

184 (세원이의 이동 시간) □ (형진이의 이동 시간)

185 (세원이의 이동 거리) □ (형진이의 이동 거리)

186 두 사람의 집이 10 km 떨어져 있을 때 두 사람의 이동 거리의 합은 □ km이다.

예제53

지수와 건욱이가 각자의 집에서 동시에 출발하여 도중에 만났다. 지수는 시속 5 km, 건욱이는 시속 3 km로 걸었고, 두 사람의 집은 24 km 떨어져 있다고 한다. 이때 지수가 걸은 거리를 구하시오.

풀이 전략

지수가 걸은 거리를 x km, 건욱이가 걸은 거리를 y km라 하고 연립방정식을 세운다.

풀이

지수가 걸은 거리를 x km, 건욱이가 걸은 거리를 y km라 하면

$$\begin{cases} x+y=24 \\ \dfrac{x}{5}=\dfrac{y}{3} \end{cases} \text{에서} \begin{cases} y=24-x & \cdots\cdots \ \text{⊙} \\ 3x=5y & \cdots\cdots \ \text{ⓒ} \end{cases}$$

⊙을 ⓒ에 대입하면

$3x=5(24-x),\ 8x=120$

$x=\dfrac{120}{8}=15$

따라서 지수가 걸은 거리는 15 km이다.

• 연립방정식의 활용(속력: 마주보고 동시에 출발하는 경우)

유형연습 53

지혜와 예지가 각자의 집에서 동시에 출발하여 도중에 만났다. 지혜는 시속 2 km, 예지는 시속 4 km로 걸었고, 두 사람의 집은 3 km 떨어져 있다고 한다. 이때 지혜가 걸은 거리를 구하시오.

유형 **54** 연립방정식의 활용 (트랙)

개념 **54**

A, B 두 사람이 트랙의 같은 지점에서 출발할 때

① 반대 방향으로 이동하다가 처음으로 만나면
  (A, B가 이동한 거리의 합)
  ＝(트랙의 길이)

② 같은 방향으로 이동하다가 처음으로 만나면
  (A, B가 이동한 거리의 차)
  ＝(트랙의 길이)

[참고]

● 연립방정식의 활용(속력 : 트랙을 도는 경우1)

예제 **54**

둘레의 길이가 1.5 km인 트랙을 준혁이와 예림이가 뛰려고 한다. 두 사람이 같은 지점에서 동시에 출발하여 반대 방향으로 뛰면 3분 후에 처음으로 만나고, 같은 방향으로 뛰면 15분 후에 처음으로 만난다고 한다. 준혁이가 예림이보다 속력이 빠르다고 할 때, 준혁이의 속력을 구하시오. (단, 두 사람의 뛰는 속도는 각각 일정하다.)

풀이 전략

준혁이가 트랙을 뛰는 속력을 분속 x m, 예림이가 트랙을 뛰는 속력을 분속 y m라 하고 연립방정식을 세운다.

풀이

준혁이가 트랙을 뛰는 속력을 분속 x m, 예림이가 트랙을 뛰는 속력을 분속 y m라 하면

$\begin{cases} 3x+3y=1500 \\ 15x-15y=1500 \end{cases}$ 에서 $\begin{cases} x+y=500 & \cdots\cdots \text{㉠} \\ x-y=100 & \cdots\cdots \text{㉡} \end{cases}$

㉠＋㉡을 하면

$2x=600$, $x=300$

따라서 준혁이의 속력은 분속 300 m이다.

● 연립방정식의 활용(속력: 트랙을 도는 경우1)

확인문제

[187~189] 다음 □ 안에 알맞은 수를 써넣으시오.

187 시속 6 km로 20분 동안 이동했을 때 이동한 거리는 □ km이다.

188 5시간 동안 일정한 속력으로 25 km를 걸었을 때 속력은 시속 □ km이다.

189 분속 80 m의 속력으로 10 km를 이동했을 때 걸린 시간은 □ 분이다.

유형연습 **54**

둘레의 길이가 700 m인 원 모양의 산책로를 하민이는 분속 50 m로 걷고, 서현이는 분속 100 m로 걷고 있다. 두 사람은 같은 지점에서 출발했고, 하민이가 출발한 지 5분 후에 서현이가 하민이의 반대 방향으로 출발하였다. 하민이가 출발한 지 몇 분 후에 두 사람은 처음으로 만나게 되는지 구하시오.

● 연립방정식의 활용(속력: 트랙을 도는 경우2)

유형 55 연립방정식의 활용 (강물 위의 배)

개념 55

(1) **강을 거슬러 올라갈 때의 속력**
　➡ (정지한 물에서의 배의 속력) − (강물의 속력)

(2) **강을 따라 내려올 때의 속력**
　➡ (정지한 물에서의 배의 속력) + (강물의 속력)

● 연립방정식의 활용(강물 위의 배)

예제 55

속력이 일정한 배로 거리가 40 km인 강을 거슬러 올라가는 데 2시간 30분, 다시 같은 거리만큼 강을 따라 내려오는 데 2시간이 걸렸다. 이때 정지한 강물에서의 배의 속력을 구하시오. (단, 강물의 속력은 일정하다.)

풀이 전략

배의 속력을 시속 x km, 강물의 속력을 시속 y km라 하고 연립방정식을 세운다.

풀이

배의 속력을 시속 x km, 강물의 속력을 시속 y km라 하면

$$\begin{cases} \dfrac{5}{2}(x-y)=40 \\ 2(x+y)=40 \end{cases} \text{에서} \begin{cases} x-y=16 & \cdots\cdots \text{㉠} \\ x+y=20 & \cdots\cdots \text{㉡} \end{cases}$$

㉠+㉡을 하면
$2x=36,\ x=18$
따라서 정지한 강물에서의 배의 속력은 시속 18 km이다.

● 연립방정식의 활용(강물 위의 배)

확인문제

[190~192] 다음 ☐ 안에 알맞은 수 또는 부등호를 써넣으시오.

190 (정지한 물에서의 배의 속력)☐(강을 거슬러 올라갈 때의 배의 속력)

191 (정지한 물에서의 배의 속력)☐(강을 따라 내려올 때의 배의 속력)

192 거리가 10 km인 강을 거슬러 올라갔다가 같은 거리만큼 강을 따라 내려왔다면 이동한 총 거리는 ☐ km이다.

유형연습 55

속력이 일정한 배로 거리가 36 km인 강을 거슬러 올라가는 데 2시간, 다시 같은 거리만큼 강을 따라 내려오는 데 1시간 30분이 걸렸다. 이때 정지한 강물에서의 배의 속력을 구하시오. (단, 강물의 속력은 일정하다.)

유형 **56** 연립방정식의 활용 (합금)

개념 56

(1) 전체의 $\dfrac{n}{m}$ ➡ (전체의 수)$\times\dfrac{n}{m}$

(2) 전체의 $k\,\%$ ➡ (전체의 수)$\times\dfrac{k}{100}$

[참고] 합금에 대한 문제

(어떤 금속의 양)$=\dfrac{(\text{어떤 금속의 비율})}{100}\times(\text{합금의 양})$

● 연립방정식의 활용(비율)

예제 56

구리와 아연이 $3:2$의 비율로 포함된 합금 A와 구리와 아연이 $1:1$의 비율로 포함된 합금 B를 녹여서 구리 $14\,\text{kg}$, 아연 $10\,\text{kg}$을 얻으려고 한다. 이때 두 합금 A, B는 각각 몇 kg이 필요한지 구하시오.

풀이 전략

두 합금 A, B가 각각 $x\,\text{kg}$, $y\,\text{kg}$만큼 필요하다고 하고, 연립방정식을 세운다.

풀이

두 합금 A, B가 필요한 양을 각각 $x\,\text{kg}$, $y\,\text{kg}$이라 하면

$\begin{cases}\dfrac{3}{5}x+\dfrac{1}{2}y=14 \\[2mm] \dfrac{2}{5}x+\dfrac{1}{2}y=10\end{cases}$ 에서 $\begin{cases}6x+5y=140 \quad\cdots\cdots\ \text{㉠} \\ 4x+5y=100 \quad\cdots\cdots\ \text{㉡}\end{cases}$

㉠$-$㉡을 하면 $2x=40$, $x=20$

이를 ㉡에 대입하면

$80+5y=100$, $5y=20$, $y=4$

따라서 두 합금 A, B는 각각 $20\,\text{kg}$, $4\,\text{kg}$이 필요하다.

● 연립방정식의 활용(비율)

확인문제

[193~195] 다음 중 옳은 것에는 ○표, 옳지 않은 것에는 ×표를 하시오.

193 $a:b=3:1$이면 $a=3b$　　　　　（　　）

194 어떤 합금의 구리와 아연의 비율이 $2:3$이면 구리의 양이 더 많다.　　　　（　　）

195 금속 A, B의 비율이 $2:3$이 되도록 합금 $200\,\text{g}$을 만들려고 할 때, 필요한 금속 A의 양은 $80\,\text{g}$이다.
　　　　　　　　　　　　　　　　　（　　）

유형연습 56

금이 $90\,\%$ 포함된 합금 A와 금이 $60\,\%$ 포함된 합금 B를 녹여서 합하여 금이 $70\,\%$ 포함된 합금 $50\,\text{g}$을 만들려고 한다. 이때 필요한 두 합금 A, B의 무게를 각각 구하시오.

● 연립방정식의 활용(비율) (서술형)

개념 57

(1) (소금의 양)$=\dfrac{(소금물의\ 농도)}{100}\times(소금물의\ 양)$

(2) 농도가 다른 두 소금물 A, B를 섞는 경우

$\begin{cases} (소금물\ A의\ 양)+(소금물\ B의\ 양) \\ \qquad\qquad\qquad =(전체\ 소금물의\ 양) \\ (A의\ 소금의\ 양)+(B의\ 소금의\ 양) \\ \qquad\qquad\qquad =(전체\ 소금의\ 양) \end{cases}$

[참고] 농도가 다른 두 소금물을 섞을 때, 기존의 각 소금물에 녹아 있는 소금의 양은 변하지 않는다.

(3) $a\,\%$의 소금물에 물만 추가하여 $b\,\%$의 소금물 k g을 만든 경우

$\begin{cases} (추가한\ 물의\ 양)+(a\,\%의\ 소금물의\ 양) \\ \qquad\qquad\qquad =(b\,\%의\ 소금물의\ 양) \\ (a\,\%의\ 소금물의\ 소금의\ 양) \\ \qquad\qquad\qquad =(b\,\%의\ 소금물의\ 소금의\ 양) \end{cases}$

[참고] 물만 추가한 경우, 소금은 더 추가되지 않으므로 소금의 양은 물을 넣기 전과 후가 모두 동일하다.

● 연립방정식의 활용
(농도, 두 소금물의 혼합) ● 연립방정식의 활용(농도, 물만 추가되는 경우)

예제 57

$8\,\%$의 소금물과 $16\,\%$의 소금물을 혼합하여 $10\,\%$의 소금물 200 g을 만들려고 한다. 이때 $8\,\%$의 소금물의 양을 구하시오.

풀이 전략

$8\,\%$의 소금물의 양을 x g, $16\,\%$의 소금물의 양을 y g이라 하고 연립방정식을 세운다.

풀이

$8\,\%$의 소금물의 양을 x g, $16\,\%$의 소금물의 양을 y g이라 하면

$\begin{cases} x+y=200 \\ \dfrac{8}{100}x+\dfrac{16}{100}y=\dfrac{10}{100}\times200 \end{cases}$에서

$\begin{cases} x+y=200 \quad\cdots\cdots\ ㉠ \\ x+2y=250 \quad\cdots\cdots\ ㉡ \end{cases}$

㉠$\times2-$㉡을 하면 $x=150$

따라서 $8\,\%$의 소금물의 양은 150 g이다.

● 연립방정식의 활용(농도, 두 소금물의 혼합)

확인문제

[196~198] 다음 □ 안에 알맞은 수를 써넣으시오.

196 농도가 $10\,\%$인 소금물 500 g에 들어 있는 소금의 양은 □ g이다.

197 소금 70 g으로 농도가 $7\,\%$인 소금물을 만들기 위해 필요한 물의 양은 □ g이다.

198 소금 50 g과 물 200 g으로 만든 소금물의 농도는 □ %이다.

유형연습 57

$20\,\%$의 소금물에 물을 더 넣어서 $8\,\%$의 소금물을 만들었다. 더 넣은 물의 양은 처음 소금물의 양보다 200 g이 더 많다고 할 때, 더 넣은 물의 양을 구하시오.

● 연립방정식의 활용(농도, 물만 추가되는 경우) (서술형)

유형 58 연립방정식의 활용 (가격)

개념 58

(1) **제품 A, B의 개수를 구하는 문제**

각 제품의 한 개당 가격을 알 때, 전체 개수와 전체 가격이 주어지면 제품 A, B의 개수를 각각 x개, y개라 하고, 연립방정식을 세운다.

$$\begin{cases} (\text{A의 개수}) + (\text{B의 개수}) = (\text{전체 개수}) \\ (\text{A의 전체 가격}) + (\text{B의 전체 가격}) \\ \qquad\qquad\qquad\qquad = (\text{전체 가격}) \end{cases}$$

(2) **제품 A, B의 가격을 구하는 문제**

A, B 각각의 개수와 전체 가격을 알 때, A, B의 한 개의 가격을 각각 x원, y원이라 하고 연립방정식을 세운다.

$$\begin{cases} (\text{A의 개수}) + (\text{B의 개수}) = (\text{전체 개수}) \\ (\text{A의 전체 가격}) + (\text{B의 전체 가격}) \\ \qquad\qquad\qquad\qquad = (\text{전체 가격}) \end{cases}$$

● 연립방정식의 활용(가격: 개수를 구하는 문제)

● 연립방정식의 활용(가격: 가격을 구하는 문제)

예제 58

800원짜리 빵과 1200원짜리 음료수를 여러 개 사고 25600원을 지불하였다. 빵의 개수가 음료수의 개수의 2배보다 4개 더 많다고 할 때, 음료수의 개수를 구하시오.

풀이 전략

음료수의 개수를 x, 빵의 개수를 y라 하고 연립방정식을 세운다.

풀이

음료수의 개수를 x개, 빵의 개수를 y개라 하면

$$\begin{cases} 1200x + 800y = 25600 \\ y = 2x + 4 \end{cases} \text{에서} \begin{cases} 3x + 2y = 64 & \cdots\cdots ㉠ \\ y = 2x + 4 & \cdots\cdots ㉡ \end{cases}$$

㉡을 ㉠에 대입하면

$$3x + 2(2x + 4) = 64$$
$$7x = 56, \ x = 8$$

따라서 음료수의 개수는 8개이다.

● 연립방정식의 활용(가격: 개수를 구하는 문제)

확인문제

[199~201] 다음 □ 안에 알맞은 수 또는 식을 써넣으시오.

199 500원짜리 바나나 x개의 가격: □ (원)

200 1200원짜리 키위 y개의 가격: □ (원)

201 500원짜리 바나나 x개와 1200원짜리 키위 y개의 가격: 총 □ (원)

유형연습 58

토마토 3개와 사과 4개의 값은 5400원이고, 토마토 5개와 사과 2개의 값은 4800원일 때, 토마토 1개의 가격과 사과 1개의 가격을 각각 구하시오.

● 연립방정식의 활용(가격: 가격을 구하는 문제)

3 일차함수와 그 그래프

유형 01 함수

개념 01

(1) **변수**: x, y와 같이 여러 가지로 변하는 값을 나타내는 문자

(2) **함수**: 두 변수 x, y에 대하여 x의 값이 변함에 따라 y의 값이 하나씩 정해지는 대응 관계가 있을 때, y를 x의 함수라 하고 기호로 $y=f(x)$와 같이 나타낸다.

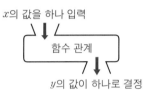

x의 값을 하나 입력

함수 관계

y의 값이 하나로 결정

[참고] ① 함수 $y=f(x)$에서 f는 함수를 뜻하는 function 의 첫 글자이다.

② x의 값 하나에 정해지는 y의 값이 없거나 2개 이상이면 y는 x의 함수가 아니다.

 ● 함수의 뜻   ● 함수인 관계 찾기

확인문제

[01~03] 두 변수 x, y에 대한 표를 완성하고, y가 x의 함수이면 ○표, 함수가 아니면 ×표를 하시오.

01 자연수 x를 5로 나누었을 때의 나머지 y (   )

x	1	2	3	⋯
y				⋯

02 자연수 x의 2배인 수 y (   )

x	1	2	3	⋯
y				⋯

03 자연수 x의 역수 y (   )

x	1	2	3	⋯
y				⋯

예제 01

다음 **보기**에서 y가 x의 함수가 <u>아닌</u> 것을 모두 고르시오.

| 보기 |

ㄱ. x시간은 y분이다.

ㄴ. x의 약수는 y이다.

ㄷ. y는 x보다 큰 짝수이다.

ㄹ. 한 변의 길이가 x cm인 정사각형의 둘레의 길이는 y cm이다.

풀이 전략

x와 y 사이의 대응 관계를 표로 나타내 보자. x의 값 하나에 정해지는 y의 값이 하나이어야 y가 x의 함수가 된다.

풀이

ㄱ. 1시간=60분이므로 $y=60x$이고 y는 x의 함수이다.

ㄴ. x의 값이 2일 때 2의 약수는 1, 2이다. 즉, $x=2$에 대응하는 y의 값은 한 개가 아니므로 y는 x의 함수가 아니다.

ㄷ. x의 값이 3일 때 3보다 큰 짝수는 4, 6, ⋯이다. 즉, $x=3$에 대응하는 y의 값은 한 개가 아니므로 y는 x의 함수가 아니다.

ㄹ. (정사각형의 둘레의 길이)$=4\times$(한 변의 길이)이므로 $y=4x$이고 y는 x의 함수이다.

따라서 y가 x의 함수가 아닌 것을 고르면 ㄴ, ㄷ이다.

 ● 함수인 관계 찾기

유형연습 01

다음 중 y가 x의 함수인 것은?

① 자연수 x 이하의 홀수 y

② 자연수 x와 서로소인 수 y

③ 절댓값이 x인 정수 y

④ 100 m의 거리를 분속 x m로 이동할 때 걸린 시간 y분

⑤ 십의 자리의 숫자와 일의 자리의 숫자의 합이 x인 두 자리 자연수 y

유형 **02** 함숫값

개념 **02**

함숫값: 함수 $y=f(x)$에서 x의 값에 따라 하나씩 정해지는 y의 값, 즉 $f(x)$를 x에 대한 함숫값이라 한다.

예 함수 $f(x)=2x$에서 x의 값이 1, 2, 3일 때의 함숫값을 각각 구하면

$x=1$일 때의 함숫값은 $f(1)=2\times1=2$

$x=2$일 때의 함숫값은 $f(2)=2\times2=4$

$x=3$일 때의 함숫값은 $f(3)=2\times3=6$

[참고] 함수 $y=f(x)$에서 $f(a)$의 의미

① $x=a$일 때의 함숫값

② $x=a$일 때의 y의 값

③ $f(x)$에 x 대신 a를 대입하여 얻은 값

[주의] 함수 $y=5x$와 함수 $f(x)=5x$는 같은 표현이다.

● 함숫값 　　● 함숫값 응용하기 1

● 함숫값 응용하기 2 　　● 함숫값 응용하기(서술형)

예제 **02**

함수 $f(x)=-3x+a$에 대하여 $f(3)=-5$일 때, 상수 a의 값을 구하시오.

풀이 전략

$x=3$을 함수 $f(x)=-3x+a$에 대입하여 구한 함숫값과 주어진 $f(3)$의 값이 같음을 이용하여 a의 값을 구한다.

풀이

$x=3$을 함수 $f(x)=-3x+a$에 대입하면

$f(3)=-3\times3+a=-9+a$

즉, $-9+a=-5$

따라서 $a=4$

● 함숫값 응용하기 1

확인문제

[04~07] 함수 $f(x)=-2x+1$에 대하여 □ 안에 알맞은 수를 써넣으시오.

04 $f(-4)=$ □

05 $f(0)=$ □

06 $f\left(\dfrac{1}{2}\right)=$ □

07 $f(6)=$ □

유형연습 **02**

함수 $f(x)=5x+a$에서 $f(3)=12$이고 $f(-1)=b$일 때, $a-b$의 값을 구하시오.

● 함숫값 응용하기 2

유형 03 일차함수

개념 03

일차함수의 뜻

함수 $y=f(x)$에서 $y=ax+b$ (a, b는 상수, $a \neq 0$)와 같이 y가 x의 일차식으로 나타날 때, 이 함수를 x에 대한 **일차함수**라 한다.

예 $y=2x+1$은 우변이 x에 대한 일차식이므로 일차함수이다.

$y=x^2-1$은 우변이 x에 대한 일차식이 아니므로 일차함수가 아니다.

◉ 일차함수의 뜻

확인문제

[08~12] 다음 중 옳은 것에는 ○표, 옳지 <u>않은</u> 것에는 ×표를 하시오.

08 $y=3x-2$는 일차함수이다. (　　)

09 $y=\dfrac{2x-3}{5}$은 일차함수이다. (　　)

10 $y=\dfrac{x}{4}$는 일차함수이다. (　　)

11 $y=\dfrac{3}{x}$은 일차함수이다. (　　)

12 $y=-2$는 일차함수이다. (　　)

예제 03

다음 중 y가 x에 대한 일차함수가 <u>아닌</u> 것을 모두 고르면? (정답 2개)

① 한 변의 길이가 x cm인 정사각형의 둘레의 길이 y cm

② 10 km의 거리를 시속 x km로 달릴 때 걸린 y시간

③ 하루 중 낮의 길이 x시간과 밤의 길이 y시간

④ 반지름의 길이가 x cm인 원의 넓이 y cm^2

⑤ 놀이공원의 입장료가 1인당 x원일 때, 30명의 입장료 y원

풀이 전략

함수 $y=f(x)$에서 $f(x)$가 x에 대한 일차식으로 나타내어지는 경우 일차함수이다.

풀이

① (정사각형의 둘레의 길이)$=4 \times$(한 변의 길이)이므로 $y=4x$이고 일차함수이다.

② (시간)$=\dfrac{(거리)}{(속력)}$이므로 $y=\dfrac{10}{x}$이고 일차함수가 아니다.

③ $x+y=24$, $y=-x+24$이고 일차함수이다.

④ $y=\pi x^2$이고 일차함수가 아니다.

⑤ $y=30x$이고 일차함수이다.

따라서 y가 x에 대한 일차함수가 아닌 것은 ②, ④이다.

◉ 일차함수 찾아내기

유형연습 03

$y=-3(2x+7)-ax$가 x의 일차함수가 되도록 하는 상수 a의 조건을 구하시오.

개념 **04**

(1) **평행이동**: 한 도형을 일정한 방향으로 일정한 거리만큼 옮기는 것

(2) **일차함수 $y=ax+b$의 그래프**

일차함수 $y=ax+b(a, b$는 상수, $a\neq0)$의 그래프는 $y=ax$의 그래프를 y축의 방향으로 b만큼 평행이동한 **직선**이다.

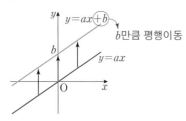

[참고] ① 일차함수 $y=ax+b$의 그래프를 y축의 방향으로 k만큼 평행이동한 직선을 그래프로 하는 일차함수의 식은 $y=ax+b+k$

② 평행이동은 도형을 일정한 방향으로 일정한 거리만큼 옮기는 것이므로 모양이 변하지 않는다.

● 일차함수의 그래프

예제 **04**

일차함수 $y=ax$의 그래프를 y축의 방향으로 -6만큼 평행이동하였더니 $y=-\dfrac{5}{2}x+b$의 그래프가 되었다. 이때 상수 a, b의 값을 구하시오.

풀이 전략

일차함수 $y=ax+b$의 그래프는 $y=ax$의 그래프를 y축의 방향으로 b만큼 평행이동한 직선이다.

풀이

일차함수 $y=ax$의 그래프를 y축의 방향으로 -6만큼 평행이동하면 $y=ax-6$의 그래프가 된다.

즉, 두 일차함수 $y=ax-6$과 $y=-\dfrac{5}{2}x+b$의 그래프가 서로 같으므로

$a=-\dfrac{5}{2}, b=-6$

● 평행이동에 관한 문제

확인문제

[13~15] 다음 □ 안에 알맞은 수를 써넣으시오.

13 일차함수 $y=-3x+5$의 그래프는 $y=-3x$의 그래프를 y축 방향으로 □만큼 평행이동한 직선이다.

14 일차함수 $y=\dfrac{5}{6}x-\dfrac{1}{2}$의 그래프는 $y=\dfrac{5}{6}x$의 그래프를 y축 방향으로 □만큼 평행이동한 직선이다.

15 일차함수 $y=-4x-7$의 그래프는 $y=-4x+1$의 그래프를 y축 방향으로 □만큼 평행이동한 직선이다.

유형연습 **04**

일차함수 $y=-\dfrac{4}{5}x-4$의 그래프를 y축의 방향으로 5만큼 평행이동한 그래프가 점 $(a, -11)$을 지날 때, a의 값을 구하시오.

● 평행이동에 관한 문제

3
일차함수와 그 그래프

유형 05 x절편, y절편

개념 05

(1) x**절편**: 그래프가 x축과 만나는 점의 x좌표
  ➡ $y=0$일 때 x의 값

(2) y**절편**: 그래프가 y축과 만나는 점의 y좌표
  ➡ $x=0$일 때 y의 값

[참고] 일차함수 $y=ax+b\,(a\neq0)$의 그래프에서

① x절편: $-\dfrac{b}{a}$　　　② y절편: b

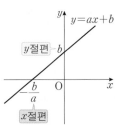

● x절편, y절편

예제 05

일차함수 $y=-4x+2$의 그래프를 y축의 방향으로 -6만큼 평행이동한 그래프의 x절편을 a, y절편을 b라 할 때, a, b의 값을 구하시오.

풀이 전략

x절편은 $y=0$일 때의 x의 값이고, y절편은 $x=0$일 때의 y의 값이다.

풀이

일차함수 $y=-4x+2$의 그래프를 y축의 방향으로 -6만큼 평행이동하면 $y=-4x-4$의 그래프가 되므로
$y=0$일 때, $0=-4x-4$, $x=-1$
즉, x절편 $a=-1$
$x=0$일 때, $y=-4\times0-4=-4$
즉, y절편 $b=-4$
따라서 $a=-1$, $b=-4$

● x절편, y절편에 관한 응용 문제

확인문제

[16~19] 다음 □ 안에 알맞은 수를 써넣으시오.

16 일차함수 $y=x+5$의 그래프의 x절편은 □이다.

17 일차함수 $y=x+5$의 그래프의 y절편은 □이다.

18 일차함수 $y=-2x-6$의 그래프의 x절편은 □이다.

19 일차함수 $y=-2x-6$의 그래프의 y절편은 □이다.

유형연습 05

일차함수 $y=\dfrac{3}{4}x-6$의 그래프를 y축의 방향으로 a만큼 평행이동하면 x절편이 2만큼 작아질 때, a의 값을 구하시오.

● 평행이동에 관한 문제(서술형)

개념**06**

(1) **기울기**: 일차함수 $y=ax+b$에서 x의 값의 증가량에 대한 y의 값의 증가량의 비율은 항상 일정하며, 그 값은 x의 계수 a와 같다. 이 증가량의 비율 a를 일차함수 $y=ax+b$의 그래프의 기울기라 한다.

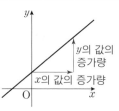

$$(\text{기울기})=\frac{(y\text{의 값의 증가량})}{(x\text{의 값의 증가량})}=a$$

(2) **세 점이 한 직선 위에 있을 조건**
서로 다른 세 점 A, B, C가 한 직선 위에 있으면 세 직선 AB, BC, CA의 기울기는 모두 같다.

● 두 점을 지나는 일차함수의 그래프의 기울기

● 기울기 　● 세 점이 한 직선 위에 있을 조건

확인문제

[20~22] 다음 ☐ 안에 알맞은 수를 써넣으시오.

20 일차함수 $y=-\dfrac{5}{3}x-3$의 그래프는 x의 값이 6만큼 증가할 때, y의 값이 ☐만큼 감소한다.

21 일차함수 $y=-\dfrac{2}{3}x+5$의 그래프는 x의 값이 6만큼 증가할 때, y의 값이 ☐만큼 감소한다.

22 일차함수 $y=\dfrac{3}{2}x+4$의 그래프는 x의 값이 6만큼 증가할 때, y의 값이 ☐만큼 증가한다.

예제**06**

일차함수 $y=ax+b$의 그래프는 $y=\dfrac{4}{3}x+8$의 그래프와 x축 위에서 만나고, $y=-2x-2$의 그래프와 y축 위에서 만난다. 이때 $y=ax+b$의 그래프의 기울기를 구하시오.

풀이 전략

서로 다른 두 점 (a, b), (c, d) $(a\neq c)$를 지나는 일차함수의 그래프의 기울기는 $\dfrac{d-b}{c-a}\left(\text{또는 } \dfrac{b-d}{a-c}\right)$이다.

풀이

일차함수 $y=ax+b$의 그래프가 $y=\dfrac{4}{3}x+8$의 그래프와 x축 위에서 만나므로 x절편이 서로 같다.

$y=0$일 때, $0=\dfrac{4}{3}x+8$, $x=-6$

일차함수 $y=ax+b$의 그래프가 $y=-2x-2$의 그래프와 y축 위에서 만나므로 y절편이 서로 같다.

$x=0$일 때, $y=-2\times 0-2=-2$

즉, 일차함수 $y=ax+b$의 그래프가 두 점 $(-6, 0)$, $(0, -2)$를 지나므로 기울기를 구하면

$$\frac{-2-0}{0-(-6)}=\frac{-2}{6}=-\frac{1}{3}$$

따라서 $y=ax+b$의 그래프의 기울기 $a=-\dfrac{1}{3}$이다.

● 일차함수의 기울기 구하기(서술형)

유형연습 06

두 점 A$(1, -4)$, B$(3, -1)$에 대하여 함수 $y=ax+1$의 그래프가 $\overline{\text{AB}}$와 만나게 되는 상수 a의 값의 범위를 구하시오.

● 일차함수의 기울기의 범위 구하기(서술형)

개념 07

일차함수의 그래프와 좌표축으로 둘러싸인 도형의 넓이 구하기
① 일차함수의 그래프에서 x절편과 y절편을 구한다.
② 삼각형의 넓이를 구한다.

[참고] 일차함수 $y=ax+b$의 그래프와 x축 및 y축으로 둘러싸인 도형의 넓이는

$$\frac{1}{2} \times (x\text{절편의 절댓값}) \times (y\text{절편의 절댓값})$$

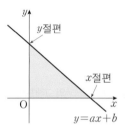

● 일차함수의 그래프와 좌표축으로 둘러싸인 도형의 넓이

예제 07

일차함수 $y=-3ax+12$의 그래프와 x축, y축으로 둘러싸인 삼각형의 넓이가 108일 때, 상수 a의 값을 구하시오. (단, $a<0$)

풀이 전략
① 일차함수의 그래프에서 x절편과 y절편을 구한다.
② 삼각형의 넓이를 구한다.

풀이
일차함수 $y=-3ax+12$의 그래프의 y절편은 12이고
$y=0$일 때, $0=-3ax+12$, $x=\dfrac{4}{a}$ 즉, x절편은 $\dfrac{4}{a}$
삼각형의 넓이가 108이고 $a<0$이므로

$$\frac{1}{2} \times 12 \times \left(-\frac{4}{a}\right)=108, \ -\frac{24}{a}=108$$

따라서 $a=-\dfrac{2}{9}$

● 일차함수의 그래프와 좌표축으로 둘러싸인 도형의 넓이(서술형)

확인문제

[23~25] 다음은 일차함수 $y=-2x+4$의 그래프와 좌표축으로 둘러싸인 도형의 넓이를 구하는 과정이다. ☐ 안에 알맞은 수 또는 단어를 써넣으시오.

23 일차함수 $y=-2x+4$의 그래프의 x절편은 ☐이다.

24 일차함수 $y=-2x+4$의 그래프의 y절편은 ☐이다.

25 일차함수의 그래프와 좌표축에 둘러싸인 도형은 ☐☐☐이고 그 넓이는 ☐이다.

유형연습 07

일차함수 $y=-\dfrac{2}{5}x-3$의 그래프를 y축의 방향으로 -7만큼 평행이동시킨 그래프와 x축, y축으로 둘러싸인 삼각형의 넓이를 구하시오.

● 평행이동에 관한 문제(넓이) (서술형)

유형 **08** 일차함수의 그래프의 성질

개념 **08**

(1) **a의 값과 일차함수 $y=ax+b$의 그래프의 관계**

일차함수 $y=ax+b$의 그래프는 a의 부호에 따라 어느 방향을 향하는 직선인지 결정된다.

① $a>0$일 때, x의 값이 증가할 때 y의 값도 증가한다. ➡ 오른쪽 위를 향하는 직선이다.

② $a<0$일 때, x의 값이 증가할 때 y의 값은 감소한다. ➡ 오른쪽 아래를 향하는 직선이다.

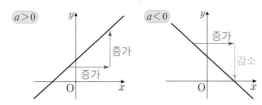

③ $|a|$가 클수록 y축에 가깝고, $|a|$가 작을수록 x축에 가까운 직선이다.

(2) **a, b의 부호와 $y=ax+b$의 그래프의 관계**

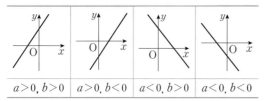

$a>0$, $b>0$	$a>0$, $b<0$	$a<0$, $b>0$	$a<0$, $b<0$

● 일차함수의 그래프의 성질

● 일차함수 $y=ax+b$의 그래프와 a의 값의 관계

● a, b의 부호만 주어질 때, $y=ax+b$의 그래프 찾기

● 일차함수 $y=ax+b$의 그래프가 주어질 때 a, b의 부호 구하기

확인문제

26 다음 ☐ 안에 알맞은 수를 써넣으시오.

> 함수 $y=-2x+3$의 그래프는 제☐, ☐, ☐사분면을 지나고, 제☐사분면을 지나지 않는다.

예제 **08**

다음 중 y축에 가장 가까운 그래프의 식은?

① $y=\dfrac{1}{6}x+1$ 　　② $y=3x-2$

③ $y=-\dfrac{1}{2}x$ 　　④ $y=-6x+4$

⑤ $y=-5x-1$

풀이 전략

$y=ax+b$의 그래프에서 $|a|$가 클수록 y축에 가깝다.

풀이

기울기의 절댓값이 가장 큰 경우는 ④이므로 ④가 가장 y축에 가까운 그래프의 식이다.

● 일차함수 $y=ax+b$의 그래프와 a의 값의 관계

유형연습 **08**

일차함수 $y=ax+b$의 그래프가 그림과 같을 때, 일차함수 $y=abx-b$의 그래프가 지나지 <u>않는</u> 사분면을 구하시오.

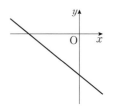

● a, b의 부호만 주어질 때, $y=ax+b$의 그래프 찾기

개념 09

(1) 두 직선이 평행하다. ➡ 기울기는 같고 y절편이 다르다.

(2) 두 직선이 일치한다. ➡ 기울기와 y절편이 모두 같다.

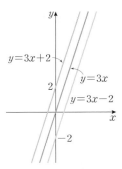

$y=3x+2$

$y=3x$

$y=3x-2$

➡ 세 직선은 기울기가 3으로 모두 같고, y절편은 서로 다르므로 서로 평행하다.

● 일차함수의 평행, 일치

예제 09

다음 일차함수 중 그 그래프가 오른쪽 그림의 그래프와 평행한 것은?

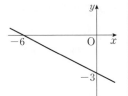

① $y=-\dfrac{1}{2}x-6$

② $y=-\dfrac{1}{2}x-3$

③ $y=-\dfrac{1}{3}x-3$

④ $y=-\dfrac{1}{3}x-6$

⑤ $y=-\dfrac{1}{4}x$

풀이 전략

두 직선의 기울기가 같고 y절편이 다르면 두 직선이 평행하다.

풀이

주어진 그래프의 기울기는 $\dfrac{-3-0}{0-(-6)}=-\dfrac{1}{2}$이고 y절편은

-3이므로 평행한 그래프는 그 기울기가 $-\dfrac{1}{2}$이고 y절편이

-3이 아닌 ①이다.

● 일차함수의 평행, 일치

확인문제

[27~29] 다음 ☐ 안에 알맞은 단어를 써넣으시오.

27 두 직선의 ☐☐☐가 같고, ☐☐☐이 다르면 두 직선이 평행하다.

28 두 직선의 ☐☐☐와 y절편이 모두 같으면 두 직선이 ☐☐한다.

29 두 일차함수 $y=-x+2$, $y=-x-3$의 그래프는 ☐☐하다.

유형연습 09

다음 일차함수 중 그 그래프가 두 점 $(-4, 0)$, $(0, 5)$를 지나는 직선과 평행한 것은?

① $y=\dfrac{4}{5}x+1$ ② $y=\dfrac{5}{4}x+5$

③ $y=\dfrac{4}{5}x-4$ ④ $y=\dfrac{5}{4}x-4$

⑤ $y=\dfrac{4}{5}x+5$

3 일차함수와 그 그래프

유형 **10** 일차함수의 식 구하기

개념 **10**

(1) **기울기와 y절편이 주어진 경우**

기울기가 a, y절편이 b인 직선을 그래프로 하는 일차함수의 식은

$$y=ax+b$$

(2) **기울기와 한 점의 좌표가 주어진 경우**

기울기가 a이고 점 (x_1, y_1)을 지나는 직선을 그래프로 하는 일차함수의 식은

$$y=a(x-x_1)+y_1$$

(3) **두 점의 좌표가 주어진 경우**

[방법1] 기울기를 구한 후 (2)를 이용한다.

두 점 (x_1, y_1), (x_2, y_2)를 지나는 직선을 그래프로 하는 일차함수의 식은

$$y=\frac{y_2-y_1}{x_2-x_1}(x-x_1)+y_1$$

[방법2] 일차함수 $y=ax+b$에 두 점의 좌표를 각각 대입하여 a, b에 대한 연립방정식을 푼다.

◉ 일차함수의 식 구하기(기울기와 다른 한 점을 알 때)

◉ 일차함수의 식 구하기 ◉ 일차함수의 식 구하기
(서로 다른 두 점을 알 때)　　　(기울기와 y절편을 알 때)

예제 **10**

두 점 $A(1, 3)$, $B(3, 1)$을 잇는 선분 AB와 일차함수 $y=ax-1$의 그래프가 만나게 되는 상수 a의 값의 범위를 구하시오.

풀이 전략

일차함수의 그래프가 점 A와 점 B를 지날 때의 상수 a의 값을 이용하여 범위를 구한다.

풀이

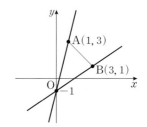

일차함수 $y=ax-1$의 그래프가

$A(1, 3)$을 지날 때 $3=a-1$, $a=4$

$B(3, 1)$을 지날 때 $1=3a-1$, $a=\frac{2}{3}$

따라서 a의 값의 범위는 $\frac{2}{3} \leq a \leq 4$

◉ 조건에 따른 일차함수의 식 구하기(서술형)

확인문제

[30~32] 다음 중 옳은 것에는 ○표, 옳지 않은 것에는 ×표를 하시오.

30 기울기와 x절편을 알면 일차함수의 식을 구할 수 있다. 　　　　　　　　　　　　　（　　）

31 일차함수 $y=ax+b$에 대하여 a, b의 값은 각각 기울기, y절편이다. 　　　　　　　　（　　）

32 x절편, y절편을 알면 항상 일차함수의 식을 구할 수 있다. 　　　　　　　　　　　　（　　）

유형연습 **10**

일차함수 $y=-\frac{1}{2}x+4$의 그래프와 x축 위에서 만나고, 일차함수 $y=\frac{2}{3}x+2$의 그래프와 y축 위에서 만나는 직선을 그래프로 하는 일차함수의 식을 구하시오.

◉ 일차함수의 식 구하기 응용

개념 **11**

(1) **일차함수의 활용**(온도)

처음 온도가 $b\,^\circ\text{C}$, 1분 동안의 온도 변화가 $a\,^\circ\text{C}$일 때, x분 후의 온도가 $y\,^\circ\text{C}$라 하면
➡ $y = ax + b$

(2) **일차함수의 활용**(물의 양)

처음 물의 양이 b L, 1분 동안의 물의 양의 변화가 a L일 때, x분 후의 물의 양을 y L라 하면
➡ $y = ax + b$

● 일차함수의 활용(물의 양)   ● 일차함수의 활용(온도)

● 일차함수의 활용(링거액을 다 맞는 시각) (서술형)   ● 일차함수의 활용 (실생활 활용) (서술형)

확인문제

[33~35] 다음 □ 안에 알맞은 수를 써넣으시오.

33 600 ml짜리 링거액이 1분마다 2 ml씩 투여될 때 3분 후 남은 링거액의 양은 □ ml이다.

34 처음 물의 온도가 50 $^\circ$C이고 1분마다 온도가 0.01 $^\circ$C씩 낮아질 때 1시간 후 물의 온도는 □ $^\circ$C이다.

35 실온에서 물의 온도가 일정하게 낮아진다고 한다. 처음 물의 온도가 10 $^\circ$C이고 5분 동안 10 $^\circ$C만큼 온도가 낮아졌다면 1분 후 온도는 □ $^\circ$C이다.

예제 **11**

컵에 담긴 80 $^\circ$C의 물을 실온에 둔 지 5분 후의 물의 온도가 70 $^\circ$C이었다. 실온에 둔 지 24분 후에 컵에 담긴 물의 온도를 구하시오. (단, 실온에서 물의 온도는 일정하게 내려간다.)

풀이 전략

처음 온도가 $b\,^\circ\text{C}$, 1분 동안의 온도 변화가 $a\,^\circ\text{C}$일 때, x분 후의 온도가 $y\,^\circ\text{C}$라 하면 $y = ax + b$이다.

풀이

| | x가 5 증가할 때 | |
x분 후	0	5
물의 온도 $y\,^\circ$C	80	70
	y는 10 감소	

처음 온도가 80 $^\circ$C이고 1분 동안의 온도 변화가 $a\,^\circ\text{C}$라 하면
$$y = ax + 80$$

이때 $a = \dfrac{-10}{5} = -2$이므로 $y = -2x + 80$

따라서 실온에 둔 지 24분 후에 컵 속의 물의 온도는
$$-2 \times 24 + 80 = 32\,(^\circ\text{C})$$

● 일차함수의 활용(온도)

유형연습 **11**

120 L의 물을 담을 수 있는 물탱크에 30 L의 물이 들어 있다. 이 물탱크에 5분에 30 L의 비율로 물을 더 넣는다고 할 때, 물탱크에 물을 가득 채우는 데 걸리는 시간을 구하시오.

● 일차함수의 활용(물의 양)

유형 **12** 일차함수의 활용 (거리, 길이)

개념 **12**

(1) **일차함수의 활용**(속력)

출발하는 지점에서 b km 떨어진 지점까지 시속 a km로 x시간 동안 이동하고 남은 거리가 y km 인 경우

➡ $y=b-ax$

[참고] (거리)＝(속력)×(시간)

(2) **일차함수의 활용**(길이)

처음의 길이가 b cm, 1분 동안의 길이의 변화가 a cm일 때, x분 후의 길이를 y cm라 하면

➡ $y=ax+b$

● 일차함수의 활용(속력)

● 일차함수의 활용(실생활 활용)

확인문제

[36~38] 다음 ☐ 안에 알맞은 수 또는 단어를 써넣으시오.

36 (속력)＝$\dfrac{(\boxed{})}{(\boxed{})}$

37 (시간)＝$\dfrac{(\boxed{})}{(\boxed{})}$

38 길이가 12 cm인 양초가 매분 2 cm씩 짧아질 때 5분 후 남은 양초의 길이는 ☐ cm이다.

예제 **12**

A, B 두 지점 사이의 거리가 1.4 km이다. 영주는 A지점에서 초속 4 m, 현준이는 B지점에서 초속 6 m로 마주보고 동시에 달리기 시작하였다. 영주와 현준이가 달리기 시작한 지 x초 후의 둘 사이의 거리를 y m라 할 때, 영주와 현준이가 A지점에서 몇 m 떨어진 곳에서 만나는지 구하시오.

풀이 전략

출발하는 지점에서 b km 떨어진 지점까지 시속 a km로 x시간 동안 이동하고 남은 거리가 y km이면 $y=b-ax$이다.

풀이

x초 후	0	1
둘 사이의 거리 y m	1400	1390

1초마다 영주와 현준이 사이의 거리는 10 m씩 가까워지고 처음 둘 사이의 거리는 1400 m이므로

$y=-10x+1400$

이때 $y=0$이면 두 사람이 만나게 되므로

$0=-10x+1400$, $x=140$

즉, 출발한 지 140초 후에 만나며 영주와 현준이는 A지점에서 $140 \times 4 = 560$(m) 떨어진 곳에서 만난다.

● 일차함수의 활용(속력)

유형연습 **12**

길이가 16 cm인 양초에 불을 붙이면 10분에 2 cm씩 양초의 길이가 일정하게 짧아진다고 한다. 불을 붙인 지 x분 후의 양초의 길이를 y cm라 할 때, 불을 붙인 지 16분 후의 양초의 길이를 구하시오.

● 일차함수의 활용(실생활 활용)

개념 13

일차함수의 활용(도형)

길이가 b cm인 $\overline{\text{AB}}$ 위의 한 점 P가 점 A에서 출발하여 점 B의 방향으로 매초 a cm의 속력으로 움직이는 경우

➡ ① x초 후의 $\overline{\text{AP}}$의 길이$=ax$ cm

② x초 후의 $\overline{\text{BP}}$의 길이$=(b-ax)$ cm

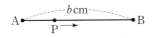

● 일차함수의 활용(도형에서의 활용)

확인문제

[39~41] 오른쪽 그림과 같이 정사각형 ABCD의 한 변의 길이가 3 cm일 때 점 P가 점 A에서 출발하여 반시계방향으로 변을 따라 매초 1 cm씩 이동한다. 다음 중 옳은 것에는 ○표, 옳지 않은 것에는 ×표를 하시오.

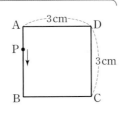

39 2초 후 점 P는 변 AB 위에 있다. ( )

40 5초 후 점 P는 변 BC 위에 있다. ( )

41 10초 후 점 P는 변 CD 위에 있다. ( )

예제 13

다음 그림과 같이 직사각형 ABCD에서 $\overline{\text{AD}}=12$ cm, $\overline{\text{AB}}=8$ cm이고, 점 P는 점 C에서 출발하여 매초 0.5 cm의 속력으로 점 D를 향해 이동한다. x초 후의 사다리꼴 ABCP의 넓이가 y cm^{2}일 때, x와 y 사이의 관계를 식으로 나타내시오.

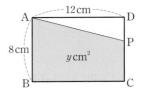

풀이 전략

시간에 따라 점 P가 이동할수록 $\overline{\text{CP}}$의 길이는 점점 길어진다. x와 y 사이의 관계를 찾아 식으로 나타낸다.

풀이

x초 후 $\overline{\text{CP}}$의 길이가 $0.5x$ cm이므로

$$y=\frac{1}{2}\times(8+0.5x)\times 12=3x+48$$

● 일차함수의 활용(도형에서의 활용)

유형연습 13

다음 그림과 같이 직사각형 ABCD에서 점 P가 점 B에서 출발하여 점 C까지 $\overline{\text{BC}}$를 따라 매초 2 cm의 속력으로 움직인다. 점 P가 점 B를 출발한 지 몇 초 후에 사각형 APCD의 넓이가 140 cm^{2}가 되는지 구하시오.

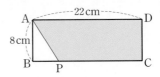

● 일차함수의 활용(도형) (서술형)

개념 **14**

일차함수와 일차방정식의 관계

미지수가 2개인 일차방정식 $ax+by+c=0$
(a, b, c는 상수, $a\neq 0$, $b\neq 0$)의 그래프는

$y=-\dfrac{a}{b}x-\dfrac{c}{b}$의 그래프와 같다.

일차방정식		일차함수
$ax+by+c=0$	$\Longleftrightarrow$	$y=-\dfrac{a}{b}x-\dfrac{c}{b}$

● 일차함수와 일차방정식의 관계(직선의 방정식)

확인문제

[42~45] 다음 중 옳은 것에는 ○표, 옳지 않은 것에는
×표를 하시오.

42 일차방정식 $x-2y+3=0$의 그래프는 일차함수
$y=2x+3$의 그래프와 같다. ( )

43 일차방정식 $2x-y+3=0$의 그래프는 기울기가 2이
다. ( )

44 일차방정식 $2x-y+3=0$의 그래프는 x절편이
$-\dfrac{3}{2}$이다. ( )

45 일차방정식 $2x-y+3=0$의 그래프는 y절편이 3이
다. ( )

예제 **14**

일차방정식 $3x+ay+b=0$의 그래프가 그림과 같을 때,
$a+b$의 값을 구하시오. (단, a, b는 상수이다.)

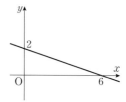

풀이 전략

일차방정식 $ax+by+c=0$(a, b, c는 상수, $a\neq 0$, $b\neq 0$)의

그래프는 $y=-\dfrac{a}{b}x-\dfrac{c}{b}$의 그래프와 같다.

풀이

일차방정식 $3x+ay+b=0$에서 $y=-\dfrac{3}{a}x-\dfrac{b}{a}$

그래프의 기울기는 $\dfrac{-2}{6}=-\dfrac{1}{3}$이므로

$-\dfrac{3}{a}=-\dfrac{1}{3}$에서 $a=9$

y절편이 2이므로 $-\dfrac{b}{9}=2$, $b=-18$

따라서 $a+b=9-18=-9$

● 일차함수와 일차방정식의 관계 응용(2) (서술형)

유형연습 **14**

일차방정식 $5x-4y+3=0$의 그래프와 평행하고, 일차
방정식 $3x-4y+6=0$의 그래프와 x축 위에서 만나는
직선을 그래프로 하는 일차함수의 식을 구하시오.

● 일차함수와 일차방정식의 관계 응용(3) (서술형)

개념 15

(1) **일차방정식 $x=p$의 그래프**
 ① 점 $(p,\ 0)$을 지난다.
 ② x축에 수직인 직선
 ③ y축에 평행한 직선

(2) **일차방정식 $y=q$의 그래프**
 ① 점 $(0,\ q)$를 지난다.
 ② x축에 평행한 직선
 ③ y축에 수직인 직선

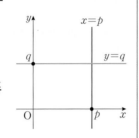

◉ $x=p,\ y=q$

예제 15

두 직선 $x=-3,\ y=4$와 x축, y축으로 둘러싸인 도형의 넓이를 구하시오.

풀이 전략

두 직선의 그래프를 좌표평면에 그리고, 두 직선과 x축, y축으로 둘러싸인 도형의 넓이를 구한다.

풀이

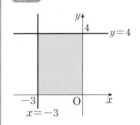

두 직선과 x축, y축으로 둘러싸인 도형의 넓이는
$3\times4=12$

◉ $x=p,\ y=q$의 그래프를 응용하여
도형의 넓이를 구하기

확인문제

[46~48] 다음 중 옳은 것에는 ○표, 옳지 <u>않은</u> 것에는 ×표를 하시오.

46 일차방정식 $x=0$의 그래프는 x축을 나타낸다.
( )

47 일차방정식 $y=0$의 그래프는 y축을 나타낸다.
( )

48 $x=3$의 그래프는 y축과 평행하다. ( )

유형연습 15

두 직선 $x=a,\ y=3$과 x축, y축으로 둘러싸인 도형의 넓이가 27일 때, 양수 a의 값을 구하시오.

◉ $x=p,\ y=q$의 그래프를 응용하여
도형의 넓이를 구하기

유형 **16** 일차함수의 그래프와 연립일차방정식의 해

개념 **16**

연립일차방정식 $\begin{cases} ax+by=c \\ a'x+b'y=c' \end{cases}$ 의 해는

두 일차방정식 $ax+by=c$, $a'x+b'y=c'$의 그래프의 교점의 좌표와 같다.

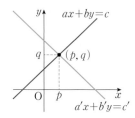

[참고] 두 일차함수의 교점은 연립방정식의 해와 같다.

(2) **연립방정식의 해와 두 일차방정식의 위치 관계**

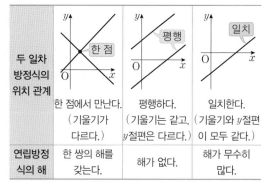

두 일차 방정식의 위치 관계	한 점에서 만난다. (기울기가 다르다.)	평행하다. (기울기는 같고, y절편은 다르다.)	일치한다. (기울기와 y절편이 모두 같다.)
연립방정식의 해	한 쌍의 해를 갖는다.	해가 없다.	해가 무수히 많다.

● 일차함수의 그래프와 연립일차방정식의 해

예제 **16**

연립방정식 $\begin{cases} x+y=a \\ 3x-4y=b \end{cases}$ 의 해를 그래프를 이용하여 구하면 그림과 같다. 이때 상수 a, b에 대하여 $a+b$의 값을 구하시오.

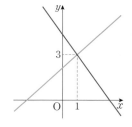

풀이 전략

두 일차함수의 교점은 연립방정식의 해와 같다.

풀이

그래프에서 두 직선의 교점은 연립방정식의 해와 같으므로
교점인 점 $(1, 3)$을
$x+y=a$에 대입하면 $a=4$
$3x-4y=b$에 대입하면 $b=-9$
따라서 $a+b=4+(-9)=-5$

● 일차함수의 그래프와 연립일차방정식의 해

확인문제

[49~50] 다음 □ 안에 알맞은 단어를 써넣으시오.

49 두 직선이 한 점에서 만나는 경우 기울기가 □□다.

50 두 직선이 평행한 경우 □□□가 같고, y절편이 □□다.

51 두 직선이 일치하는 경우 기울기와 y절편이 모두 같다. (◯ , ×)

유형연습 **16**

연립방정식 $\begin{cases} ax+2y=b \\ 5x+4y=-6 \end{cases}$ 의 해가 없을 때, 상수 a, b의 조건을 구하시오.

● 연립방정식의 해의 개수와 그래프

개념 **17**

(1) **사각형의 넓이**

① (평행사변형의 넓이)=(밑변의 길이)×(높이)

② (마름모의 넓이)=$\frac{1}{2}$×(두 대각선의 길이의 곱)

③ 직선이 직사각형의 넓이를 이등분하려면 직사각형의 두 대각선의 교점, 즉 대각선의 중점을 지나야 한다.

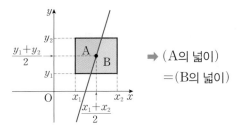

➡ (A의 넓이)
=(B의 넓이)

(2) **삼각형의 넓이**

① (삼각형의 넓이)=$\frac{1}{2}$×(밑변의 길이)×(높이)

② 직선이 삼각형의 한 꼭짓점을 지날 때, 삼각형의 넓이를 이등분하려면 그 꼭짓점이 마주보는 변의 중점을 지나야 한다.

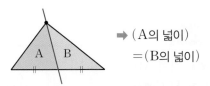

➡ (A의 넓이)
=(B의 넓이)

● 직선으로 둘러싸인 도형의 넓이

확인문제

[52~53] 다음 □ 안에 알맞은 것을 써넣으시오.

52 직선 $3x+12=0$은 점 (□, 0)을 지나고 □축에 평행하다.

53 직선 $7y+14=0$은 점 (0, □)를 지나고 □축에 평행하다.

예제 **17**

네 직선 $3x+12=0$, $8-4x=0$, $2y-6p=0$, $14p+7y=0$으로 둘러싸인 사각형의 넓이가 45일 때, 양수 p의 값을 구하시오.

풀이 전략

네 직선을 좌표평면에 나타내고, 주어진 도형의 넓이를 이용한다.

풀이

네 직선의 식을 정리하면 $x=-4$, $x=2$, $y=3p$, $y=-2p$
p는 양수이므로 이를 좌표평면에 나타내면

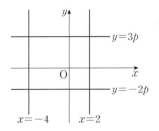

사각형의 넓이가 45이므로
$45=6\times5p$
따라서 $p=\frac{3}{2}$

● 네 직선으로 둘러싸인 사각형의 넓이(서술형)

유형연습 **17**

일차함수 $y=-3x+9$의 그래프와 x축, y축으로 둘러싸인 삼각형의 넓이를 일차함수 $y=ax$의 그래프가 이등분할 때, 상수 a의 값을 구하시오.

● 도형의 넓이를 이등분하는 $y=ax$(서술형)

4 도형의 성질

개념 01

(1) **이등변삼각형**: 두 변의 길이가 같은 삼각형

(2) **이등변삼각형의 성질**

① 이등변삼각형의 두 밑각의 크기는 같다.

② 이등변삼각형의 꼭지각의 이등분선은 밑변을 수직이등분한다.

 이등변삼각형의 성질(1)
 이등변삼각형의 성질(2)

확인문제

[01~02] 다음 중 옳은 것에는 ○표, 옳지 <u>않은</u> 것에는 ×표를 하시오.

01 이등변삼각형의 두 밑각의 크기는 같다.　(　)

02 이등변삼각형의 꼭지각의 이등분선은 밑변의 수직이등분선과 일치한다.　(　)

[03~05] 다음 그림에서 △ABC는 $\overline{AB}=\overline{AC}$인 이등변삼각형일 때, x, y의 값을 각각 구하시오.

03
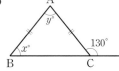

04
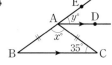

05
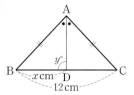

예제 01

오른쪽 그림과 같이 $\overline{AB}=\overline{AC}$인 이등변삼각형 ABC에서 $\angle ABD=\angle DBC$이고, $\angle A=24°$일 때, $\angle BDA$의 크기를 구하시오.

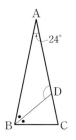

풀이 전략

이등변삼각형의 두 밑각의 크기는 같다.

풀이

이등변삼각형 ABC의 두 밑각의 크기는 같으므로

$\angle ABC=\angle C=(180°-24°)\times\frac{1}{2}=78°$

$\angle ABD=\frac{1}{2}\times\angle ABC=\frac{1}{2}\times78°=39°$

△ABD의 세 내각의 크기의 합은 $180°$이므로

$\angle BDA=180°-(\angle A+\angle ABD)$
$=180°-(24°+39°)=117°$

유형연습 01

오른쪽 그림과 같이 $\overline{AB}=\overline{AC}$인 이등변삼각형 ABC에서 $\overline{BC}=\overline{BD}$이고, $\angle BDC=64°$일 때, $\angle A$의 크기를 구하시오.

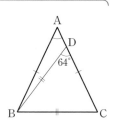

● 이등변삼각형의 성질을 이용한 각의 크기 구하기(서술형)

개념 02

이등변삼각형의 성질을 이용한 각의 크기 구하기

이등변삼각형의 각의 크기를 구하는 데 다음이 많이
이용된다.

△ABC에서

(1) $\overline{AB}=\overline{AC}$이면 $\angle B=\angle C$

(2) 꼭지각의 이등분선은 밑변을 수직이등분한다.

(3) 삼각형의 세 내각의 크기의 합은 $180°$이다.

(4) (삼각형의 한 외각의 크기)

　　$=$(그와 이웃하지 않은 두 내각의 크기의 합)

● 이등변삼각형의 성질을 이용한 각의 크기 구하기

확인문제

[06~07] 다음 그림의 △ABC에서 x의 값을 구하시오.

06

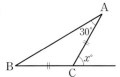

07

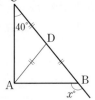

08 오른쪽 그림에서
$\overline{AB}=\overline{AC}=\overline{CD}$이고
$\angle B=27°$일 때, x의 값
을 구하시오.

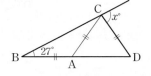

예제 02

다음 그림에서 $\overline{AD}=\overline{BD}$, $\angle ABD=\angle CBD$,
$\angle ACE=120°$일 때, $\angle A$의 크기를 구하시오.

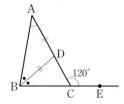

풀이 전략

이등변삼각형의 두 밑각의 크기는 같다.

풀이

$\angle A=\angle x$라 하면 이등변삼각형 DAB의 두 밑각의 크기는
같으므로

$\angle A=\angle ABD=\angle CBD=\angle x$이고 $\angle ABC=2\angle x$

삼각형의 한 외각의 크기는 그와 이웃하지 않은 두 내각의 크
기의 합과 같으므로

$\angle x+2\angle x=120°$, $3\angle x=120°$

따라서 $\angle x=40°$

● 이등변삼각형의 성질(1)

유형연습 02

다음 그림에서 $\overline{AB}=\overline{BC}=\overline{CD}=\overline{DE}$이고
$\angle BCD$의 크기는 $\angle A$의 크기의 5배일 때, $\angle x$의 크기
를 구하시오.

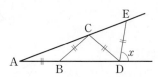

유형 **03** 이등변삼각형이 되는 조건

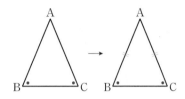

➡ 두 내각의 크기가 같은 삼각형은 이등변삼각형!

➡ 나머지 한 내각은 꼭지각!

● 이등변삼각형이 되는 조건

확인문제

[09~11] 다음 중 옳은 것에는 ○표, 옳지 않은 것에는 ×표를 하시오.

09 선분의 수직이등분선 위의 한 점과 선분의 양 끝 점을 각각 이어서 만든 삼각형은 이등변삼각형이다.

(   )

10 오른쪽 그림과 같은 △ABC는 이등변삼각형이다.

(   )

11 오른쪽 그림과 같은 △ABC는 이등변삼각형이다.

(   )

12 오른쪽 그림과 같은 △ABC에서 x의 값을 구하시오.

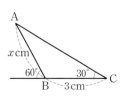

예제 **03**

$\overline{AB}=\overline{AC}$인 이등변삼각형 ABC 를 오른쪽 그림과 같이 $\overline{DE}$를 접는 선으로 하여 두 꼭짓점 A와 B가 겹쳐지도록 접었다.

∠EBC=36°이고, $\overline{BC}$=4cm일 때, ∠C의 크기와 $\overline{BE}$의 길이를 구하시오.

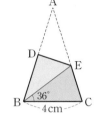

풀이 전략

접은 각과 펼친 각의 크기가 같음을 이용한다.

풀이

∠C=∠x라 하면 $\overline{AB}=\overline{AC}$이므로

∠ABC=∠C=∠x

두 꼭짓점 A와 B가 겹쳐지도록 접었으므로

∠EAB=∠EBA=∠x-36°

△ABC의 세 내각의 크기의 합은 180°이므로

∠x+∠x+∠x-36°=180°, ∠x=72°

△BCE에서 ∠BEC=180°-(36°+72°)=72°이고

△BCE는 이등변삼각형이므로

$\overline{BC}=\overline{BE}$=4(cm)

따라서 ∠C=72°, $\overline{BE}$=4 cm

유형연습 **03**

직사각형 모양의 종이를 다음 그림과 같이 $\overline{EG}$를 접는 선으로 하여 접었다. ∠BFD'=68°일 때, ∠x의 크기를 구하시오.

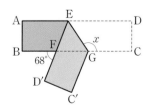

● 이등변삼각형의 성질 활용–종이접기

개념 04

(1) RHA 합동: 빗변(**H**)의 길이와 **한 예각(A)**의 크기가 같은 두 **직각(R)**삼각형은 서로 합동이다.

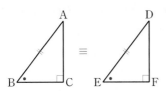

(2) RHS 합동: 빗변(**H**)의 길이와 **다른 한 변(S)**의 길이가 같은 두 **직각(R)**삼각형은 서로 합동이다.

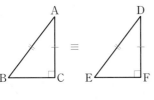

● 직각삼각형의 합동 조건

확인문제

13 「두 변의 길이가 각각 같은 두 직각삼각형은 서로 합동이다.」가 옳으면 ○표, 옳지 않으면 ×표를 하시오.
(   )

[14~15] 다음 직각삼각형 중에서 서로 합동인 것을 찾으려고 한다. □ 안에 알맞은 것을 써넣으시오.

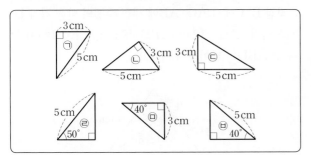

14 두 직각삼각형 ㉠과 □은 RH□ 합동이다.

15 두 직각삼각형 ㉣과 □은 RH□ 합동이다.

예제 04

오른쪽 그림의 두 직각삼각형 ABC와 DEF에서 서로 합동이 되는 조건을 모두 고르면? (정답 2개)

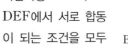
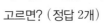

① ∠A=∠D, ∠B=∠E
② $\overline{AB}=\overline{DE}$, ∠A=∠D
③ $\overline{BC}=\overline{DF}$, ∠A=∠D
④ $\overline{BC}=\overline{EF}$, $\overline{AC}=\overline{DE}$
⑤ $\overline{AB}=\overline{DE}$, $\overline{AC}=\overline{DF}$

풀이 전략

두 직각삼각형이 서로 합동이 되기 위한 조건을 생각해 본다.

풀이

② 빗변의 길이와 한 예각의 크기가 같으므로
　△ABC≡△DEF (RHA 합동)
⑤ 빗변의 길이와 다른 한 변의 길이가 같으므로
　△ABC≡△DEF (RHS 합동)
따라서 합동이 되는 조건은 ②, ⑤이다.

● 직각삼각형의 합동 조건 유형

유형연습 04

오른쪽 그림과 같이 $\overline{AB}=\overline{AC}$인 이등변삼각형 ABC에서 $\overline{BC}$의 중점을 M이라 하고, 점 M에서 $\overline{AB}$, $\overline{AC}$에 내린 수선의 발을 각각 D, E라 하자.

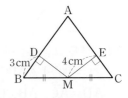

$\overline{DB}=3$ cm, $\overline{EM}=4$ cm일 때, 다음 물음에 답하시오.

(1) △DBM과 합동인 삼각형을 찾아 기호로 나타내고, 합동 조건을 말하시오.
(2) $\overline{EC}$의 길이를 구하시오.
(3) △DBM의 넓이를 구하시오.

4 도형의 성질

유형 **05** 직각삼각형의 합동 조건의 응용

개념 **05**

합동인 두 직각삼각형을 찾아서 응용하는 문제

➡ 합동인 두 직각삼각형을 찾자!
　（RHS 합동 또는 RHA 합동）

➡ 합동인 두 도형의 대응변의 길이와 대응각의 크기가 같은 성질을 이용한다.

확인문제

16 오른쪽 그림에서 x의 값을 구하시오.

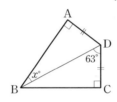

17 오른쪽 그림에서 $x+y$의 값을 구하시오.

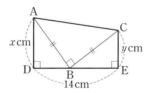

18 오른쪽 그림과 같이 $\angle C=90^\circ$인 $\triangle ABC$에서 $\overline{AD}=\overline{AC}$, $\overline{AB}\perp\overline{DE}$이고 $\overline{AB}=12\,cm$, $\overline{CE}=4\,cm$일 때, $\triangle ABE$의 넓이를 구하시오.

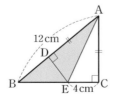

● 직각삼각형의 합동 조건(서술형)

예제 **05**

다음 그림과 같이 $\angle A=90^\circ$인 직각삼각형 ABC에서 $\overline{AC}$ 위의 점 D에서 $\overline{BC}$에 내린 수선의 발 E에 대하여 $\overline{AB}=\overline{BE}$이다. $\overline{AC}=8\,cm$, $\overline{CD}=5\,cm$, $\overline{EC}=4\,cm$일 때, $\overline{DE}$의 길이를 구하시오.

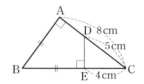

풀이 전략

보조선 $\overline{BD}$를 그린다.

풀이

보조선 $\overline{BD}$를 그리면
① 〈R〉 $\angle BAD=\angle BED=90^\circ$
② 〈H〉 $\overline{BD}$는 공통
③ 〈S〉 $\overline{BA}=\overline{BE}$
이므로 $\triangle BDA\equiv\triangle BDE$ (RHS 합동)
따라서 $\overline{DE}=\overline{DA}=8-5=3\,(cm)$

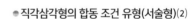

● 직각삼각형의 합동 조건 유형(서술형)(2)

유형연습 **05**

다음 그림과 같이 $\overline{AB}=\overline{AC}$인 이등변삼각형 ABC의 꼭짓점 B, C에서 $\overline{AC}$, $\overline{AB}$에 내린 수선의 발을 각각 D, E라 하자. $\overline{AC}=13\,cm$, $\overline{BE}=8\,cm$, $\overline{CE}=12\,cm$일 때, $\triangle ABD$의 넓이를 구하시오.

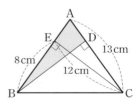

● 직각삼각형의 합동 조건 유형(서술형)(3)

개념 06

(1) 각의 이등분선 위의 한 점에서 그 각을 이루는 두 변까지의 거리는 같다.

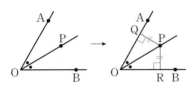

(2) 각을 이루는 두 변에서 같은 거리에 있는 점은 그 각의 이등분선 위에 있다.

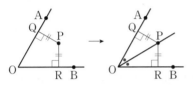

● 각의 이등분선의 성질

확인문제

[19~21] 오른쪽 그림에서
$\angle PQO = \angle PRO = 90°$,
$\angle POQ = \angle POR$일 때, 다음 중 옳은 것에는 ○표, 옳지 <u>않은</u> 것에는 ×표를 하시오.

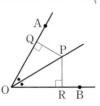

19 $\triangle PQO \equiv \triangle PRO$이다. ( )

20 $\overline{OQ} = \overline{OP} = \overline{OR}$이다. ( )

21 $\overline{PQ} = \overline{PR}$이다. ( )

[22~23] 다음 그림에서 x의 값을 구하시오.

22

23
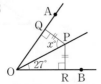

예제 06

오른쪽 그림과 같이 $\angle B = 90°$인 직각삼각형 ABC에서 $\angle A$의 이등분선이 $\overline{BC}$와 만나는 점을 D라고 하자. $\overline{AC} = 9$ cm, $\overline{BD} = 2$ cm일 때, $\triangle ADC$의 넓이를 구하시오.

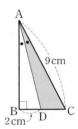

풀이 전략

점 D에서 $\overline{AC}$에 수선을 그어 각의 이등분선의 성질을 이용한다.

풀이

각의 이등분선 위의 점 D에서 $\overline{AC}$에 내린 수선의 발을 E라 하자.
각의 이등분선 위의 한 점에서 그 각을 이루는 두 변까지의 거리는 같으므로
$\overline{DB} = \overline{DE} = 2\,(cm)$
따라서

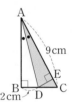

$$\triangle ADC = \frac{1}{2} \times \overline{AC} \times \overline{DE}$$
$$= \frac{1}{2} \times 9 \times 2 = 9\,(cm^2)$$

유형연습 06

오른쪽 그림과 같이 $\angle B = 90°$이고, $\overline{AB} = \overline{BC}$인 직각이등변삼각형 ABC에서 $\angle A$의 이등분선이 $\overline{BC}$와 만나는 점을 D라 하자. $\overline{AC} = 10$ cm일 때, $\overline{AB} + \overline{BD}$의 길이를 구하시오.

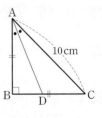

● 각의 이등분선의 성질(서술형)

4 도형의 성질

유형 07 삼각형의 외심의 뜻과 성질

개념 07

(1) 삼각형의 세 변의 수직이등분선은 한 점(외심)에서 만난다.

(2) 삼각형의 외심에서 세 꼭짓점에 이르는 거리는 모두 같다.

● 삼각형의 외심의 뜻과 성질(1)

확인문제

24 △ABC의 모든 꼭짓점이 원 O 위에 있을 때, 원 O는 △ABC에 ☐☐한다고 한다. 또 원 O를 △ABC의 ☐☐☐이라 한다. ☐ 안에 알맞은 것을 써넣으시오.

[25~27] 오른쪽 그림에서 점 O가 △ABC의 외심일 때, 다음 중 옳은 것에는 ○표, 옳지 않은 것에는 ×표를 하시오.

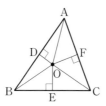

25 $\overline{BE}=\overline{CE}$이다. ( )

26 $\overline{OD}=\overline{OE}=\overline{OF}$이다. ( )

27 ∠OCE=∠OCF이다. ( )

28 오른쪽 그림에서 점 O가 △ABC의 외심일 때, $x+y$의 값을 구하시오.

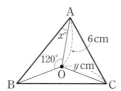

● 삼각형의 외심의 뜻과 성질(1)

예제 07

다음 그림에서 삼각형 ABC의 외심 O는 변 BC 위에 있다. ∠B=40°일 때, ∠OAC의 크기를 구하시오.

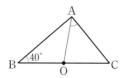

풀이 전략

삼각형의 외심에서 세 꼭짓점에 이르는 거리는 모두 같으므로 $\overline{OA}=\overline{OB}=\overline{OC}$이다.

풀이

∠OAC=∠x라 하자.

삼각형의 외심에서 세 꼭짓점에 이르는 거리는 모두 같으므로 △OAB는 이등변삼각형이고,

∠OAB=∠B=40°

한편, △OAC가 이등변삼각형이므로

∠OAC=∠OCA=∠x

△ABC의 세 내각의 크기의 합은 180°이므로,

$40° \times 2 + 2 \times ∠x = 180°$

따라서 ∠x=50°

유형연습 07

다음 그림에서 점 O는 △ABC의 외심이고 ∠BOC=∠COA=70°일 때, ∠BCA의 크기를 구하시오.

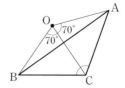

개념 **08**

예각삼각형	직각삼각형	둔각삼각형
삼각형의 내부	빗변의 중점	삼각형의 외부

[참고] 빗변: 직각과 마주보고 있는 변

● 삼각형의 외심의 위치

확인문제

[29~31] 다음 중 옳은 것에는 ○표, 옳지 <u>않은</u> 것에는 ×표를 하시오.

29 둔각삼각형의 외심은 삼각형의 내부에 위치한다.

( )

30 직각삼각형의 외심은 빗변의 중점에 위치한다.

( )

31 직각삼각형의 외접원의 지름의 길이는 빗변의 길이의 반이다. ( )

32 오른쪽 그림의 △ABC는 ∠B=90°인 직각삼각형이다. 점 O가 변 AC의 중점이고, ∠OBC=30°일 때, ∠A의 크기를 구하시오.

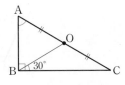

● 삼각형의 외심의 위치

예제 **08**

다음 그림에서 △ABC는 ∠A=90°인 직각삼각형이다. $\overline{AB}=2$ cm, $\overline{BC}=4$ cm일 때, △ABC의 외접원의 넓이를 구하시오.

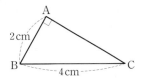

풀이 전략

직각삼각형의 외심은 빗변의 중점에 위치한다.

풀이

직각삼각형의 외심은 빗변의 중점에 위치하므로 주어진 직각삼각형의 외접원의 반지름의 길이는 빗변($\overline{BC}$)의 길이의 반이다.

△ABC의 외접원의 반지름의 길이는

$\frac{1}{2}\overline{BC}=\frac{1}{2}\times 4=2$(cm)

따라서 △ABC의 외접원의 넓이는

$\pi\times 2^2=4\pi$(cm^2)

유형연습 **08**

다음 그림의 △ABC는 ∠A=90°인 직각삼각형이고, 점 O는 △ABC의 외심이다. ∠ABC=30°일 때, △ABC의 외접원의 반지름의 길이를 구하시오.

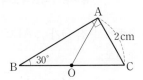

유형 **09** 삼각형의 외심의 응용

개념 **09**

점 O가 △ABC의 외심일 때

(1) $\angle x + \angle y + \angle z = 90°$

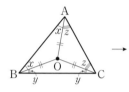 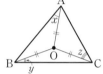

(2) $\angle BOC = 2\angle A$

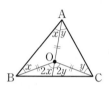 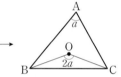

● 삼각형의 외심의 뜻과 성질(2)

확인문제

[33~34] 다음 그림에서 점 O가 △ABC의 외심일 때, □ 안에 알맞은 수를 써넣으시오.

33

➡ $50° + 30° + \angle x = $ ☐°

따라서 $\angle x = $ ☐°

34

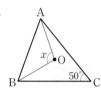

➡ $\angle x = 2 \times$ ☐°

$= $ ☐°

● 삼각형의 외심의 뜻과 성질(2)

[35~36] 다음 그림에서 점 O가 △ABC의 외심일 때, $x + y$의 값을 구하시오.

35

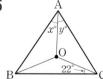

36

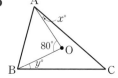

예제 **09**

다음 그림에서 점 O는 △ABC의 외심이고, 점 O′은 △OBC의 외심이다. $\angle A = 40°$일 때, $\angle O'BC$의 크기를 구하시오.

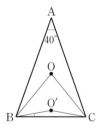

풀이 전략

$\angle BOC = 2\angle A$, $\angle BO'C = 2\angle BOC$

풀이

△ABC에서 $\angle BOC = 2\angle A = 80°$

△OBC에서 $\angle BO'C = 2\angle BOC = 160°$

△OBC의 외심 점 O′에서 삼각형의 세 꼭짓점에 이르는 거리는 같으므로, △O'BC는 이등변삼각형이다.

따라서 $\angle O'BC = \dfrac{1}{2} \times (180° - 160°) = 10°$

유형연습 **09**

다음 그림에서 점 O는 △ABC의 외심이고 $\angle OBC = 50°$, $\angle OAC = 25°$일 때, $\angle CAB$의 크기를 구하시오.

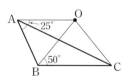

● 삼각형의 외심의 응용(2)

개념 10

(1) 삼각형의 세 내각의 이
등분선은 한 점(내심)에
서 만난다.

(2) 삼각형의 내심에서 세
변에 이르는 거리는 모
두 같다.

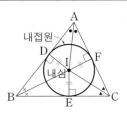

[참고] 모든 삼각형의 내심은 삼각형의 내부에 있다.

● 삼각형의 내심의 뜻과 성질(1)

확인문제

37 원 I가 △ABC의 세 변에 모두 접할 때, 원 I는
△ABC에 ☐☐한다고 한다. 또 원 I를 △ABC의
☐☐☐이라 한다. ☐ 안에 알맞은 것을 써넣으시오.

[38~40] 오른쪽 그림에서 점 I
가 △ABC의 내심일 때, 옳은
것에는 ○표, 옳지 <u>않은</u> 것에는
×표를 하시오.

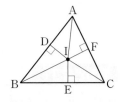

38 $\overline{\text{IA}} = \overline{\text{IC}}$이다. ( )

39 $\overline{\text{AD}} = \overline{\text{DB}}$이다. ( )

40 △BID≡△BIE이다. ( )

41 오른쪽 그림에서 점 I가
△ABC의 내심일 때, $x+y$
의 값을 구하시오.

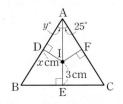

예제 10

다음 그림에서 점 I가 △ABC의 내심일 때, ∠x의 크기
를 구하시오.

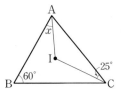

풀이 전략

$\overline{\text{IA}}$, $\overline{\text{IC}}$는 각각 ∠A, ∠C의 이등분선이다.

풀이

삼각형의 내심은 세 내각의 이등분선의 교점이므로

∠CAI=∠BAI=∠x

∠ICB=∠ICA=25°

△ABC의 세 내각의 크기의 합은 180°이므로

$2\angle x + 25° + 25° + 60° = 180°$

$2\angle x = 70°$

따라서 ∠x=35°

유형연습 10

다음 그림에서 점 I는 △ABC의 내심이고,
$\overline{\text{AC}} = \overline{\text{BC}}$, ∠IAC=32°이다. ∠$x$의 크기를 구하시오.

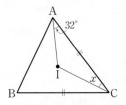

유형 11 삼각형의 내심의 응용 (1)

개념 11

점 I가 △ABC의 내심일 때

(1) $\angle x + \angle y + \angle z = 90°$

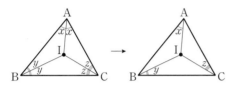

(2) $\angle BIC = 90° + \dfrac{1}{2}\angle A$

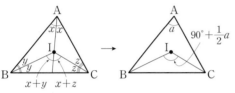

● 삼각형의 내심의 뜻과 성질(2)

확인문제

[42~43] 다음 그림에서 점 I가 △ABC의 내심일 때, ☐ 안에 알맞은 수를 써넣으시오.

42

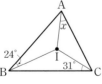

➡ $24° + 31° + \angle x = $ ☐ °

따라서 $\angle x = $ ☐ °

43

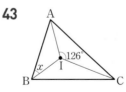

➡ ☐ ° $+ \angle x = 126°$

따라서 $\angle x = $ ☐ °

44 오른쪽 그림에서 점 I가 △ABC의 내심이고, $\angle A = 48°$일 때, $\angle BIC$의 크기를 구하시오.

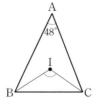

● 삼각형의 내심의 뜻과 성질(2)

예제 11

다음 그림에서 점 I가 △ABC의 내심이고, $\angle A : \angle B : \angle C = 6 : 7 : 5$일 때, $\angle AIB$의 크기를 구하시오.

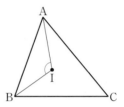

풀이 전략

$\angle AIB = 90° + \dfrac{1}{2}\angle C$

풀이

△ABC의 세 내각의 크기의 합은 180°이므로,

$\angle C = 180° \times \dfrac{5}{6+7+5} = 50°$

따라서

$\angle AIB = 90° + \dfrac{1}{2}\angle C = 90° + \dfrac{1}{2} \times 50° = 115°$

유형연습 11

다음 그림에서 점 I는 △ABC의 내심이고, 점 I′은 △IBC의 내심이다. $\angle ABI = 38°$이고, $\angle ACI = 26°$일 때, $\angle BI'C$의 크기를 구하시오.

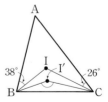

● 삼각형의 내심의 응용(2)

개념 12

점 I가 $\triangle ABC$의 내심일 때

(1) ($\triangle ABC$의 넓이)

$$= \frac{1}{2}r(\overline{AB}+\overline{BC}+\overline{CA})$$

$$= \frac{1}{2}r \times (삼각형의$$

둘레의 길이)

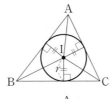

(2) $\overline{AD}=\overline{AF}$,
$\overline{BD}=\overline{BE}$,
$\overline{CE}=\overline{CF}$

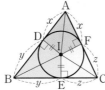

(3) 삼각형의 내심에서 평행선이 나오면 무조건 동위
각과 엇각의 크기가 같음을 이용한다.

● **삼각형의 내심의**
응용(3)

● **삼각형의 내접원과**
접선의 길이

● **삼각형의 내심과 평행선**

확인문제

45 오른쪽 그림에서 점 I는
$\triangle ABC$의 내심이다.
$\triangle ABC$의 넓이가 16 cm²
일 때, 내접원의 반지름의
길이를 구하시오.

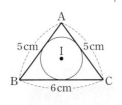

46 오른쪽 그림에서 점 I는
$\triangle ABC$의 내심이고,
$\overline{AB}=11$ cm, $\overline{BC}=10$ cm,
$\overline{CA}=9$ cm일 때, $\overline{CE}$의 길이
를 구하시오.

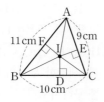

● **삼각형의 내접원과 접선의 길이**

예제 12

다음 그림과 같이 $\triangle ABC$의 내심 I를 지나고 변 BC에
평행한 직선이 $\overline{AB}$, $\overline{AC}$와 만나는 점을 각각 D, E라 하
자. $\overline{DB}=3$ cm, $\overline{EC}=4$ cm일 때, $\overline{DE}$의 길이를 구하
시오.

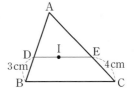

풀이 전략

보조선 $\overline{BI}$와 $\overline{CI}$를 그린다.

풀이

보조선 $\overline{BI}$를 그리면
$\triangle DBI$에서
$\angle DBI = \angle IBC = \angle DIB$(엇각)
이므로 $\overline{DI}=\overline{DB}=3$(cm)
보조선 $\overline{CI}$를 그리면
$\triangle EIC$에서
$\angle ECI = \angle ICB = \angle EIC$(엇각)이므로
$\overline{EI}=\overline{EC}=4$(cm)
따라서 $\overline{DE}=\overline{DI}+\overline{EI}=3+4=7$(cm)

● **삼각형의 내심과 평행선(서술형)**

유형연습 12

오른쪽 그림에서 점 I는
$\triangle ABC$의 내심이다.
$\overline{AB}=7$ cm, $\overline{AC}=6$ cm이고,
점 I를 지나 $\overline{BC}$와 평행한 직선
이 $\overline{AB}$, $\overline{AC}$와 만나는 점을 각각
D, E라 할 때, $\triangle ADE$의 둘레의
길이를 구하시오.

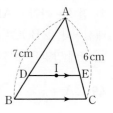

유형 13 삼각형의 외심과 내심

개념 13

외심(O)	내심(I)
세 변의 수직이등분선의 교점	세 내각의 이등분선의 교점
외심에서 세 꼭짓점에 이르는 거리가 모두 같음	내심에서 세 변에 이르는 거리가 모두 같음
 $\angle x + \angle y + \angle z = 90°$	$\angle x + \angle y + \angle z = 90°$
$2a$	$90° + \frac{1}{2}a$

확인문제

[47~48] 다음 중 옳은 것에는 ○표, 옳지 않은 것에는 ×표를 하시오.

47 이등변삼각형의 외심과 내심은 꼭지각의 이등분선 위에 있다. ( )

48 정삼각형의 외심과 내심은 일치한다. ( )

[49~50] 오른쪽 그림에서 점 O와 점 I는 각각 △ABC의 외심과 내심이다. ∠BOC=88°일 때, □ 안에 알맞은 수를 써넣으시오.

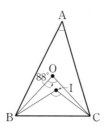

49 $\angle A = \frac{1}{2} \times \boxed{}° = \boxed{}°$

50 $\angle BIC = 90° + \frac{1}{2} \times \boxed{}° = \boxed{}°$

예제 13

오른쪽 그림과 같이 $\overline{AB} = \overline{AC}$인 이등변삼각형 ABC에서 점 O와 점 I는 각각 외심과 내심이다. ∠A=52°일 때, ∠OBI의 크기를 구하시오.

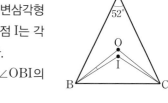

풀이 전략

이등변삼각형의 외심과 내심은 꼭지각의 이등분선 위에 있다.

풀이

보조선 $\overline{OA}$를 그리면 △OAB≡△OAC(SSS 합동)이므로
∠OAB=∠OAC=26°
△OAB는 이등변삼각형이므로
∠OBA=∠OAB=26°
△ABC는 이등변삼각형이므로
$\angle B = \frac{1}{2} \times (180° - 52°) = 64°$
∠OBC=∠B-∠OBA=64°-26°=38°
$\angle IBC = \frac{1}{2}\angle B = \frac{1}{2} \times 64° = 32°$
따라서 ∠OBI=∠OBC-∠IBC=38°-32°=6°

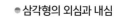 삼각형의 외심과 내심

유형연습 13

오른쪽 그림에서 점 O와 점 I는 각각 △ABC의 외심과 내심이다. $\overline{AB}=17$ cm, $\overline{BC}=15$ cm, $\overline{CA}=8$ cm일 때, 색칠한 부분의 둘레의 길이를 구하시오.

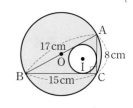

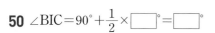 직각삼각형의 외접원과 내접원

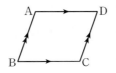

개념 14

(1) **평행사변형**: 두 쌍의 대변이 각각 평행한 사각형

[참고] 평행사변형에서 이웃하는 두 내각의 크기의 합은 180°이다.

(2) **평행사변형의 성질〈변〉**

두 쌍의 대변의 길이가 각각 같다.

➡ $\overline{AB}=\overline{DC}$, $\overline{AD}=\overline{BC}$

● 평행사변형의 성질 설명(1)

확인문제

[51~52] 다음 그림과 같은 평행사변형 ABCD에 대하여 □ 안에 알맞은 수 또는 식을 써넣으시오.

51

➡ $52°+\angle x=$ □ °

따라서 $\angle x=$ □ °

52

➡ $2x+1=$ □ 이므로

$x=$ □

□ $=y+3$ 이므로

$y=$ □

53 오른쪽 그림과 같은 평행사변형 ABCD의 둘레의 길이를 구하시오.

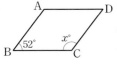

예제 14

다음 그림의 평행사변형 ABCD에서 ∠B의 이등분선이 $\overline{AD}$와 만나는 점을 E라 하자. $\overline{AB}=5$ cm, $\overline{DE}=1$ cm일 때, 사각형 ABCD의 둘레의 길이를 구하시오.

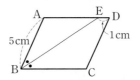

풀이 전략

평행사변형의 두 쌍의 대변의 길이는 각각 같다.

풀이

$\overline{AE} /\!/ \overline{BC}$이므로 $\angle AEB=\angle CBE$(엇각)

△ABE에서 $\angle ABE=\angle AEB$이므로

$\overline{AE}=\overline{AB}=5$(cm)

즉, $\overline{AD}=\overline{BC}=6$(cm), $\overline{AB}=\overline{CD}=5$(cm)

따라서 사각형 ABCD의 둘레의 길이는

$2\times(5+6)=22$(cm)

● 평행사변형의 성질 설명(3)(서술형)(2)

유형연습 14

다음 그림과 같이 평행사변형 ABCD의 두 꼭짓점 A, C에서 대각선 BD에 내린 수선의 발을 각각 E, F라 하자. $\overline{AE}=3$ cm일 때, $\overline{CF}$의 길이를 구하시오.

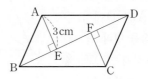

● 평행사변형의 성질 설명(1)(서술형)

4

도형의 성질

개념 15

(3) **평행사변형의 성질〈각〉:** 두 쌍의 대각의 크기가 각각 같다.

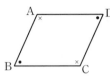

$$\angle A = \angle C, \ \angle B = \angle D$$

(4) **평행사변형의 성질〈대각선〉:** 두 대각선은 서로 다른 것을 이등분한다.

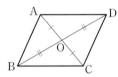

$$\overline{OA} = \overline{OC}, \ \overline{OB} = \overline{OD}$$

● 평행사변형의 성질 설명(2)

● 평행사변형의 성질 설명(3)

확인문제

54 오른쪽 그림과 같은 평행사변형 ABCD에서 x, y, z의 값을 구하시오.

[55~56] 오른쪽 그림과 같은 평행사변형 ABCD에서 두 대각선의 교점을 O라 할 때, 다음 중 옳은 것에는 ○표, 옳지 <u>않은</u> 것에는 ×표를 하시오.

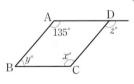

55 △OAB≡△OAD이다. ( )

56 △OAB≡△OCD이다. ( )

예제 15

다음 그림과 같은 평행사변형 ABCD에서 $\overline{BE} = \overline{CD}$이고, $\angle D = 70°$일 때, $\angle EAD$의 크기를 구하시오.

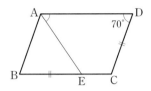

풀이 전략

평행사변형의 대각의 크기는 서로 같다.

풀이

평행사변형의 대변의 길이는 서로 같으므로
$\overline{BE} = \overline{CD} = \overline{AB}$

평행사변형의 대각의 크기는 서로 같으므로
$\angle B = \angle D = 70°$

△BEA가 이등변삼각형이므로
$\angle BEA = \angle BAE = \dfrac{1}{2} \times (180° - 70°) = 55°$

따라서 $\angle EAD = \angle BEA = 55°$ (엇각)

● 평행사변형의 성질의 응용(서술형)

유형연습 15

다음 그림과 같은 평행사변형 ABCD에서 두 대각선의 교점이 O이고 $\overline{AD} = 2$ cm, $\overline{AC} + \overline{BD} = 8$ cm일 때, △OBC의 둘레의 길이를 구하시오.

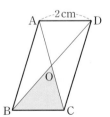

개념 16

(1) 두 쌍의 대변이 각각 평행하다.

(2) 두 쌍의 대변의 길이가 각각 같다.

(3) 두 쌍의 대각의 크기가 각각 같다.

(4) 두 대각선이 서로 다른 것을 이등분한다.

(5) 한 쌍의 대변이 평행하고 그 길이가 같다.

[주의] 한 쌍의 대변이 평행하고 평행한 그 대변의 길이가 같은지 반드시 확인하자.

● 평행사변형이 되기 위한 조건

확인문제

[57~61] 아래 그림과 같은 □ABCD가 다음 조건을 만족할 때, 평행사변형이 되면 ○표, 평행사변형이 되지 않으면 ×표를 하시오. (단, 점 O는 두 대각선의 교점이다.)

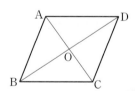

57 $\overline{AB}=\overline{DC}=8$ cm, $\overline{AD}=\overline{BC}=7$ cm ( )

58 $\angle C=135°$, $\angle D=45°$ ( )

59 $\overline{OA}=\overline{OB}=5$ cm, $\overline{OC}=\overline{OD}=4$ cm ( )

60 $\overline{AB}/\!/\overline{DC}$, $\overline{AD}=\overline{BC}=6$ cm ( )

61 $\angle BAC=\angle ACD=30°$, $\overline{AB}=\overline{DC}=3$ cm ( )

예제 16

다음 그림에서 □AECF가 평행사변형이 되는 조건을 설명하시오.

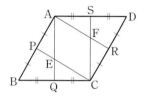

풀이 전략

두 쌍의 대변이 각각 평행한 사각형은 평행사변형이다.

풀이

□ABCD가 평행사변형이므로 $\overline{AS}/\!/\overline{QC}$, $\overline{AS}=\overline{QC}$
한 쌍의 대변이 평행하고 그 길이가 같으므로 □AQCS는 평행사변형이다.

즉, $\overline{AQ}/\!/\overline{SC}$, $\overline{AE}/\!/\overline{FC}$ ...... ㉠

마찬가지로 $\overline{AP}/\!/\overline{RC}$, $\overline{AP}=\overline{RC}$이므로 □APCR는 평행사변형이다. 즉, $\overline{AR}/\!/\overline{PC}$, $\overline{AF}/\!/\overline{EC}$ ...... ㉡

㉠, ㉡에 의하여 □AECF는 두 쌍의 대변이 각각 평행하므로 평행사변형이다.

● 새로운 평행사변형 찾기(3)

유형연습 16

다음 그림과 같이 평행사변형 ABCD의 두 꼭짓점 B, D에서 대각선 AC에 내린 수선의 발을 각각 E, F라 하자. $\angle EBF=40°$, $\overline{BE}=6$ cm일 때, x, y의 값을 각각 구하시오.

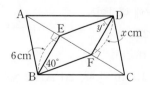

● 새로운 평행사변형 찾기(1)(서술형)

유형 **17** 평행사변형에서 넓이의 활용

개념 17

(1) 평행사변형의 두 대각선
의 교점을 O라 할 때
$\triangle OAB = \triangle OBC$
$\quad = \triangle OCD$
$\quad = \triangle ODA$
$\quad = \dfrac{1}{4}\square ABCD$

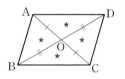

(2) 평행사변형 내부의 임
의의 한 점 P에 대하여
$\triangle PAB + \triangle PCD$
$= \triangle PAD + \triangle PBC$
$= \dfrac{1}{2}\square ABCD$

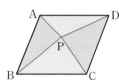

● 평행사변형에서 넓이의 활용

확인문제

[62~63] 다음 중 옳은 것에는 ○표, 옳지 <u>않은</u> 것에는
×표를 하시오.

62 평행사변형의 넓이는 한 대각선에 의해 이등분된다.
( )

63 평행사변형의 넓이는 두 대각선에 의해 사등분된다.
( )

64 오른쪽 그림과 같은
평행사변형 ABCD의 내부
의 한 점 P에 대하여
$\triangle PBC = 23 \text{ cm}^2$,
$\triangle PCD = 19 \text{ cm}^2$,
$\triangle PDA = 13 \text{ cm}^2$일 때, $\triangle PAB$의 넓이를 구하시오.

● 평행사변형에서 넓이의 활용

예제 17

오른쪽 그림과 같은 평행사변
형 ABCD에서 색칠한 두 삼
각형의 넓이의 합이 30 cm^2
일 때, 사각형 ABCD의 넓이
를 구하시오. (단, 점 O는 두 대각선의 교점이다.)

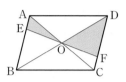

풀이 전략

평행사변형의 넓이는 두 대각선에 의해 사등분된다.

풀이

① 〈A〉 ∠AOE = ∠COF (맞꼭지각)
② 〈S〉 $\overline{AO} = \overline{CO}$ (평행사변형의 대각선의 성질)
③ 〈A〉 ∠EAO = ∠FCO (엇각)
이므로 $\triangle OAE \equiv \triangle OCF$ (ASA합동)
즉, (색칠한 부분의 넓이) $= \triangle OAE + \triangle OFD$
$\qquad\qquad\qquad\qquad = \triangle OCF + \triangle OFD$
$\qquad\qquad\qquad\qquad = \triangle OCD = 30 (\text{cm}^2)$
따라서 사각형 ABCD의 넓이는
$4\triangle OCD = 4 \times 30 = 120 (\text{cm}^2)$

● 평행사변형에서 넓이의 활용(서술형)(1)

유형연습 17

다음 그림에서 점 O는 평행사변형 ABCD의 두 대각선
의 교점이고, 점 C는 평행사변형 BEFD의 두 대각선의
교점이다. $\overline{AD} = 8 \text{ cm}$, $\overline{BH} = 6 \text{ cm}$일 때, 평행사변형
BEFD의 넓이를 구하시오. (단, 점 H는 점 B에서 $\overline{AD}$
의 연장선에 내린 수선의 발이다.)

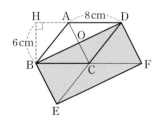

개념 **18**

(1) **직사각형**: 네 내각의 크기가 같은 사각형

(2) **직사각형의 성질**: 직사각형의 두 대각선은 길이가 같고, 서로 다른 것을 이등분한다.

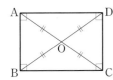

$\angle A = \angle B = \angle C = \angle D = 90°$
$\overline{AC} = \overline{BD}$
$\overline{OA} = \overline{OB} = \overline{OC} = \overline{OD}$

[참고] 직사각형은 두 쌍의 대각의 크기가 각각 같으므로 평행사변형의 모든 성질을 만족한다.

● 직사각형의 뜻과 성질

확인문제

[65~66] 다음 중 옳은 것에는 ○표, 옳지 <u>않은</u> 것에는 ×표를 하시오.

65 직사각형의 두 쌍의 대변의 길이는 각각 같다.
(   )

66 직사각형의 두 대각선은 서로 수직이다. (   )

[67~68] 다음 그림과 같은 직사각형 ABCD에 대하여 □ 안에 알맞은 수를 써넣으시오. (단, 점 O는 두 대각선의 교점이다.)

67
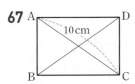

➡ $\overline{BD} = \boxed{}$ cm

68
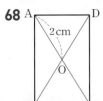
➡ $\overline{BO} = \boxed{}$ cm
$\overline{BD} = \boxed{}\ \overline{BO} = \boxed{}$ cm

예제 **18**

다음 그림과 같은 직사각형 ABCD에서 $\angle BOC = 140°$ 일 때, $\angle x + \angle y$의 크기를 구하시오. (단, 점 O는 두 대각선의 교점이다.)

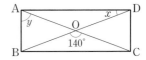

풀이 전략

직사각형의 두 대각선은 길이가 같고, 서로 다른 것을 이등분한다.

풀이

직사각형의 두 대각선은 길이가 같고, 서로 다른 것을 이등분하므로
$\overline{OA} = \overline{OB} = \overline{OC} = \overline{OD}$
△OAD에서 $\overline{OA} = \overline{OD}$이므로
$\angle OAD = \angle ODA = \angle x$
따라서
$\angle x + \angle y = \angle OAD + \angle OAB$
$= \angle A = 90°$

● 직사각형의 뜻과 성질

유형연습 **18**

다음 그림과 같은 직사각형 ABCD에서 점 O는 두 대각선의 교점이고 $\angle BOC = 110°$이다. $\angle x - \angle y$의 크기를 구하시오.

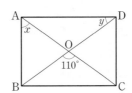

4
도형의 성질

유형 **19** 평행사변형이 직사각형이 되는 조건

개념 19

평행사변형이 직사각형이 되는 조건

(1) 한 내각이 직각인 평행사변형은 직사각형이다.

(2) 두 대각선의 길이가 같은 평행사변형은 직사각형
이다.

● 평행사변형이 직사각형이 되는 조건

확인문제

[69~73] 아래 그림과 같은 평행사변형 ABCD가 다음
조건을 만족할 때, 직사각형이 되면 ○표, 직사각형이
되지 않으면 ×표를 하시오. (단, 점 O는 두 대각선의
교점이다.)

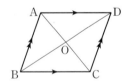

69 $\angle A = \angle C$ ( )

70 $\overline{AC} = \overline{BD}$ ( )

71 $\overline{AO} = \overline{DO}$ ( )

72 $\angle B = 90°$ ( )

73 $\overline{AO} \perp \overline{BD}$ ( )

● 평행사변형이 직사각형이 되는 조건

예제 19

다음 그림과 같은 평행사변형 ABCD에서
$\angle BAC = \angle BDC$이면 □ABCD는 어떤 사각형이 되
는지 말하시오. (단, 점 O는 두 대각선의 교점이다.)

풀이 전략

두 대각선의 길이가 같은 평행사변형은 직사각형이다.

풀이

$\overline{AB} /\!/ \overline{DC}$이므로

$\angle ABO = \angle BDC = \angle BAC$ (엇각)

그러므로 $\overline{AO} = \overline{BO}$

평행사변형의 두 대각선은 서로 다른 것을 이등분하므로

$\overline{AC} = 2\overline{AO} = 2\overline{BO} = \overline{BD}$

따라서 □ABCD는 두 대각선의 길이가 같은 평행사변형이
므로 직사각형이다.

유형연습 19

다음 그림과 같은 평행사변형 ABCD에서
$\angle BAC = 63°$일 때, □ABCD가 직사각형이 되기 위한
x의 값을 구하시오.

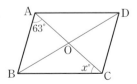

개념 **20**

(1) **마름모**: 네 변의 길이가 같은 사각형

(2) **마름모의 성질**: 마름모의 두 대각선은 서로 다른 것을 수직이등분한다.

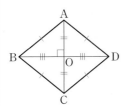

$\overline{AB}=\overline{BC}=\overline{CD}=\overline{DA}$

$\overline{AC}\perp\overline{BD}$

$\overline{OA}=\overline{OC}, \overline{OB}=\overline{OD}$

[참고] 마름모는 두 쌍의 대변의 길이가 각각 같으므로 평행 사변형의 모든 성질을 만족한다.

● 마름모의 뜻과 성질

확인문제

[74~75] 오른쪽 그림과 같은 □ABCD가 마름모일 때, 다음 중 옳은 것에는 ○표, 옳지 않은 것에는 ×표를 하시오.

74 $\overline{AB}/\!/\overline{DC}$, $\overline{BC}/\!/\overline{AD}$이다.   (   )

75 $\overline{AC}$는 ∠A의 이등분선이다.   (   )

76 오른쪽 그림과 같은 마름모 ABCD에서 x, y의 값을 각각 구하시오. (단, 점 O는 두 대각 선의 교점이다.)

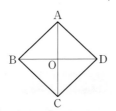

예제 **20**

다음 그림과 같은 마름모 ABCD에서 ∠CBD=30°일 때, ∠x+∠y의 크기를 구하시오.

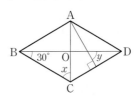

풀이전략

마름모의 두 대각선은 서로 수직이다.

풀이

마름모의 두 대각선은 서로 수직이므로

∠x=180°−(30°+90°)=60°

$\overline{BC}=\overline{CD}$이므로

∠CDB=∠CBD=30°

∠y=180°−(30°+90°)=60°

따라서

∠x+∠y=60°+60°=120°

● 마름모의 뜻과 성질

유형연습 **20**

다음 그림과 같이 마름모 ABCD의 꼭짓점 A에서 $\overline{BC}$ 에 내린 수선의 발을 E라 하자. ∠CAE=40°일 때, ∠D의 크기를 구하시오.

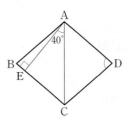

● 마름모의 뜻과 성질(서술형)

4 도형의 성질

개념 **21**

평행사변형이 마름모가 되는 조건

(1) 이웃하는 두 변의 길이가 같은 평행사변형은 마름모이다.

(2) 두 대각선이 서로 수직인 평행사변형은 마름모이다.

● 평행사변형이 마름모가 되는 조건

확인문제

[77~81] 아래 그림과 같은 평행사변형 ABCD가 다음 조건을 만족할 때, 마름모가 되면 ○표, 마름모가 되지 않으면 ×표를 하시오. (단, 점 O는 두 대각선의 교점이다.)

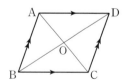

77 $\overline{AB} = \overline{AD}$　　　　　　　(　　)

78 $\overline{AO} = \overline{DO}$　　　　　　　(　　)

79 $\angle AOB = 90°$　　　　　　(　　)

80 $\angle BAO = \angle DAO$　　　　　(　　)

81 $\angle CBO = \angle CDO$　　　　　(　　)

● 평행사변형이 마름모가 되는 조건

예제 **21**

다음 그림과 같은 평행사변형 ABCD에서 ∠B의 이등분선과 $\overline{AD}$의 교점을 E, 점 E를 지나고 $\overline{DC}$와 평행한 직선과 $\overline{BC}$의 교점을 F라 할 때, □ABFE는 어떤 사각형이 되는지 말하시오.

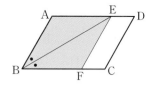

풀이 전략

이웃하는 두 변의 길이가 같은 평행사변형은 마름모이다.

풀이

□ABFE는 $\overline{AE} /\!/ \overline{BF}$, $\overline{AB} /\!/ \overline{EF}$이므로 평행사변형이다.

△ABE에서 ∠AEB=∠FBE=∠ABE(엇각)이므로
$\overline{AB} = \overline{AE}$

따라서 □ABFE는 이웃하는 두 변의 길이가 같은 평행사변형이므로 마름모이다.

유형연습 **21**

다음 그림과 같은 직사각형 ABCD에서 대각선 $\overline{BD}$의 수직이등분선이 $\overline{AD}$, $\overline{BC}$와 만나는 점을 각각 E, F라고 하자. $\overline{ED} = 4\,\text{cm}$일 때, □EBFD의 둘레의 길이를 구하시오.

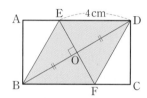

개념 22

(1) **정사각형**: 네 변의 길이가 같고, 네 내각의 크기가 같은 사각형

(2) **정사각형의 성질**: 정사각형의 두 대각선은 길이가 같고 서로 다른 것을 수직이등분한다.

$\overline{AB}=\overline{BC}=\overline{CD}=\overline{DA}$
$\angle A=\angle B=\angle C=\angle D=90°$
$\overline{AC}=\overline{BD}, \overline{AC}\perp\overline{BD}$
$\overline{OA}=\overline{OB}=\overline{OC}=\overline{OD}$

[참고] 정사각형은 직사각형인 동시에 마름모이므로 직사각형 및 마름모의 모든 성질을 만족한다.

● 정사각형의 뜻과 성질

확인문제

[82~83] 다음 중 옳은 것에는 ○표, 옳지 <u>않은</u> 것에는 ×표를 하시오.

82 네 변의 길이가 같은 사각형은 정사각형이다.
( )

83 정사각형에서 두 대각선에 의해 나누어진 4개의 삼각형은 모두 합동이다. ( )

84 오른쪽 그림과 같은 정사각형 ABCD에서 x, y, z의 값을 각각 구하시오. (단, 점 O는 두 대각선의 교점이다.)

85 오른쪽 그림과 같이 반지름의 길이가 4 cm인 원 O 위의 한 점 B를 꼭짓점으로 하는 정사각형 OABC를 만들었다.
□OABC의 넓이를 구하시오.

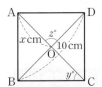
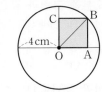

예제 22

다음 그림의 정사각형 ABCD에서 $\overline{AE}=\overline{DF}$인 점 E, F를 잡고, $\overline{AE}$와 $\overline{DF}$의 교점을 G라 하자.
$\angle CDF=65°$일 때, $\angle DGE$의 크기를 구하시오.

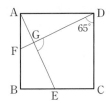

풀이 전략

정사각형의 네 변의 길이와 네 내각의 크기는 모두 같다.

풀이

① 〈R〉 $\angle DAF=\angle ABE=90°$
② 〈H〉 $\overline{DF}=\overline{AE}$
③ 〈S〉 $\overline{DA}=\overline{AB}$
이므로 $\triangle DAF\equiv\triangle ABE$(RHS 합동)
즉, $\angle BAE=\angle ADF=90°-65°=25°$
$\angle GAD=90°-\angle BAE=90°-25°=65°$
따라서
$\angle DGE=\angle ADG+\angle GAD=25°+65°=90°$

● 정사각형의 뜻과 성질(서술형)(2)

유형연습 22

오른쪽 그림의 정사각형 ABCD에서 $\overline{BE}=\overline{CF}$인 점 E, F를 잡고, $\overline{AE}$와 $\overline{BF}$의 교점을 P라 하자.
$\angle DFP=130°$일 때, $\angle BAE$의 크기를 구하시오.

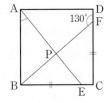

● 정사각형의 뜻과 성질(서술형)(3)

유형 **23** 정사각형이 되는 조건

개념 **23**

(1) **직사각형이 정사각형이 되는 조건**
  ① 이웃하는 두 변의 길이가 같은 직사각형은 정사각형이다.
  ② 두 대각선이 서로 수직인 직사각형은 정사각형이다.

(2) **마름모가 정사각형이 되는 조건**
  ① 한 내각의 크기가 직각인 마름모는 정사각형이다.
  ② 두 대각선의 길이가 같은 마름모는 정사각형이다.

● 정사각형이 되는 조건

확인문제

86 오른쪽 그림과 같은 마름모 ABCD의 두 대각선의 교점을 O라 할 때, 다음 **보기** 중 □ABCD가 정사각형이 되기 위한 조건으로 옳은 것을 모두 고르시오.

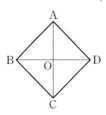

| 보기 |
ㄱ. $\overline{AC} \perp \overline{BD}$　　ㄴ. $\overline{AB} = \overline{BC}$　　ㄷ. $\overline{AO} = \overline{BO}$
ㄹ. $\overline{AO} = \overline{CO}$　　ㅁ. $\angle OAB = \angle OBA$

● 정사각형이 되는 조건

87 오른쪽 그림과 같은 직사각형 ABCD의 두 대각선의 교점을 O라 할 때, 다음 **보기** 중 □ABCD가 정사각형이 되기 위한 조건으로 옳은 것을 모두 고르시오.

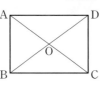

| 보기 |
ㄱ. $\overline{AC} = \overline{BD}$　　ㄴ. $\angle BOC = 90°$　　ㄷ. $\overline{CO} = \overline{DO}$
ㄹ. $\overline{BC} = \overline{CD}$　　ㅁ. $\angle OCD = \angle ODC$

예제 **23**

오른쪽 그림과 같은 정사각형 ABCD에서 $\overline{AE} = \overline{BF} = \overline{CG} = \overline{DH}$가 되도록 각 변 위에 점 E, F, G, H를 잡았다. 이때 □EFGH는 어떤 사각형이 되는지 말하시오.

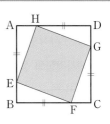

풀이 전략

네 변의 길이가 같고, 네 내각의 크기가 같은 사각형은 정사각형이다.

풀이

① ⟨S⟩ $\overline{AE} = \overline{BF} = \overline{CG} = \overline{DH}$
② ⟨A⟩ $\angle A = \angle B = \angle C = \angle D = 90°$
③ ⟨S⟩ $\overline{AD} - \overline{DH} = \overline{AB} - \overline{AE} = \overline{BC} - \overline{BF}$
$= \overline{CD} - \overline{CG}$
$= \overline{AH} = \overline{BE} = \overline{CF} = \overline{DG}$

이므로 △AEH≡△BFE≡△CGF≡△DHG(SAS 합동)
즉, $\overline{EH} = \overline{FE} = \overline{GF} = \overline{HG}$

$\angle AEH + \angle BEF = \angle BFE + \angle CFG$
$= \angle CGF + \angle DGH$
$= \angle DHG + \angle AHE = 90°$

이므로 $\angle GHE = \angle HEF = \angle EFG = \angle FGH = 90°$
따라서 □EFGH는 네 변의 길이가 같고, 네 내각의 크기가 같으므로 정사각형이다.

유형연습 **23**

오른쪽 그림과 같은 평행사변형 ABCD에서 두 대각선의 교점을 O라 할 때,
$\angle OAB = \angle OBA = \angle ODA$
이면 □ABCD는 어떤 사각형이 되는지 말하시오.

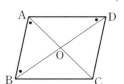

개념 **24**

(1) **등변사다리꼴**: 밑변의 양 끝 각의 크기가 같은 사다리꼴

(2) **등변사다리꼴의 성질**

① 평행하지 않은 한 쌍의 대변의 길이가 같다.

② 두 대각선의 길이가 같다.

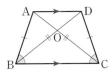

$\overline{AD}\,/\!/\,\overline{BC}$, $\angle B = \angle C$
$\overline{AC} = \overline{BD}$
$\overline{AB} = \overline{DC}$

⊙ 등변사다리꼴의 뜻과 성질

확인문제

[88~89] 오른쪽 그림과 같은 □ABCD가 등변사다리꼴일 때, 다음 중 옳은 것에는 ○표, 옳지 **않은** 것에는 ×표를 하시오.

88 $\angle A + \angle B = 180°$이다. ( )

89 $\angle A = \angle D$이다. ( )

[90~91] 다음 그림과 같이 □ABCD가 $\overline{AD}\,/\!/\,\overline{BC}$인 등변사다리꼴일 때, □ 안에 알맞은 수를 써넣으시오.

90

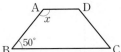

➡ $\overline{AD}\,/\!/\,\overline{BC}$이므로
$50° + \angle x = \boxed{}°$
따라서 $\angle x = \boxed{}°$

91

➡ $3 + x = \boxed{}$
따라서 $x = \boxed{}$

예제 **24**

다음 그림과 같이 $\overline{AD}\,/\!/\,\overline{BC}$인 등변사다리꼴 ABCD에서 $\overline{AB} = 10\ cm$, $\overline{AD} = 8\ cm$, $\angle A = 120°$일 때, $\overline{BC}$의 길이를 구하시오.

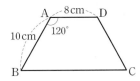

풀이 전략

등변사다리꼴의 평행하지 않은 한 쌍의 대변의 길이는 같다.

풀이

점 D를 지나면서 $\overline{AB}$에 평행한 직선이 $\overline{BC}$와 만나는 점을 E라 하자.

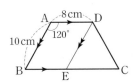

□ABED는 평행사변형이므로 $\overline{BE} = \overline{AD} = 8(cm)$

등변사다리꼴의 평행하지 않은 한 쌍의 대변의 길이는 같으므로 $\overline{DC} = \overline{AB} = 10(cm)$

등변사다리꼴의 밑변의 양 끝 각의 크기는 같으므로
$\angle ABE = \angle DCE = \angle DEC = 180° - 120° = 60°$
$\angle EDC = 180° - (60° + 60°) = 60°$이므로
△DEC는 정삼각형이다. 즉, $\overline{EC} = \overline{DC} = 10(cm)$
따라서 $\overline{BC} = \overline{BE} + \overline{EC} = 8 + 10 = 18(cm)$

⊙ 등변사다리꼴의 뜻과 성질

유형연습 24

오른쪽 그림은 $\overline{AD}\,/\!/\,\overline{BC}$인 등변사다리꼴 ABCD에서 $\overline{AE} = \overline{BE}$가 되도록 $\overline{BC}$ 위의 점 E를 잡은 것이다.
$\angle AEC = 140°$일 때, $\angle D$의 크기를 구하시오.

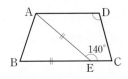

⊙ 등변사다리꼴의 뜻과 성질(서술형)

4
도형의 성질

유형 25 여러 가지 사각형 사이의 관계

개념 25

여러 가지 사각형 사이의 관계

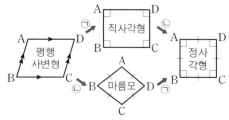

㉠ 한 내각이 직각이거나 두 대각선의 길이가 같다.
(직사각형의 성질)
㉡ 이웃하는 두 변의 길이가 같거나 두 대각선이 직교한다.
(마름모의 성질)

● 여러 가지 사각형 사이의 관계

확인문제

[92~93] 다음 중 옳은 것에는 ○표, 옳지 <u>않은</u> 것에는
×표를 하시오.

92 □ABCD가 $\overline{AB}=\overline{BC}=\overline{CD}=\overline{DA}$이고,
∠ABC=90°이면, $\overline{AC}=\overline{BD}$이다. (　　)

93 □ABCD가 $\overline{AD}/\!/\overline{BC}$, $\overline{AD}=\overline{BC}$이고,
∠B=∠C이면, $\overline{AC}\perp\overline{BD}$이다. (　　)

[94~96] 보기에서 다음을 구하시오.

┌─┤보기├─
ㄱ. 사다리꼴　　ㄴ. 등변사다리꼴　　ㄷ. 평행사변형
ㄹ. 직사각형　　ㅁ. 마름모　　ㅂ. 정사각형

94 두 대각선이 서로 다른 것을 이등분하는 사각형

95 두 대각선의 길이가 서로 같은 사각형

96 두 대각선이 서로 다른 것을 수직이등분하는 사각형

● 여러 가지 사각형의 대각선의 성질

예제 25

다음 중 사각형과 그 사각형의 각 변의 중점을 연결하여
만든 사각형을 바르게 짝지은 것은?
① 평행사변형 – 마름모
② 직사각형 – 마름모
③ 마름모 – 정사각형
④ 정사각형 – 사다리꼴
⑤ 등변사다리꼴 – 직사각형

풀이 전략
여러 가지 사각형의 대각선의 성질을 비교해 본다.

풀이
① 평행사변형 – 평행사변형
③ 마름모 – 직사각형
④ 정사각형 – 정사각형
⑤ 등변사다리꼴 – 마름모
따라서 바르게 짝지은 것은 ②이다.

유형연습 25

다음 그림은 직사각형 ABCD의 네 변의 중점을 이어
사각형 PQRS를 그린 것이다. 점 Q에서 $\overline{RS}$에 내린 수
선의 발을 E라 하고, ∠ASP=40°일 때, ∠PQE의 크
기를 구하시오.

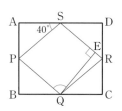

● 사각형의 각 변의 중점을 연결하여 만든 사각형(서술형)(1)

개념 **26**

(1)

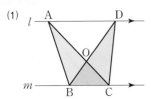

$l /\!\!/ m$이면 △ABC=△DBC

△ABO=△DCO

(2)

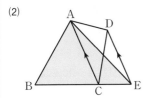

$\overline{AC} /\!\!/ \overline{DE}$이면

□ABCD=△ABC+△ACD

=△ABC+△ACE=△ABE

● 평행선과 삼각형의 넓이

예제 **26**

다음 그림에서 $\overline{AC} /\!\!/ \overline{DE}$이고 ∠B=90°, $\overline{AB}$=7 cm, $\overline{BC}$=8 cm, $\overline{CE}$=6 cm일 때, □ABCD의 넓이를 구하시오.

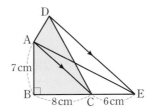

풀이 전략

밑변과 높이가 같은 삼각형들의 넓이는 모두 같다.

풀이

$\overline{AC} /\!\!/ \overline{DE}$이므로 △ACD=△ACE

□ABCD=△ABC+△ACD

=△ABC+△ACE=△ABE

$\triangle ABE = \dfrac{1}{2} \times 14 \times 7 = 49(cm^2)$

● 평행선과 삼각형의 넓이

확인문제

97 오른쪽 그림과 같이 $\overline{AD} /\!\!/ \overline{BC}$인 사다리꼴 ABCD에서 두 대각선 $\overline{AC}$와 $\overline{BD}$의 교점을 O라고 하자. △ABO=4 cm², △BCD=6 cm²일 때, △OBC의 넓이를 구하시오.

[98~99] 오른쪽 그림에서 $\overline{AC} /\!\!/ \overline{DE}$이고 △ABC=△ACE=3 cm², 일 때, 다음을 구하시오.

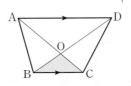

98 △ACD의 넓이

99 □ABCD의 넓이

유형연습 **26**

다음 그림과 같이 $\overline{AD} /\!\!/ \overline{BC}$인 사다리꼴 ABCD에서 점 D를 지나면서 $\overline{AB}$에 평행한 직선과 $\overline{BC}$의 교점을 E, $\overline{BE}$의 중점을 F, 직각삼각형 DEC의 외심을 점 G라 하자. $\overline{AD}$=4 cm, $\overline{CD}$=4 cm일 때, △AFG의 넓이를 구하시오.

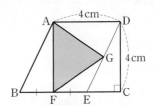

유형 27 높이가 같은 삼각형의 넓이

개념 27

높이가 같은 삼각형의 넓이
$\overline{BD} : \overline{DC} = m : n$이면
△ABD : △ADC=$m : n$

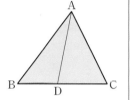

● 높이가 같은 삼각형의 넓이

확인문제

100 오른쪽 그림과 같이 △ABD의 넓이가 14 cm^2이고, $\overline{BC} : \overline{CD} = 3 : 4$일 때, △ABC의 넓이를 구하시오.

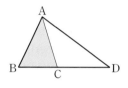

101 오른쪽 그림과 같은 △ABC에서 $\overline{BM} = \overline{CM}$이고 $\overline{AP} : \overline{PM} = 2 : 3$이다. △BMP=$6 \text{ cm}^2$일 때, △ABC의 넓이를 구하시오.

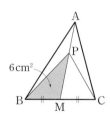

102 오른쪽 그림과 같은 평행사변형 ABCD의 넓이는 24 cm^2이고, $\overline{AE} = \overline{EF} = \overline{FG} = \overline{GC}$일 때, 색칠한 도형의 넓이를 구하시오.

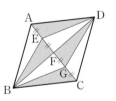

예제 27

오른쪽 그림과 같이 △ABC의 넓이가 100 cm^2이고, $\overline{BD} : \overline{DC} = 2 : 3$, $\overline{AE} : \overline{ED} = 1 : 3$일 때, △EDC의 넓이를 구하시오.

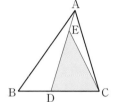

풀이 전략

높이가 같은 두 삼각형의 넓이의 비는 밑변의 길이의 비와 같다.

풀이

△AEC의 넓이를 S라 하면 $\overline{AE} : \overline{ED} = 1 : 3$이므로
△EDC=$3S$, △ADC=$4S$
$\overline{BD} : \overline{DC} = 2 : 3$이므로

$2 : 3 =$ △ABD $: 4S$에서

3△ABD=$8S$, △ABD=$\dfrac{8}{3}S$

△ABC=$\dfrac{8}{3}S + 4S = \dfrac{20}{3}S = 100 (\text{cm}^2)$

$S = 100 \times \dfrac{3}{20} = 15 (\text{cm}^2)$

따라서 △EDC=$3S = 3 \times 15 = 45 (\text{cm}^2)$

● 높이가 같은 삼각형의 넓이

유형연습 27

오른쪽 그림에서 $\overline{AF} : \overline{FD} = 2 : 1$, $\overline{BD} : \overline{DC} = 1 : 3$일 때, △ADC의 넓이는 △BDF의 넓이의 몇 배인지 구하시오.

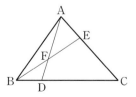

● 높이가 같은 삼각형의 넓이(서술형)

5 도형의 닮음과 피타고라스 정리

유형 01 닮은 도형의 뜻

개념 01

(1) **닮은 도형:** 한 도형을 일정한 비율로 확대하거나 축소한 도형이 다른 도형과 합동일 때, 이 두 도형을 서로 닮은 도형이라고 한다.

(2) **기호:** $\triangle ABC \backsim \triangle DEF$

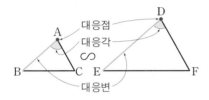

[참고] 두 도형의 닮음을 기호로 나타낼 때는 닮은 두 도형의 꼭짓점을 대응하는 순서대로 쓴다.

확인문제

[01~02] 다음 중 옳은 것에는 ○표, 옳지 않은 것에는 ×표를 하시오.

01 넓이가 같은 두 삼각형은 서로 닮음이다.   (   )

02 서로 합동인 두 도형은 서로 닮음이다.   (   )

[03~05] 아래 그림에서 $\triangle ABC \backsim \triangle DEF$일 때, 다음 □ 안에 알맞은 것을 써넣으시오.

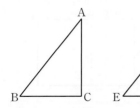

03 점 C의 대응점은 점 □이다.

04 변 AB의 대응변은 변 □□이다.

05 ∠A의 대응각은 ∠□이다.

예제 01

다음 중 항상 닮은 도형인 것을 모두 고르면? (정답2개)

① 두 직각삼각형   ② 두 원

③ 두 정삼각형   ④ 두 마름모

⑤ 두 부채꼴

풀이 전략

한 도형을 일정한 비율로 확대하거나 축소한 도형이 다른 도형과 합동일 때, 이 두 도형을 서로 닮은 도형이라고 한다.

풀이

두 원과 두 정삼각형은 한 도형을 일정한 비율로 확대 또는 축소하면 다른 도형과 완전히 포개어진다.
따라서 항상 닮은 도형인 것은 ②, ③이다.

● 닮은 도형의 뜻

유형연습 01

다음 **보기** 중 항상 닮은 도형인 것을 모두 고르시오.

┌─ | 보기 | ─────────────────
│ ㄱ. 두 직각이등변삼각형   ㄴ. 두 직사각형
│ ㄷ. 두 등변사다리꼴   ㄹ. 두 오각형
│ ㅁ. 중심각의 크기가 같은 두 부채꼴
│ ㅂ. 두 반원   ㅅ. 두 원기둥
│ ㅇ. 두 원뿔   ㅈ. 두 구
│ ㅊ. 두 정육면체
└──────────────────────────

유형 02 평면도형에서 닮음의 성질

개념 02

닮은 두 평면도형에서

(1) 대응하는 각의 크기는 각각 같다.

(2) 대응하는 변의 길이의 비는 일정하다.

* 닮음비: 닮은 두 평면도형에서 대응변의 길이의 비

● 평면도형과 입체도형에서 닮음의 성질

확인문제

[06~08] 아래 그림에서 △ABC∽△DEF일 때, 다음 □ 안에 알맞은 것을 써넣으시오.

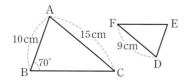

06 △ABC와 △DEF의 닮음비는 15 : □=□ : 3이다.

07 □ : $\overline{DE}$=10 : $\overline{DE}$=□ : 3
따라서 $\overline{DE}$=□ cm

08 ∠E=∠□=□°

09 다음 그림에서 □ABCD∽□EFGH일 때, $x+y$의 값을 구하시오.

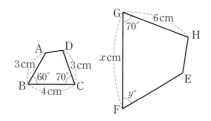

예제 02

다음 그림에서 △ABC∽△DEF이다. 이때 $\overline{DE}$의 길이를 구하시오.

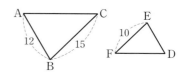

풀이 전략

닮은 두 도형의 대응하는 변의 길이의 비는 일정하다.

풀이

두 도형이 서로 닮음이므로 $\overline{AB}$: $\overline{DE}$=$\overline{BC}$: $\overline{EF}$
12 : $\overline{DE}$=15 : 10=3 : 2, 3$\overline{DE}$=24, $\overline{DE}$=8

● 평면도형과 입체도형에서 닮음의 성질

유형연습 02

다음 그림에서 □ABCD, □EABF는 모두 직사각형이고, □ABCD∽□EABF이다.
$\overline{AB}$=6 cm, $\overline{AE}$=4 cm일 때, $\overline{ED}$의 길이를 구하시오.

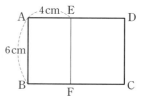

● 평면도형과 입체도형에서 닮음의 성질(서술형)

개념 03

닮은 두 입체도형에서

(1) 대응하는 면은 닮은 도형이다.

(2) 대응하는 모서리의 길이의 비는 일정하다.

* 닮음비: 닮은 두 입체도형에서 대응하는 모서리의 길이의 비

● 평면도형과 입체도형에서 닮음의 성질

확인문제

[10~14] 아래 그림의 두 삼각뿔은 서로 닮은 도형이다. 면 ABC에 대응하는 면이 면 EFG일 때, 다음을 구하시오.

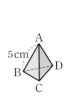
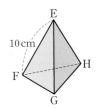

10 $\overline{AC}$에 대응하는 모서리

11 면 FGH에 대응하는 면

12 두 입체도형의 닮음비

13 $\overline{BC} = \dfrac{5}{2}$ cm일 때, $\overline{FG}$의 길이

14 $\overline{EG} = 12$ cm일 때, $\overline{AC}$의 길이

예제 03

다음 두 정육면체는 서로 닮은 도형이고 닮음비는 $5:2$ 이다. $\overline{NO} = 4$ cm일 때, 큰 정육면체의 모든 모서리의 길이의 합을 구하시오.

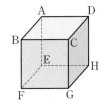

풀이 전략

닮은 두 입체도형에서 대응하는 모서리의 길이의 비는 일정 하다.

풀이

두 정육면체의 닮음비가 $5:2$이므로

$\overline{FG} : 4 = 5 : 2$, $2\overline{FG} = 20$, $\overline{FG} = 10\,(\text{cm})$

정육면체의 12개의 모서리는 그 길이가 모두 같으므로 큰 정 육면체의 모든 모서리의 길이의 합은

$10 \times 12 = 120\,(\text{cm})$

유형연습 03

다음 그림의 두 원뿔이 서로 닮은 도형일 때, 작은 원뿔 의 밑면인 원의 둘레의 길이를 구하시오.

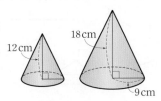

● 평면도형과 입체도형에서 닮음의 성질

유형 **04** 삼각형의 닮음 조건 (1)

개념 **04**

두 삼각형은 다음의 각 경우에 서로 닮은 도형이다.

- 세 쌍의 대응하는 변의 길이의 비가 같을 때
  (SSS 닮음)

  ➡ $a:d=b:e=c:f$

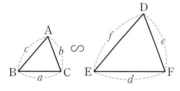

- 두 쌍의 대응하는 변의 길이의 비가 같고, 그 끼인각의 크기가 같을 때(SAS 닮음)

  ➡ $a:d=c:f$, $\angle B=\angle E$

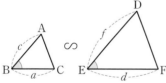

●삼각형의 닮음 조건 (1)

예제 **04**

다음 그림과 같은 △ABC에서 $\overline{BC}$ 위의 한 점 D에 대하여 $\overline{AB}=8$ cm, $\overline{AC}=12$ cm, $\overline{BD}=7$ cm, $\overline{DC}=9$ cm일 때, $\overline{AD}$의 길이를 구하시오.

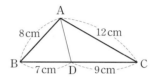

풀이 전략

두 쌍의 대응변의 길이의 비가 같고, 그 끼인각의 크기가 같은 두 삼각형은 서로 닮음이다.

풀이

① ⟨S⟩ $\overline{CD}:\overline{CA}=9:12=3:4$
② ⟨A⟩ ∠C는 공통
③ ⟨S⟩ $\overline{CA}:\overline{CB}=12:16=3:4$
이므로 △CAD∽△CBA(SAS 닮음)
즉, $\overline{AD}:\overline{BA}=\overline{AD}:8=3:4$,
$4\overline{AD}=24$, $\overline{AD}=6$(cm)

●삼각형의 닮음 조건(1)(서술형)(1)

확인문제

[15~16] 다음 그림에서 △ABC와 닮음인 삼각형을 찾아 물음에 답하시오.

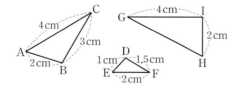

15 기호 ∽를 사용하여 나타내고 닮음 조건을 말하시오.
  ➡ △ABC∽_____(닮음)

16 두 삼각형의 닮음비를 구하시오.

유형연습 **04**

다음 그림과 같은 △ABC에서 $\overline{AB}$ 위의 한 점 D에 대하여 $\overline{AD}=4$ cm, $\overline{DB}=5$ cm, $\overline{AC}=6$ cm, $\overline{BC}=12$ cm일 때, $\overline{DC}$의 길이를 구하시오.

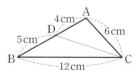

●삼각형의 닮음 조건(1)(서술형)(2)

개념 05

두 삼각형은 다음의 경우에 서로 닮은 도형이다.

두 쌍의 대응각의 크기가 각각 같을 때 (AA 닮음)

➡ ∠B=∠E, ∠C=∠F

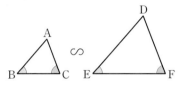

● 삼각형의 닮음 조건 (2)

확인문제

[17~18] 다음 그림에서 △ABC와 닮음인 삼각형을 찾아 물음에 답하시오.

17 기호 ∽를 사용하여 나타내고 닮음 조건을 말하시오.

➡ △ABC∽_____ (닮음)

18 두 삼각형의 닮음비를 구하시오.

[19~21] 다음 그림에서 △ABC와 닮음인 삼각형을 찾아 물음에 답하시오.

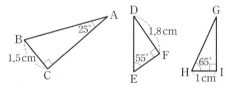

19 기호 ∽를 사용하여 나타내고 닮음 조건을 말하시오.

➡ △ABC∽_____ (닮음)

20 두 삼각형의 닮음비를 구하시오.

21 $\overline{\text{BD}}$의 길이를 구하시오.

예제 05

오른쪽 그림과 같이 ∠A=90°인 직각삼각형 ABC에서 $\overline{\text{BC}}$의 중점을 D라 하고, $\overline{\text{BC}}$의 수직이등분선이 $\overline{\text{AC}}$와 만나는 점을 E라 하자. $\overline{\text{BC}}$=16 cm, $\overline{\text{AC}}$=12 cm일 때, $\overline{\text{AE}}$의 길이를 구하시오.

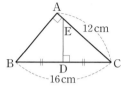

풀이 전략

두 쌍의 대응각의 크기가 각각 같은 두 삼각형은 서로 닮음이다.

풀이

① 〈A〉 ∠CDE=∠CAB=90°

② 〈A〉 ∠C는 공통

이므로 △CED∽△CBA(AA 닮음)

즉, 두 삼각형의 닮음비는

$\overline{\text{CD}}:\overline{\text{CA}}$=8 : 12=2 : 3

$\overline{\text{CE}}:\overline{\text{CB}}$=$\overline{\text{CE}}$: 16=2 : 3, 3$\overline{\text{CE}}$=32,

$\overline{\text{CE}}$=$\dfrac{32}{3}$(cm)

따라서 $\overline{\text{AE}}$=12−$\overline{\text{CE}}$=12−$\dfrac{32}{3}$=$\dfrac{4}{3}$(cm)

● 삼각형의 닮음 조건(2)
(서술형)(2)

유형연습 05

오른쪽 그림과 같이 △ABC의 두 꼭짓점 B, C에서 마주보는 변에 내린 수선의 발을 각각 D, E라 하고, $\overline{\text{BD}}$와 $\overline{\text{CE}}$의 교점을 P라 하자.
$\overline{\text{AB}}$=10 cm, $\overline{\text{AC}}$=8 cm, $\overline{\text{DC}}$=2 cm일 때, $\overline{\text{AE}}$의 길이를 구하시오.

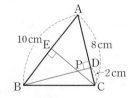

● 삼각형의 닮음 조건(2)
(서술형)(3)

유형 **06** 종이접기에서의 닮음의 응용

개념 **06**

(1) 접은 종이를 다시 펼쳐 길이가 같은 변이나 크기가 같은 각을 찾는다.
(2) 닮은 두 삼각형을 찾아 닮음의 성질을 이용한다.

● 종이접기에서의 닮음의 응용

확인문제

[22~26] 아래 그림과 같은 정삼각형 모양의 종이를 점 A가 $\overline{BC}$ 위의 점 E와 만나도록 $\overline{DF}$를 접는 선으로 하여 접었을 때, 다음 중 옳은 것에는 ○표, 옳지 <u>않은</u> 것에는 ×표를 하시오.

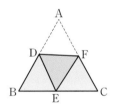

22 $\overline{DE}=\overline{EF}$ ( )

23 $\angle DEB=\angle EFC$ ( )

24 $\angle DBE=\angle ECF$ ( )

25 $\angle EDB=\angle FEC$ ( )

26 $\triangle DBE\equiv\triangle ECF$ ( )

● 종이접기에서의 닮음의 응용

예제 **06**

오른쪽 그림과 같이 가로, 세로의 길이가 각각 20 cm, 16 cm인 직사각형 모양의 종이를 $\overline{AF}$를 접는 선으로 하여 점 D가 $\overline{BC}$ 위의 점 E에 오도록 접었을 때, $\overline{EF}$의 길이를 구하시오.

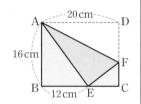

풀이 전략

$\triangle ABE \backsim \triangle ECF$이다.

풀이

① ⟨A⟩ $\angle BAE=90°-\angle AEB=\angle CEF$
② ⟨A⟩ $\angle B=\angle C=90°$
이므로 $\triangle ABE \backsim \triangle ECF$(AA 닮음)
즉, $\overline{AB}:\overline{EC}=\overline{BE}:\overline{CF}$
$16:(20-12)=12:\overline{CF}$
$2:1=12:\overline{CF}$
$\overline{CF}=6(cm)$
따라서 $\overline{EF}=\overline{DF}=16-\overline{CF}=16-6=10(cm)$

유형연습 **06**

오른쪽 그림은 한 변의 길이가 15 cm인 정삼각형 모양의 종이를 $\overline{DE}$를 접는 선으로 하여 꼭짓점 A가 점 F에 오도록 접은 것이다. $\overline{BD}=8$ cm, $\overline{BF}=5$ cm 일 때, $\overline{AE}$의 길이를 구하시오.

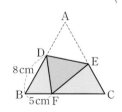

● 종이접기에서의 닮음의 응용(서술형)

개념 07

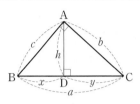

(1) $\triangle ABC \backsim \triangle DBA \backsim \triangle DAC$
(2) $c^2 = ax$, $b^2 = ay$, $h^2 = xy$

● 직각삼각형의 닮음(1)

확인문제

[27~30] 다음 그림과 같은 직각삼각형 ABC에 대하여 □ 안에 알맞은 수를 써넣으시오.

27

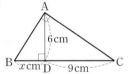

➡ $\square^2 = x \times 9$
따라서 $x = \square$

28

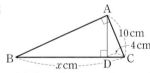

➡ $10^2 = \square \times x$
따라서 $x = \square$

29

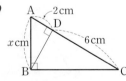

➡ $x^2 = 2 \times \square$
따라서 $x = \square$

30

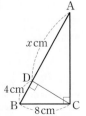

➡ $8^2 = \square \times (4+x)$
따라서 $x = \square$

예제 07

오른쪽 그림과 같이 $\angle A = 90°$인 직각삼각형 ABC의 꼭짓점 A에서 빗변 BC에 내린 수선의 발을 D라고 하자.

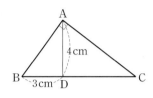

$\overline{AD} = 4$ cm, $\overline{BD} = 3$ cm일 때, $\triangle ABC$의 넓이를 구하시오.

풀이 전략
두 직각삼각형에서 공통인 각을 찾는다.

풀이
$\triangle ABD \backsim \triangle CAD$ (AA 닮음)이므로
$\overline{AD}^2 = \overline{BD} \times \overline{DC}$, $4^2 = 3 \times \overline{DC}$, $\overline{DC} = \dfrac{16}{3}$(cm)
따라서
$\triangle ABC = \dfrac{1}{2} \times \left(3 + \dfrac{16}{3}\right) \times 4 = 2 \times \dfrac{25}{3} = \dfrac{50}{3}$(cm²)

유형연습 07

오른쪽 그림과 같이 $\angle B = 90°$인 직각삼각형 ABC의 점 B에서 $\overline{AC}$에 내린 수선의 발을 H, $\overline{AC}$의 중점을 M이라 하자.

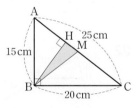

$\overline{AB} = 15$ cm, $\overline{BC} = 20$ cm, $\overline{AC} = 25$ cm일 때, $\triangle BMH$의 넓이를 구하시오.

● 직각삼각형의 닮음(2)(서술형)(1)

개념 08

△ABC에서 변 BC에 평행한 직선이 두 변 AB, AC 또는 그 연장선과 만나는 점을 각각 D, E라 할 때,

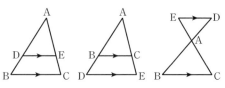

(1) $\overline{AB} : \overline{AD} = \overline{AC} : \overline{AE} = \overline{BC} : \overline{DE}$
(2) $\overline{AD} : \overline{DB} = \overline{AE} : \overline{EC}$

● 삼각형에서 평행선 사이의 선분의 길이의 비

확인문제

[31~33] 다음 그림에서 $\overline{BC} \parallel \overline{DE}$일 때, x, y의 값을 구하시오.

31
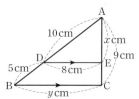

32
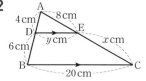

33
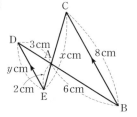

예제 08

다음 그림과 같은 △ABC에서 $\overline{BC} \parallel \overline{DE}$, $\overline{BE} \parallel \overline{DF}$가 되도록 $\overline{AB}$, $\overline{AC}$ 위에 각각 점 D, E, F를 잡았다. $\overline{AE} = 8$ cm, $\overline{EC} = 4$ cm일 때, $\overline{EF}$의 길이를 구하시오.

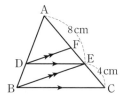

풀이 전략

닮은 두 삼각형의 대응하는 변의 길이의 비는 일정하다.

풀이

△ABC에서 $\overline{BC} \parallel \overline{DE}$이므로
$\overline{AD} : \overline{DB} = \overline{AE} : \overline{EC} = 8 : 4 = 2 : 1$
△ABE에서 $\overline{BE} \parallel \overline{DF}$이므로
$\overline{AF} : \overline{FE} = \overline{AD} : \overline{DB} = 2 : 1$
$\overline{AE} = 8$이므로 $\overline{EF} = 8 \times \frac{1}{3} = \frac{8}{3}$(cm)

● 삼각형에서 평행선 사이의 선분의 길이의 비 응용

유형연습 08

오른쪽 그림에서 $\overline{DE} \parallel \overline{BC}$, $\overline{DC} \parallel \overline{BF}$이고, $\overline{AE} = 8$ cm, $\overline{EC} = 3$ cm일 때, $\overline{CF}$의 길이를 구하시오.

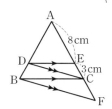

● 평행선 사이의 선분의 길이의 비(서술형)

개념 09

(1) **삼각형의 내각의 이등분선**

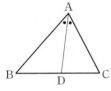

$$\overline{AB} : \overline{AC} = \overline{BD} : \overline{CD}$$

(2) **삼각형의 외각의 이등분선**

$$\overline{AB} : \overline{AC} = \overline{BD} : \overline{CD}$$

●삼각형의 내각의 이등분선(1) ●삼각형의 외각의 이등분선(1)

확인문제

[34~35] 다음 그림과 같은 △ABC에서 ∠A의 이등분선이 $\overline{BC}$와 만나는 점을 D라 할 때, ☐ 안에 알맞은 수를 써넣으시오.

34

➡ ☐ : 3 = x : 2

따라서 x = ☐

35

➡ x : 14 = 4 : ☐

따라서 x = ☐

●삼각형의 내각의 이등분선(2)

36 오른쪽 그림과 같은 △ABC에서 ∠A의 외각의 이등분선이 $\overline{BC}$의 연장선과 만나는 점을 D라 할 때, $\overline{CD}$의 길이를 구하시오.

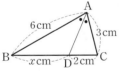

●삼각형의 외각의 이등분선(2)

예제 09

다음 그림과 같은 △ABC에서 $\overline{AD}$는 ∠A를 이등분하고, $\overline{AE}$는 ∠A의 외각을 이등분한다. 이때, $\overline{CE}$의 길이를 구하시오.

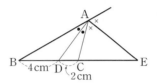

풀이 전략

$\overline{AE}$는 ∠A의 외각의 이등분선이므로
$\overline{AB} : \overline{AC} = \overline{BE} : \overline{CE}$이다.

풀이

$\overline{AD}$는 ∠A를 이등분하므로
$\overline{AB} : \overline{AC} = \overline{BD} : \overline{CD} = 4 : 2 = 2 : 1$
$\overline{AE}$는 ∠A의 외각의 이등분선이므로
$\overline{BE} : \overline{CE} = \overline{AB} : \overline{AC} = 2 : 1$
$(6 + \overline{CE}) : \overline{CE} = 2 : 1$
$2\overline{CE} = 6 + \overline{CE}$
따라서 $\overline{CE} = 6 (cm)$

유형연습 09

다음 그림과 같은 △ABC에서 $\overline{AD}$는 ∠A를 이등분하고, $\overline{AE}$는 ∠A의 외각을 이등분한다. 이때, $\overline{DE}$의 길이를 구하시오.

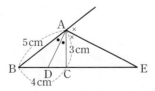

●삼각형의 내각과 외각의 이등분선의 응용

5 도형의 닮음과 피타고라스 정리

유형 **10** 평행선 사이의 선분의 길이의 비

개념 **10**

$l /\!/ m /\!/ n$이면

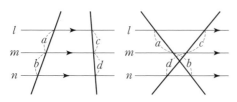

(1) $a : b = c : d$
(2) $a : c = b : d$

➡ 평행한 세 개의 직선이 다른 두 직선과 만나서 생기는 선분의 길이의 비는 같다.

● 평행선 사이의 선분의 길이의 비

예제 **10**

다음 그림에서 $l /\!/ m /\!/ n$일 때, $x+y$의 값을 구하시오.

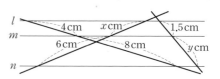

풀이 전략

평행한 세 직선이 다른 두 직선과 만날 때, 평행선 사이의 선분의 길이의 비는 같다.

풀이

$4 : 8 = x : 6 = 1.5 : y$이므로
$8x = 24$, $x = 3$
$4y = 12$, $y = 3$
그러므로, $x + y = 6$

확인문제

[37~39] 다음 그림에서 $l /\!/ m /\!/ n$일 때, x의 값을 구하시오.

37

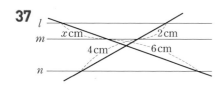

38

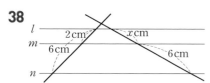

39

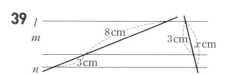

● 평행선 사이의 선분의 길이의 비

유형연습 **10**

다음 그림에서 $l /\!/ m /\!/ n$일 때, $x+y$의 값을 구하시오.

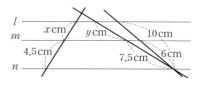

● 평행선 사이의 선분의 길이의 비

개념 11

(1) 평행선 그리기   (2) 대각선 그리기

 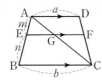

➡ $\overline{EF} = \overline{EG} + \overline{GF} = \dfrac{mb + na}{m + n}$

➡ 보조선(평행선 또는 대각선)을 긋고 삼각형과 평행선 사이의 성질을 이용한다.

◉ 사다리꼴에서 평행선 사이의 선분의 길이의 비

확인문제

[40~41] 다음 그림과 같은 사다리꼴 ABCD에서 $\overline{AD} /\!/ \overline{EF} /\!/ \overline{BC}$일 때, x, y의 값을 구하시오.

40

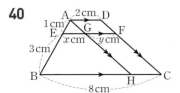

41

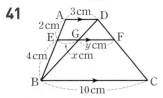

42 오른쪽 그림과 같이 $\overline{AD} /\!/ \overline{BC}$인 사다리꼴 ABCD의 대각선의 교점 O를 지나면서 $\overline{BC}$에 평행한 직선이 $\overline{AB}$, $\overline{CD}$와 만나는 점을 각각 E, F라 할 때, $\overline{EO}$의 길이를 구하시오.

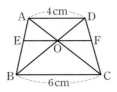

◉ 사다리꼴에서 대각선과 평행선

예제 11

다음 그림과 같은 사다리꼴 ABCD에서 $\overline{AD} /\!/ \overline{EF} /\!/ \overline{BC}$이고 점 P, Q는 각각 $\overline{BD}$, $\overline{AC}$와 $\overline{EF}$의 교점이다. $\overline{AD} = 6$ cm, $\overline{PQ} = 10$ cm이고 $\overline{EB} = \dfrac{1}{2}\overline{AE}$일 때, $\overline{BC}$의 길이를 구하시오.

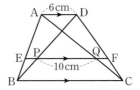

풀이 전략

삼각형에서 평행선과 선분의 길이의 비를 이용하여 $\overline{EP}$의 길이를 구한다.

풀이

△ABD에서 $\overline{AE} : \overline{EB} = \overline{AE} : \dfrac{1}{2}\overline{AE} = 2 : 1$이고

$\overline{EB} : \overline{AB} = \overline{EP} : \overline{AD}$

$1 : 3 = \overline{EP} : 6$, $3\overline{EP} = 6$, $\overline{EP} = 2$(cm)

즉, $\overline{EQ} = \overline{EP} + \overline{PQ} = 2 + 10 = 12$(cm)

△ABC에서 $\overline{AE} : \overline{AB} = \overline{EQ} : \overline{BC} = 2 : 3$

$12 : \overline{BC} = 2 : 3$, $2\overline{BC} = 36$

따라서 $\overline{BC} = 18$(cm)

유형연습 11

오른쪽 그림과 같이 $\overline{AD} /\!/ \overline{BC}$인 사다리꼴 ABCD에서 점 M, N은 각각 $\overline{AB}$, $\overline{CD}$의 중점이고, 점 P, Q는 각각 $\overline{BD}$, $\overline{AC}$와 $\overline{MN}$이 만나는 점이다. $\overline{AD} = 8$ cm, $\overline{BC} = 14$ cm이고, △AOD의 넓이가 32 cm²일 때, △OPQ의 넓이를 구하시오.

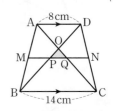

◉ 사다리꼴에서 평행선 사이의 선분의 길이의 비(서술형)

유형 **12** 평행선 사이의 선분의 길이의 비의 응용

개념 **12**

(1) 나비넥타이 모양의 두 삼각형의 닮음비 구하기
(2) 삼각형과 평행선의 성질을 이용하기

● 평행선 사이에 있는 선분의 길이의 비 응용

확인문제

43 다음 그림에서 $\overline{AB}/\!/\overline{EF}/\!/\overline{DC}$일 때, $\overline{EF}$의 길이를 구하시오.

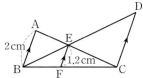

[44~45] 다음 그림에서 $\overline{AB}/\!/\overline{EF}/\!/\overline{DC}$일 때, $\overline{CD}$의 길이를 구하시오.

44

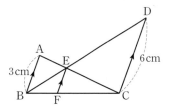

45

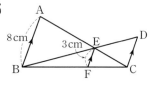

● 평행선 사이에 있는 선분의 길이의 비 응용(서술형)

예제 **12**

다음 그림에서 $\overline{AB}/\!/\overline{EF}/\!/\overline{CD}$이고, 점 F는 $\overline{AD}$와 $\overline{BC}$의 교점이다. $\overline{AB}=20$ cm, $\overline{AC}=40$ cm, $\overline{CD}=30$ cm일 때, $y-x$의 값을 구하시오.

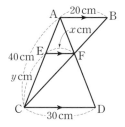

풀이 전략

나비넥타이 모양의 두 삼각형의 닮음비를 구한다.

풀이

$\triangle AFB \backsim \triangle DFC$(AA 닮음)이고 $\overline{AF}:\overline{FD}=2:3$
이므로 $\overline{AF}:\overline{AD}=2:5$
$\triangle ACD$에서 $\overline{EF}:\overline{CD}=\overline{AF}:\overline{AD}=2:5$,
$x:30=2:5$
$5x=60$, $x=12$
$\triangle CBA$에서 $\overline{CE}:\overline{CA}=\overline{EF}:\overline{AB}=y:40=12:20$,
$20y=480$, $y=24$
따라서 $y-x=24-12=12$

유형연습 **12**

다음 그림에서 $\angle ABC=\angle DCB=90°$이고 점 E는 $\overline{AC}$와 $\overline{BD}$의 교점이다. $\overline{AB}=12$ cm, $\overline{BC}=16$ cm, $\overline{DC}=4$ cm일 때, $\triangle EBC$의 넓이를 구하시오.

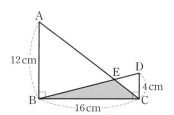

개념 **13**

(1) △ABC에서 $\overline{AB}$, $\overline{AC}$의 중점을 각각 M, N이라 하면

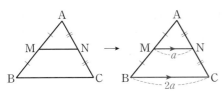

$$\overline{MN} /\!/ \overline{BC}, \quad \overline{MN} = \frac{1}{2}\overline{BC}$$

(2) △ABC에서 $\overline{AB}$의 중점 M을 지나고 $\overline{BC}$에 평행한 직선과 $\overline{AC}$의 교점을 N이라 하면

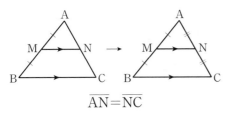

$$\overline{AN} = \overline{NC}$$

◉삼각형의 두 변의 중점을 연결한 선분의 성질

예제 **13**

다음 그림과 같은 직사각형 ABCD에서 네 변의 중점을 각각 E, F, G, H라고 하자. $\overline{AC} = 12$ cm일 때, □EFGH의 둘레의 길이를 구하시오.

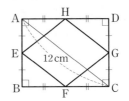

풀이 전략

△DAC에서 $\overline{HG}$의 길이는 $\overline{AC}$의 길이의 $\frac{1}{2}$이다.

풀이

직사각형의 네 변의 중점을 연결하여 만든 사각형은 마름모이므로 □EFGH의 네 변의 길이는 모두 같다.
△DAC에서 두 점 H, G는 각각 $\overline{DA}$, $\overline{DC}$의 중점이므로

$$\overline{HG} = \frac{1}{2}\overline{AC} = \frac{1}{2} \times 12 = 6\,(\text{cm})$$

따라서 □EFGH의 둘레의 길이는
$4\overline{HG} = 6 \times 4 = 24\,(\text{cm})$

◉사각형에서 네 변의 중점을 연결한 도형의 성질

확인문제

[46~47] 오른쪽 그림과 같은 △ABC에서 두 점 M, N이 각각 $\overline{AB}$, $\overline{AC}$의 중점일 때, □ 안에 알맞은 것을 써넣으시오.

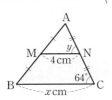

46 $\overline{AM} = \overline{MB}$, $\overline{AN} = \overline{NC}$이므로
$x = \overline{BC} = \boxed{}\overline{MN} = \boxed{} \times 4 = \boxed{}\,(\text{cm})$

47 $\overline{MN}\ \boxed{}\ \overline{BC}$이므로 $\angle y = \boxed{}$°(동위각)

유형연습 **13**

오른쪽 그림과 같은 △ABC에서 $\overline{AB}$의 삼등분 점을 각각 D, E라 하고, $\overline{AC}$의 중점을 F라고 하자. $\overline{DF}$의 연장선과 $\overline{BC}$의 연장선의 교점을 G라 할 때, $\overline{FG}$의 길이를 구하시오.

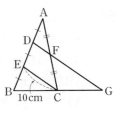

◉삼각형의 두 변의 중점을 연결한 선분의 성질의 응용

개념 14

(1) **삼각형의 중선**: 삼각형의 한 꼭짓점과 그 대변의 중점을 이은 선분

(2) **삼각형의 중선의 성질**: 삼각형의 한 중선은 그 삼각형의 넓이를 이등분한다.

$$\triangle ABM = \triangle ACM = \frac{1}{2}\triangle ABC$$

●삼각형의 중선의 성질

확인문제

[48~49] 오른쪽 그림과 같은 △ABC에서 점 D는 $\overline{BC}$의 중점이다. 다음 중 옳은 것에는 ○표, 옳지 않은 것에는 ×표를 하시오.

48 $\triangle ABD = \frac{1}{2}\triangle ABC$　　　(　　)

49 $\triangle ABD \equiv \triangle ACD$　　　(　　)

50 오른쪽 그림과 같은 △ABC에서 점 D, E는 각각 $\overline{BC}$, $\overline{AD}$의 중점이다. △ABE=8 cm²일 때, △ABC의 넓이를 구하시오.

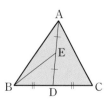

●삼각형의 중선의 성질

예제 14

오른쪽 그림과 같은 △ABC에서 점 D, E, F는 각각 $\overline{AB}$, $\overline{BC}$, $\overline{CA}$의 중점이고 점 P는 $\overline{DC}$와 $\overline{FE}$의 교점이다. △ABC의 넓이가 24 cm²일 때, □DBEP의 넓이를 구하시오.

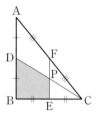

풀이 전략

삼각형의 한 중선은 그 삼각형의 넓이를 이등분한다.

풀이

$$\triangle DBC = \frac{1}{2}\times\triangle ABC$$
$$= \frac{1}{2}\times 24 = 12(cm^2)$$
$$\triangle DBE = \frac{1}{2}\triangle DBC$$
$$= \frac{1}{2}\times 12 = 6(cm^2)$$

점 D, E는 $\overline{AB}$, $\overline{BC}$의 중점이므로
$\overline{DE}\,/\!/\,\overline{AC}$이고 $\overline{DE}=\frac{1}{2}\overline{AC}=\overline{FC}$
따라서 △DEP≡△CFP(ASA 합동)이므로 $\overline{DP}=\overline{CP}$이고
$$\triangle DEP = \frac{1}{2}\triangle DEC = \frac{1}{2}\times(\frac{1}{2}\times\triangle DBC)$$
$$= \frac{1}{4}\times 12 = 3(cm^2)$$
그러므로 □DBEP=△DBE+△DEP=6+3=9(cm²)

유형연습 14

오른쪽 그림과 같은 △ABC에서 점 D, E는 각각 $\overline{AB}$, $\overline{BC}$의 중점이고, $\overline{AF}:\overline{FC}=2:1$이다. △ABC의 넓이가 60 cm²일 때, □DBEP의 넓이를 구하시오.

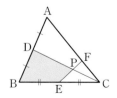

●삼각형의 중선의 성질(서술형)

개념 15

(1) **삼각형의 무게중심:** 삼각형의 세 중선의 교점

(2) **삼각형의 무게중심의 성질:** 삼각형의 무게중심 G는 세 중선의 길이를 각 꼭짓점으로부터 $2:1$로 나눈다.

$$\overline{AG}:\overline{GD}=\overline{BG}:\overline{GE}$$
$$=\overline{CG}:\overline{GF}$$
$$=2:1$$

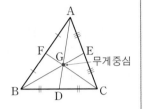

● 삼각형의 무게중심의 성질

확인문제

51 오른쪽 그림에서 점 G가 △ABC의 무게중심일 때, $x-y$의 값을 구하시오.

[52~54] 오른쪽 그림에서 $\overline{AD}$는 △ABC의 중선이고 두 점 G, G′은 각각 △ABC, △GBC의 무게중심이다. $\overline{AD}=9\,\text{cm}$일 때, 다음 □ 안에 알맞은 것을 써넣으시오.

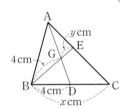

52 $\overline{GD}=\boxed{}\overline{AD}=\boxed{}\times 9=\boxed{}(\text{cm})$

53 $\overline{G'D}=\dfrac{1}{3}\boxed{}=\dfrac{1}{3}\times\boxed{}=\boxed{}(\text{cm})$

54 $\overline{GG'}=\overline{GD}-\boxed{}=\boxed{}-\boxed{}=\boxed{}(\text{cm})$

예제 15

다음 그림에서 점 G는 ∠B=90°인 직각삼각형 ABC의 무게중심이다. $\overline{AB}=6\,\text{cm}$, $\overline{BC}=8\,\text{cm}$, $\overline{CA}=10\,\text{cm}$일 때, $\overline{BG}$의 길이를 구하시오.

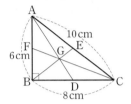

풀이 전략

삼각형의 무게중심 G는 중선의 길이를 꼭짓점으로부터 $2:1$로 나눈다.

풀이

삼각형의 무게중심은 세 중선의 교점이므로 점 E는 직각삼각형 ABC의 빗변의 중점, 즉 외심이다.

따라서 $\overline{BE}=\overline{AE}=\overline{CE}=5(\text{cm})$이므로

$$\overline{BG}=\frac{2}{3}\overline{BE}=\frac{2}{3}\times 5=\frac{10}{3}(\text{cm})$$

유형연습 15

오른쪽 그림에서 점 G는 △ABC의 무게중심이다. △GCN의 넓이가 $12\,\text{cm}^2$일 때, △MBN의 넓이를 구하시오.

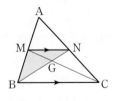

● 삼각형의 무게중심의 성질(서술형)(2)

개념 **16**

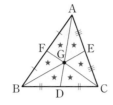

(1) 삼각형의 세 중선에 의하여 나누어진 6개의 삼각형의 넓이는 모두 같다.

$$\triangle AGF=\triangle BGF=\triangle BGD=\triangle CGD$$
$$=\triangle CGE=\triangle AGE=\frac{1}{6}\triangle ABC$$

(2) 삼각형의 무게중심과 세 꼭짓점을 이어서 생기는 세 삼각형의 넓이는 모두 같다.

$$\triangle ABG=\triangle BCG=\triangle CAG=\frac{1}{3}\triangle ABC$$

● 삼각형의 무게중심과 넓이

확인문제

55 오른쪽 그림과 같이 점 G는 △ABC의 무게중심이고, △ABC=24일 때, △ABG의 넓이를 구하시오.

56 오른쪽 그림과 같이 점 G는 △ABC의 무게중심이고 △ABC=45일 때, △ADG와 △CGE의 넓이의 합을 구하시오.

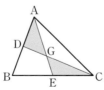

57 오른쪽 그림과 같이 점 G는 △ABC의 무게중심이고 △ABC=24일 때, △BGD의 넓이를 구하시오.

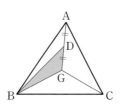

예제 **16**

오른쪽 그림과 같은 △ABC에서 $\overline{BD}=\overline{DC}$, $\overline{AE}=\overline{EF}=\overline{FC}$이고 점 P는 $\overline{BF}$와 $\overline{ED}$의 교점이다. △ABE의 넓이는 사각형 FPDC의 넓이의 몇 배인지 구하시오.

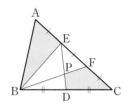

풀이 전략

삼각형의 세 중선에 의하여 나누어진 6개의 삼각형의 넓이는 모두 같다.

풀이

점 P는 △EBC의 무게중심이므로

$$(\text{사각형 FPDC의 넓이})=\frac{1}{3}\triangle EBC$$

한편, $\overline{AE}:\overline{EC}=1:2$이므로

$$(\triangle ABE\text{의 넓이})=\frac{1}{2}\triangle EBC$$

따라서 △ABE의 넓이는 사각형 FPDC의 넓이의 $\frac{3}{2}$배이다.

유형연습 **16**

오른쪽 그림에서 △ABC의 무게중심을 G라 하고, 점 G를 지나고 $\overline{BC}$에 평행한 직선이 $\overline{AB}$, $\overline{AC}$와 만나는 점을 각각 D, E라 하자. △ABC의 넓이가 27 cm²일 때, △GDM의 넓이를 구하시오.

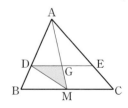

● 삼각형의 무게중심과 넓이(서술형)

개념 17

평행사변형 ABCD에서 점 O는 두 대각선의 교점이고 두 점 E, F는 각각 $\overline{BC}$, $\overline{CD}$의 중점일 때,

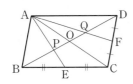

(1) 점 P는 △ABC의 무게중심, 점 Q는 △ACD의 무게중심이므로
$\overline{BP} : \overline{PO} = 2 : 1$, $\overline{DQ} : \overline{QO} = 2 : 1$

(2) $\overline{BP} = \overline{PQ} = \overline{QD} = \dfrac{1}{3}\overline{BD}$, $\overline{PO} = \overline{OQ} = \dfrac{1}{6}\overline{BD}$

● 평행사변형에서 삼각형의 무게중심의 응용

확인문제

58 오른쪽 그림에서 점 G는 △ABC의 무게중심이다. $\overline{AD}\,/\!/\,\overline{EF}$, $\overline{EF} = 12$일 때, $\overline{AG}$의 길이를 구하시오.

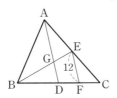

● 삼각형의 무게중심의 응용

[59~61] 오른쪽 그림의 평행사변형 ABCD에서 $\overline{PO} = 4$ cm일 때, 다음 선분의 길이를 구하시오. (단, 점 O는 두 대각선의 교점이다.)

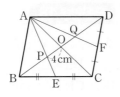

59 $\overline{BP}$

60 $\overline{OQ}$

61 $\overline{BD}$

예제 17

다음 그림과 같이 평행사변형 ABCD에서 $\overline{BC}$의 중점을 M, $\overline{AM}$과 $\overline{BD}$의 교점을 P라 하자. $\overline{BD} = 12$ cm일 때, $\overline{BP}$의 길이를 구하시오.

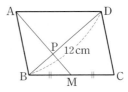

풀이 전략

점 P는 △ABC의 무게중심이다.

풀이

보조선 $\overline{AC}$를 그리고 평행사변형의 두 대각선 AC, BD의 교점을 O라고 하면 $\overline{AO} = \overline{OC}$이므로 점 P는 △ABC의 무게중심이다.

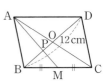

$\overline{BO} = \dfrac{1}{2}\overline{BD} = 6\,(\text{cm})$

$\overline{BP} = \dfrac{2}{3}\overline{BO} = \dfrac{2}{3} \times 6 = 4\,(\text{cm})$

● 평행사변형에서 삼각형의 무게중심의 응용 (서술형)(1)

유형연습 17

오른쪽 그림과 같은 평행사변형 ABCD에서 두 점 E, F는 각각 $\overline{BC}$, $\overline{CD}$의 중점이고, 두 점 P, Q는 $\overline{AE}$, $\overline{AF}$와 $\overline{BD}$의 교점이다. $\overline{BP} = 3$ cm일 때, $\overline{EF}$의 길이를 구하시오.

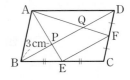

유형 **18** 닮은 두 평면도형의 길이의 비와 넓이의 비

개념 18

닮음비가 $m : n$인 서로 닮은 두 평면도형의

(1) 둘레의 길이의 비 ➡ $m : n$

(2) 넓이의 비 ➡ $m^2 : n^2$

◉ 닮은 두 평면도형의 길이의 비와 넓이의 비

확인문제

62 아래 그림과 같은 두 반원 O, O′에 대하여 □ 안에 알맞은 것을 써넣으시오.

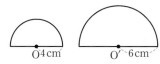

➡ 두 반원은 항상 □□도형이므로 반원 O와 O′의 둘레의 길이의 비는 4 : □ = □ : 3

넓이의 비는 2^2 : □^{2} = □ : □이다.

63 오른쪽 그림의 사다리꼴 ABCD에서 $\overline{AD} = 6$ cm, $\overline{BC} = 8$ cm이고, △OBC의 넓이가 32 cm²일 때, △OAD의 넓이를 구하시오.

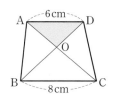

◉ 닮은 두 평면도형의 길이의 비와 넓이의 비

64 넓이가 200 cm²인 인쇄물을 복사기를 이용하여 60 %의 비율로 축소 복사하려고 한다. 축소 복사된 인쇄물의 넓이를 구하시오.

예제 18

오른쪽 그림과 같은 △ABC에서 ∠ADE=∠C이고, △ADE의 넓이가 20 cm²일 때, □DBCE의 넓이를 구하시오.

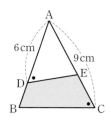

풀이 전략

서로 닮음인 두 삼각형의 닮음비가 $m : n$이면 넓이의 비는 $m^2 : n^2$이다.

풀이

① ⟨A⟩ ∠ADE=∠C

② ⟨A⟩ ∠A는 공통

이므로 △ABC∽△AED(AA 닮음)

즉, 두 삼각형의 닮음비는

$\overline{AC} : \overline{AD} = 9 : 6 = 3 : 2$

넓이의 비는 $3^2 : 2^2 = 9 : 4$이므로

$\triangle ABC = 20 \times \dfrac{9}{4} = 45 \, (cm^2)$

따라서

□DBCE = △ABC − △ADE = 45 − 20 = 25 (cm²)

◉ 닮은 두 평면도형의 길이의 비와 넓이의 비 (서술형)(2)

유형연습 18

오른쪽 그림에서 $\overline{AB} /\!/ \overline{DC}$, $\overline{AC} /\!/ \overline{DE}$이고, $\overline{BC} : \overline{CE} = 2 : 3$이다. △ABC의 넓이가 4 cm²일 때, □ABED의 넓이를 구하시오.

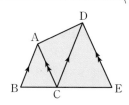

◉ 닮은 두 평면도형의 길이의 비와 넓이의 비 (서술형)(4)

개념 19

닮음비가 $m : n$인 서로 닮은 두 입체도형의
(1) 겉넓이의 비 ➡ $m^2 : n^2$
(2) 부피의 비 ➡ $m^3 : n^3$

● 닮은 두 입체도형의 겉넓이의 비와 부피의 비

확인문제

65 닮은 두 직육면체 A와 B의 겉넓이가 각각 32 cm^2, 50 cm^2일 때, 다음 □ 안에 알맞은 수를 써넣으시오.

➡ 두 직육면체 A와 B의 겉넓이의 비가

$32 : 50 = $ □ $: 25 = 4^2 : $ □^{2}

이므로 두 직육면체 A와 B의 부피의 비는

□$^3 : 5$□$ = $ □ $: $ □

이다.

66 오른쪽 그림은 원뿔을
$\overline{OA} : \overline{AB} : \overline{BC} = 1 : 2 : 3$이
되도록 밑면에 평행한 평면으로
자른 것이다. 원뿔대 V_1과 원뿔
대 V_2의 부피의 비를 구하시오.

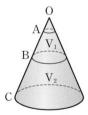

● 닮은 두 입체도형의 겉넓이의 비와 부피의 비

예제 19

오른쪽 그림과 같은 정사각뿔
모양의 그릇에 일정한 속도로
물을 채우고 있다. 물을 전체 높
이의 $\frac{1}{4}$만큼 채우는 데 5초가
걸렸다고 할 때, 정사각뿔 모양
의 그릇에 물을 가득 채우려면 앞으로 몇 초가 더 걸리
는지 구하시오.(단, 그릇의 밑면은 지면과 평행하다.)

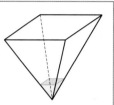

풀이 전략

채워진 물의 양과 정사각뿔 모양의 그릇은 서로 닮은 도형이
다.

풀이

5초 동안 채워진 물의 양과 정사각뿔 모양의 그릇의 닮음비는
$\frac{1}{4} : 1 = 1 : 4$이므로
부피의 비는 $1^3 : 4^3 = 1 : 64$
빈 그릇에 물을 가득 채우는 데 걸리는 시간을 x초라 하면
$1 : 64 = 5 : x$, $x = 320$(초)
따라서 그릇에 물을 가득 채우려면 앞으로
$320 - 5 = 315$(초)가 더 걸린다.

유형연습 19

다음 그림은 같은 크기의 정육면체 모양의 상자 안에 구
슬을 가득 채운 단면의 모습이다. 상자 A에 들어 있는
구슬의 겉넓이가 $36\pi \text{ cm}^2$일 때, 상자 B에 들어 있는 구
슬 전체의 부피를 구하시오. (단, 상자 B의 구슬은 크기
와 모양이 같다.)

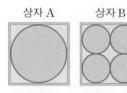

상자 A   상자 B

● 닮은 두 입체도형의 겉넓이의 비와 부피의 비
(서술형)(3)

개념 **20**

(1) **축도**: 도형을 일정한 비율로 줄인 그림

(2) (축척) = $\dfrac{(축도에서의 길이)}{(실제 길이)}$

예 실제 길이가 300 km, 축도에서의 길이가 6 cm 일 때,

⇒ (축척) = $\dfrac{6}{30000000} = \dfrac{1}{5000000}$

● 축도와 축척

예제 **20**

축척이 $\dfrac{1}{10000}$인 지도에서의 두 지점 A, B 사이의 거리가 40 cm이다. 실제 A 지점에서 출발하여 B 지점까지 시속 2 km로 걸어갈 때 걸리는 시간을 구하시오.

풀이 전략
축척을 이용하여 실제 거리를 구한다.

풀이
(두 지점 A, B 사이의 실제 거리)
= 10000 × 40 cm = 400000 cm = 4 km이므로
실제 A 지점에서 출발하여 B 지점까지 걸어갈 때 걸리는 시간은 $\dfrac{4}{2}$ = 2 (시간)

● 축도와 축척

확인문제

[67~68] 축척이 $\dfrac{1}{25000}$인 지도가 있다. 다음 ☐ 안에 알맞은 수를 써넣으시오.

67 지도에서 거리가 2 cm인 두 지점 사이의 실제 거리는 ☐ m이다.

68 실제 거리가 7.5 km인 두 지점의 지도에서의 거리는 ☐ cm이다.

[69~70] 어느 지도에서 거리가 5 cm인 두 지점 A, B 사이의 실제 거리가 500 m라 할 때, 다음 ☐ 안에 알맞은 수를 써넣으시오.

69 이 지도의 축척은 $\dfrac{1}{\boxed{}}$이다.

70 실제 면적이 10000 m²인 정사각형 모양의 토지는 이 지도에서 ☐ cm²이다.

유형연습 **20**

축척이 $\dfrac{1}{50000}$인 지도에서의 두 지점 A, B 사이의 거리가 25 cm이다. 실제 두 지점 사이를 자동차를 타고 시속 50 km로 갈 때, 몇 분이 걸리는지 구하시오.

개념 **21**

직각삼각형에서 직각을 낀 두 변의 길이를 각각 a, b라 하고 빗변의 길이를 c라고 하면

$$a^2+b^2=c^2$$

확인문제

71 오른쪽 그림과 같은 $\triangle ABC$에서 x, y의 값을 각각 구하시오.

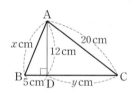

72 오른쪽 그림과 같은 직각삼각형 ABC에서 $\overline{BC}=4$ cm, $\overline{AC}=5$ cm일 때 $\triangle ABC$의 넓이를 구하시오.

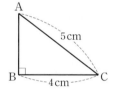

[73~74] 12 m의 높이에 있는 아파트 3층에 이삿짐을 옮기기 위해 오른쪽 그림과 같이 사다리차를 이용하려고 한다. 사다리차의 이용 요금은 사다리의 길이 1 m당 2만 원이라고 할 때, 다음을 구하시오. (단, 사다리차의 높이는 무시한다.)

73 이용한 사다리의 길이

74 사다리차 이용 요금

●직각삼각형에서의 활용

예제 **21**

오른쪽 그림과 같이 한 변의 길이가 13 cm인 정사각형 ABCD에서 네 개의 직각삼각형 ABE, BCF, CDG, DAH는 모두 합동이다. $\overline{BF}=12$ cm일 때, 사각형 EFGH의 둘레의 길이를 구하시오.

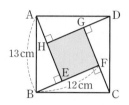

풀이 전략

직각삼각형에서 직각을 낀 두 변의 길이의 제곱의 합은 빗변의 길이의 제곱과 같다.

풀이

네 개의 직각삼각형 ABE, BCF, CDG, DAH가 모두 합동이므로 $\overline{AE}=\overline{BF}=\overline{CG}=\overline{DH}=12$(cm)
직각삼각형 ABE에서
$\overline{BE}^2+\overline{AE}^2=\overline{BE}^2+12^2=13^2$, $\overline{BE}^2=25$
$\overline{BE}>0$이므로 $\overline{BE}=5$(cm)
$\overline{EF}=\overline{BF}-\overline{BE}=12-5=7$(cm)
마찬가지로 $\overline{FG}=\overline{GH}=\overline{HE}=7$(cm)
따라서 사각형 EFGH의 둘레의 길이는
$7+7+7+7=28$(cm)

유형연습 **21**

오른쪽 그림은 모선의 길이가 13 cm이고 밑면인 원의 넓이가 25π cm²인 원뿔의 전개도이다. 이때, 원뿔의 부피를 구하시오.

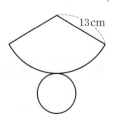

●삼각형에서 피타고라스 정리를 이용한 변의 길이(서술형)

유형 **22** 피타고라스 정리 − 유클리드 방법 및 응용

개념 **22**

유클리드의 설명이 핵심!

(1) 직각삼각형에서 빗변을 한 변으로 하는 정사각형
의 넓이는 다른 두 변을 각각 한 변으로 하는 정
사각형 넓이의 합과 같다.

(2) 삼각형의 합동과 평행선과 삼각형의 넓이의 성질
을 이용한다.

● 피타고라스 정리의 확인 − 유클리드 방법

확인문제

[75~76] 오른쪽 그림은
∠A=90°인 직각삼각형 ABC
에서 세 변 AB, BC, CA를 각
각 한 변으로 하는 정사각형을
그린 것이다.

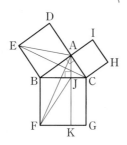

75 다음 중 △EBA와 넓이가 같은 것을 모두 고르면?

(정답 2개)

① △EBC ② △ABF ③ △BFC

④ △ABC ⑤ $\frac{1}{2}$□JKGC

76 다음 중 □BFKJ와 넓이가 같은 것을 모두 고르면?

(정답 2개)

① □EBAD ② □ACHI ③ □JKGC

④ △BFC ⑤ 2△EBC

● 피타고라스 정리 − 유클리드 방법의 활용

예제 **22**

오른쪽 그림은 ∠A=90°인
직각삼각형 ABC의 각 변을
한 변으로 하는 세 정사각형
을 그린 것이다.

□BFGC=49 cm²,

□ACHI=33 cm²일 때, $\overline{AB}$
의 길이를 구하시오.

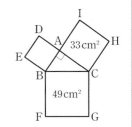

풀이 전략

직각삼각형에서 빗변을 한 변으로 하는 정사각형의 넓이는
다른 두 변을 각각 한 변으로 하는 정사각형 넓이의 합과 같
다.

풀이

피타고라스 정리에 의하여 $\overline{AB}^2 + \overline{AC}^2 = \overline{BC}^2$

$\overline{AB}^2 = \overline{BC}^2 - \overline{AC}^2 = 49 - 33 = 16$

$\overline{AB} > 0$이므로 $\overline{AB} = 4(cm)$

유형연습 **22**

아래 그림은 ∠A=90°인 직각삼각형 ABC에서
$\overline{AB}$, $\overline{AC}$를 지름으로 하는 두 반원을 그린 것이다.
$\overline{BC}=13$ cm일 때, 색칠한 부분의 넓이를 구하시오.

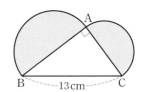

개념 23

삼각형의 각의 크기에 대한 변의 길이

△ABC에서 $\overline{AB}=c$, $\overline{BC}=a$, $\overline{AC}=b$일 때,

(1) ∠C<90°이면 $c^2<a^2+b^2$

(2) ∠C=90°이면 $c^2=a^2+b^2$

(3) ∠C>90°이면 $c^2>a^2+b^2$

● 삼각형의 각의 크기와 변의 길이 관계

확인문제

[77~80] 다음 중 옳은 것에는 ○표, 옳지 <u>않은</u> 것에는 ×표를 하시오.

77 세 변의 길이가 각각 7, 9, 11인 삼각형은 예각삼각형이다. (   )

78 세 변의 길이가 각각 4, 5, 6인 삼각형은 둔각삼각형이다. (   )

79 세 변의 길이가 각각 4, 8, 9인 삼각형은 직각삼각형이다. (   )

80 세 변의 길이의 비가 3 : 4 : 5인 삼각형은 직각삼각형이다. (   )

81 오른쪽 그림과 같이 세 변의 길이가 각각 8 cm, 15 cm, 17 cm인 삼각형 ABC의 넓이를 구하시오.

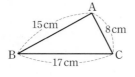

예제 23

세 변의 길이가 12, 16, a인 삼각형이 둔각삼각형이 되도록 하는 a의 값 중 가장 작은 자연수를 구하시오.

(단, $a>16$)

풀이 전략

$a^2>12^2+16^2$이 성립한다.

풀이

둔각삼각형이 되기 위해서는

$a^2>12^2+16^2$

$a^2>400$

따라서 위 식을 만족하는 a의 값 중 가장 작은 자연수는 21이다.

유형연습 23

세 변의 길이가 각각 5, 11, a인 삼각형이 예각삼각형이 되도록 하는 자연수 a의 개수를 구하시오. (단, $a>11$)

5

도형의 닮음과 피타고라스 정리

6 확률

유형 01 사건과 경우의 수

개념 01

(1) **사건**: 동일한 조건에서 반복할 수 있는 실험이나 관찰의 결과

(2) **경우의 수**: 사건이 일어나는 모든 경우의 가짓수

확인문제

[01~03] 한 개의 주사위를 던질 때, □ 안에 알맞은 수를 써넣으시오.

01 짝수의 눈이 나오는 경우는 □, □, □이므로 짝수의 눈이 나오는 경우의 수는 □이다.

02 2 이상의 눈이 나오는 경우는 □, □, □, □, □이므로 2 이상의 눈이 나오는 경우의 수는 □이다.

03 3 미만의 눈이 나오는 경우는 □, □이므로 3 미만의 눈이 나오는 경우의 수는 □이다.

[04~06] 서로 다른 세 개의 동전을 동시에 던질 때, 다음을 구하시오.

04 모두 앞면이 나오는 경우의 수

05 앞면이 한 개만 나오는 경우의 수

06 앞면이 두 개만 나오는 경우의 수

[07~09] 서로 다른 두 개의 주사위를 동시에 던질 때, 다음을 구하시오.

07 두 눈의 수가 같은 경우의 수

08 두 눈의 합이 4인 경우의 수

09 두 눈의 차가 5인 경우의 수

예제 01

A, B 두 사람이 가위바위보를 할 때, A가 이기는 경우의 수를 구하시오.

풀이 전략

사건이 일어나는 모든 경우의 가짓수를 구한다.

풀이

A	B
가위	보
바위	가위
보	바위

따라서 A가 이기는 경우의 수는 3이다.

유형연습 01

각 면에 72의 약수가 각각 하나씩 적힌 정십이면체 모양의 주사위가 있다. 주사위를 한 번 던질 때, 바닥에 닿는 면에 적힌 수가 12 이상인 경우의 수를 구하시오.

개념 **02**

두 사건 A, B가 동시에 일어나지 않을 때,
사건 A가 일어나는 경우의 수가 m, 사건 B가 일어
나는 경우의 수가 n이면
(사건 A 또는 사건 B가 일어나는 경우의 수)
$=m+n$

[참고] 일반적으로 "또는", "〜이거나" 라는 표현이 있으면
두 경우의 수를 더한다.

● 사건 A 또는 B가 일어나는 경우의 수

확인문제

10 주머니 속에 1부터 10까지의 자연수가 각각 하나씩
적힌 10개의 구슬이 들어 있다. 이 주머니에서 한 개
의 구슬을 꺼낼 때, 소수 또는 4의 배수가 적힌 구슬
이 나오는 경우의 수를 구하는 과정이다. □ 안에 알
맞은 수를 써넣으시오.

➡ 소수가 적힌 구슬이 나오는 경우의 수는 □
    4의 배수가 적힌 구슬이 나오는 경우의 수는 □
    따라서 소수 또는 4의 배수가 적힌 구슬이 나오는 경우
    의 수는 □+□=□

11 어느 레스토랑의 후식 메뉴판에는 아이스크림 4종
류, 커피 5종류가 있다. 종민이가 이 레스토랑에서
후식을 먹는다고 할 때, 아이스크림 또는 커피 중 한
가지를 선택해서 먹는 경우의 수를 구하시오.

12 어느 영화관에서는 만화 영화 3편, 코미디 영화 4
편, 공포 영화 2편을 상영하고 있다. 효원이가 이 영
화관에서 영화 한 편을 관람하려고 할 때, 효원이가
만화 영화 또는 공포 영화를 선택하는 경우의 수를
구하시오.

예제 **02**

A, B 두 개의 주사위를 던져서 나온 눈의 수를 각각 a,
b라 할 때, 방정식 $ax-b=0$의 해가 2 또는 3이 되는
경우의 수를 구하시오.

풀이 전략

사건 A 또는 사건 B가 일어나는 경우의 수는 각각의 경우의
수를 더해서 구한다.

풀이

(i) 방정식 $ax-b=0$의 해가 2일 때
    $2a-b=0$, $2a=b$
    식을 만족하는 (a, b)를 순서쌍으로 나타내면
    $(1, 2)$, $(2, 4)$, $(3, 6)$의 3가지
(ii) 방정식 $ax-b=0$의 해가 3일 때
    $3a-b=0$, $3a=b$
    식을 만족하는 (a, b)를 순서쌍으로 나타내면 $(1, 3)$,
    $(2, 6)$의 2가지
따라서 구하는 경우의 수는 $3+2=5$

● 사건 A 또는 B가 일어나는 경우의 수(서술형)(1)

유형연습 **02**

한 개의 주사위를 두 번 던져서 처음에 나온 눈의 수를
x, 나중에 나온 눈의 수를 y라 할 때, $2x+y$의 값이 6의
배수가 되는 경우의 수를 구하시오.

● 사건 A 또는 B가 일어나는 경우의 수

6 확률

유형 03 두 사건 A와 B가 동시에 일어나는 경우의 수

개념 03

두 사건 A, B가 서로 영향을 끼치지 않을 때, 사건 A가 일어나는 경우의 수가 m, 그 각각에 대하여 사건 B가 일어나는 경우의 수가 n이면
(사건 A와 사건 B가 동시에 일어나는 경우의 수)
$=m \times n$

[참고] 일반적으로 "동시에", "그리고", "~와"라는 표현이 있으면 두 경우의 수를 곱한다.

● 두 사건 A와 B가 동시에 일어나는 경우의 수

확인문제

[13~14] 다음 □ 안에 알맞은 수를 써넣으시오.

13 준상이와 지영이가 가위바위보를 할 때, 일어날 수 있는 모든 경우의 수는 □×□=□

14 ㄱ, ㄴ, ㄷ, ㄹ의 자음 4개와 ㅏ, ㅓ의 모음 2개가 있다. 자음 1개와 모음 1개를 짝지어 만들 수 있는 글자의 개수는 □×□=□(개)

● 두 사건 A와 B가 동시에 일어나는 경우의 수

15 어느 책꽂이에 소설책 5권과 만화책 6권이 있다. 소설책과 만화책을 각각 하나씩 골라서 읽는 경우의 수를 구하시오.

16 준수가 사과, 바나나, 자두 중에서 한 가지와 양배추, 케일 중에서 한 가지를 믹서에 넣어 주스를 만들려고 한다. 만들 수 있는 주스의 종류는 모두 몇 가지 인지 구하시오. (단, 각 재료의 양은 고려하지 않는다.)

예제 03

다음 그림과 같이 집과 학교 사이에 5가지의 길이 있다. 지수가 집과 학교 사이를 왕복한다고 할 때, 집에서 학교에 갈 때와 다시 돌아올 때 서로 다른 길을 이용하는 경우의 수를 구하시오.

집   학교

풀이 전략

사건 A와 사건 B가 동시에 일어나는 경우의 수는 각각의 경우의 수를 곱해서 구한다.

풀이

집에서 학교까지 가는 방법은 5가지
학교에 갈 때 선택했던 길은 학교에서 집으로 돌아올 때 이용할 수 없으므로 집으로 오는 방법은 4가지
따라서 구하는 경우의 수는 $5 \times 4 = 20$

유형연습 03

다음 그림과 같은 길이 있을 때, A지점에서 C지점까지 가는 경우의 수를 구하시오. (단, 같은 지점은 다시 지나지 않는다.)

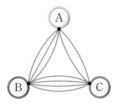

개념 04

(1) 경유하는 점이 있는 경우 양 끝 점에서 경유하는 점과 대각선이 되도록 하는 직사각형을 생각한다.

(2) 지나치지 말아야 할 점이 있는 경우 모든 경우의 수에서 그 점을 지나서 가는 경우의 수를 빼어 구한다.

● 여러 가지 경우의 수
　- 최단 거리(1)
● 여러 가지 경우의 수
　- 최단 거리(2)

확인문제

[**17~18**] A지점에서 B지점까지 가는 길이 오른쪽 그림과 같을 때, ☐ 안에 알맞은 수를 써넣으시오.

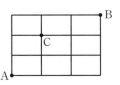

17 A지점을 출발하여 C지점을 거쳐 B지점까지 최단 거리로 가는 경우의 수는 ☐×☐＝☐

18 A지점을 출발하여 C지점을 거치지 않고 B지점까지 최단 거리로 가는 경우의 수는 ☐이다.

● 여러 가지 경우의 수
　- 최단 거리(1)
● 여러 가지 경우의 수
　- 최단 거리(2)

[**19~20**] A지점에서 B지점까지 가는 길이 오른쪽 그림과 같을 때, ☐ 안에 알맞은 수를 써넣으시오.

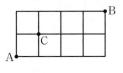

19 A지점을 출발하여 C지점을 거쳐 B지점까지 최단 거리로 가는 경우의 수는 ☐×☐＝☐

20 A지점을 출발하여 C지점을 거치지 않고 B지점까지 최단 거리로 가는 경우의 수는 ☐이다.

예제 04

A지점에서 B지점까지 가는 길이 아래 그림과 같을 때, A지점을 출발하여 B지점까지 최단 거리로 가는 경우의 수를 구하시오.

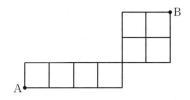

풀이전략

최단 거리로 가기 위해 반드시 경유해야 하는 점을 찾는다.

풀이

A지점을 출발하여 B지점까지 최단 거리로 가기 위해서는 점 P를 반드시 경유해야 한다.

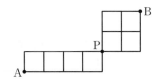

A지점에서 P지점까지 최단 거리로 가는 방법은 5가지
P지점에서 B지점까지 최단 거리로 가는 방법은 6가지
따라서 구하는 경우의 수는 $5 \times 6 = 30$

유형연습 04

A지점에서 B지점까지 가는 길이 아래 그림과 같을 때, A지점에서 출발하여 $\overline{CD}$를 거쳐 B지점까지 최단 거리로 가는 경우의 수를 구하시오.

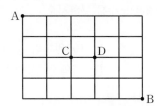

6
확률

6 확률

유형 05 돈을 지불하는 경우의 수

개념 05

(1) 돈을 지불하는 경우의 수를 구할 때에는 액수가 큰 동전의 개수부터 정하여, 내야 할 각 동전의 개수를 표로 나타낸다.
(2) 작은 단위의 동전의 합이 큰 단위의 동전이 될 때는 큰 단위 동전을 작은 단위 동전으로 바꾸어 생각한다.

● 돈을 지불하는
   경우의 수(1)   ● 돈을 지불하는
   경우의 수(2)

확인문제

21 1000원짜리 지폐 2장, 500원짜리 동전 2개와 100원짜리 동전 5개로 2500원을 지불하는 경우의 수를 구하는 과정이다. 표를 완성하고 □ 안에 알맞은 수를 써넣으시오.

1000원(장)	500원(개)	100원(개)	합계
2	1		
2	0		2500원
1			

따라서 2500원을 지불하는 경우의 수는 □이다.

22 10원짜리, 50원짜리, 100원짜리 동전을 각각 5개씩 가지고 있을 때, 이 돈으로 400원짜리 노트를 1권 사고 지불하는 경우의 수를 구하시오.

● 돈을 지불하는 경우의 수(1)

23 50원짜리 동전 8개, 100원짜리 동전 5개, 500원짜리 동전 3개를 가지고 있을 때, 이 돈으로 1500원을 지불하는 경우의 수를 구하시오.

24 1000원짜리 지폐 4장, 100원짜리 동전을 6개를 사용하여 지불할 수 있는 금액은 몇 가지인지 구하시오. (단, 0원을 지불하는 것은 제외한다.)

예제 05

500원짜리 동전 2개, 100원짜리 동전 5개, 10원짜리 동전 4개를 사용하여 지불할 수 있는 금액은 몇 가지인지 구하시오. (단, 0원을 지불하는 것은 제외한다.)

풀이 전략

작은 단위의 동전의 합이 큰 단위의 동전이 될 때는 큰 단위 동전을 작은 단위 동전으로 바꾸어 생각한다.

풀이

작은 단위인 100원짜리 동전 5개로 500원을 만들 수 있으므로 500원짜리 동전 2개와 100원짜리 동전 5개를 100원짜리 동전 15개로 바꾸어 생각한다.
100원짜리 동전 15개로 지불할 수 있는 금액은 16가지
10원짜리 동전 4개로 지불할 수 있는 금액은 5가지
이때 0원을 지불하는 경우를 제외해야 한다.
따라서 지불할 수 있는 금액은
$16 \times 5 - 1 = 79$(가지)

● 돈을 지불하는 경우의 수(2)

유형연습 05

500원짜리 동전 3개, 100원짜리 동전 4개, 10원짜리 동전 5개가 있다. 세 종류의 동전을 각각 한 개 이상씩 사용하여 지불할 수 있는 금액은 몇 가지인지 구하시오.

개념 06

(1) n명을 일렬로 세우는 경우의 수는
$n \times (n-1) \times (n-2) \times \cdots \times 2 \times 1$

(2) **일렬로 세울 때−자리가 고정되는 경우:** 자리가 고정된 것을 제외한 나머지를 일렬로 세우는 방법을 생각한다.

● 일렬로 세우는 경우의 수

확인문제

[25~28] 다음 □ 안에 알맞은 수를 써넣으시오.

25 A, B, C, D 4명의 학생을 일렬로 세우는 경우의 수는 □×□×□×□=□

26 A, B, C, D 4명 중에서 2명을 뽑아 일렬로 세우는 경우의 수는 □×□=□

27 A, B, C, D 4명의 학생을 일렬로 세울 때, C가 맨 앞에 서는 경우의 수는 □×□×□=□

28 서로 다른 열 곡의 노래 중 세 곡을 뽑아 나만의 플레이리스트를 만들려고 한다. 노래의 순서를 다르게 하여 만들 수 있는 플레이리스트의 종류는 □×□×□=□(가지)

[29~30] a, b, c, d 4개의 문자를 $abcd$, $abdc$, $acbd$, $\cdots$, $dcba$와 같이 사전식으로 나열할 때, 다음을 구하시오.

29 7번째 오는 것

30 16번째 오는 것

● 경우의 수−사전식 배열

예제 06

A, B, C, D 네 사람을 한 줄로 세울 때, B가 맨 앞 또는 맨 뒤에 서는 경우의 수를 구하시오.

풀이 전략

자리가 고정된 B를 제외한 A, C, D 세 사람을 일렬로 세운다.

풀이

(i) B가 맨 앞에 서는 경우
　B를 맨 앞에 고정하고 나머지 A, C, D 세 사람을 한 줄로 세우는 경우의 수를 구하면 되므로
　$3 \times 2 \times 1 = 6$

(ii) B가 맨 뒤에 서는 경우
　B를 맨 뒤에 고정하고 나머지 A, C, D 세 사람을 한 줄로 세우는 경우의 수를 구하면 되므로
　$3 \times 2 \times 1 = 6$

따라서 구하는 경우의 수는 $6 + 6 = 12$

● 일렬로 세우는 경우의 수
− 자리가 고정되는 경우

유형연습 06

5명의 학생 A, B, C, D, E를 일렬로 세울 때, D, E 사이에 한 명이 서는 경우의 수를 구하시오.

● 일렬로 세우기 활용
− 사이에 세우기

6 확률

6 확률

유형 07 이웃하여 세우는 경우의 수

개념 07

이웃하여 한 줄로 세우는 경우의 수

이웃하는 것을 하나로 묶어 일렬로 세우는 경우의 수	×	묶음 안에서 자리를 바꾸는 경우의 수

● 이웃하여 세우는 경우의 수

확인문제

31 A, B, C, D, E 5명의 학생을 일렬로 세울 때, A, B가 이웃하게 서는 경우의 수를 구하는 과정이다. □ 안에 알맞은 수를 써넣으시오.

→ | A, B를 하나로 묶어 □명을 한 줄로 세우는 경우의 수는 □×□×□×□=□ | × | 묶음 안에서 A, B가 자리를 바꾸는 경우의 수는 □ |
|---|---|---|

따라서 A, B가 이웃하게 서는 경우의 수는
□×□=□

[32~33] 알파벳 N, U, M, B, E, R에 대하여 다음을 구하시오.

32 모음끼리 이웃하여 일렬로 나열하는 경우의 수

33 자음끼리 이웃하여 일렬로 나열하는 경우의 수

34 부모님과 자녀 3명이 가족사진을 찍으려고 한다. 5명이 한 줄로 나란히 설 때, 부모님이 이웃하게 서는 경우의 수를 구하시오.

● 이웃하여 세우는 경우의 수

예제 07

남학생 2명, 여학생 3명이 일렬로 설 때 남학생은 남학생끼리, 여학생은 여학생끼리 이웃하여 서는 경우의 수를 구하시오.

풀이 전략

이웃하는 것을 하나로 묶어 일렬로 세우는 경우의 수와 묶음 안에서 자리를 바꾸는 경우의 수를 구해 두 경우의 수를 서로 곱한다.

풀이

남학생 2명과 여학생 3명을 각각 하나로 묶으면 2명을 일렬로 세우는 것과 같으므로 경우의 수는
$2 \times 1 = 2$
묶음 안에서 남학생 2명이 일렬로 서는 경우의 수는
$2 \times 1 = 2$
묶음 안에서 여학생 3명이 일렬로 서는 경우의 수는
$3 \times 2 \times 1 = 6$
따라서 구하는 경우의 수는 $2 \times 2 \times 6 = 24$

● 이웃하여 세우는 경우의 수(서술형)

유형연습 07

국어, 영어, 수학, 과학, 사회 교과서를 한 권씩 책꽂이에 나란히 꽂으려고 한다. 국어 교과서를 맨 뒤에 꽂는다고 할 때 수학, 과학 교과서를 이웃하게 꽂는 경우의 수를 구하시오.

개념 **08**

서로 다른 숫자가 각각 적힌 n장의 카드에서 2장을 뽑아 만들 수 있는 두 자리 자연수의 개수

(1) 0이 포함되지 않는 숫자 카드로 만들 수 있는 두 자리 자연수의 개수: $n \times (n-1)$

(2) 0을 포함하는 숫자 카드로 만들 수 있는 두 자리 자연수의 개수: $(n-1) \times (n-1)$

[참고] 두 자리의 자연수를 만들 때, 0은 십의 자리에 올 수 없다.

● 자연수 만들기 경우의 수 ● 자연수의 개수

확인문제

[35~36] 1, 2, 3, 4의 숫자가 각각 하나씩 적힌 4장의 카드가 있다. □ 안에 알맞은 수를 써넣으시오.

35 2장을 뽑아 만들 수 있는 두 자리 자연수의 개수는
□×□=□(개)

36 3장을 뽑아 만들 수 있는 세 자리 자연수의 개수는
□×□×□=□(개)

[37~38] 0부터 5까지의 정수가 각각 하나씩 적힌 6장의 카드가 있다. □ 안에 알맞은 수를 써넣으시오.

37 2장을 뽑아 만들 수 있는 두 자리 자연수의 개수는
□×□=□(개)

38 3장을 뽑아 만들 수 있는 세 자리 자연수의 개수는
□×□×□=□(개)

● 자연수 만들기 경우의 수

예제 **08**

0, 1, 2, 3, 4의 숫자가 각각 하나씩 적힌 5장의 카드 중에서 3장의 카드를 뽑아 세 자리의 정수를 만들 때, 만들 수 있는 짝수의 개수를 구하시오.

풀이 전략

세 자리의 자연수를 만들 때, 0은 백의 자리에 올 수 없다.

풀이

(i) 일의 자리가 0인 경우
백의 자리에 올 수 있는 숫자는 1, 2, 3, 4의 4개, 십의 자리에 올 수 있는 숫자는 백의 자리, 일의 자리 숫자를 제외한 3개이므로 짝수는 $4 \times 3 = 12$(개)

(ii) 일의 자리가 2인 경우
백의 자리에 올 수 있는 숫자는 1, 3, 4의 3개, 십의 자리에 올 수 있는 숫자는 백의 자리, 일의 자리 숫자를 제외한 3개이므로 짝수는 $3 \times 3 = 9$(개)

(iii) 일의 자리가 4인 경우
백의 자리에 올 수 있는 숫자는 1, 2, 3의 3개, 십의 자리에 올 수 있는 숫자는 백의 자리, 일의 자리 숫자를 제외한 3개이므로 짝수는 $3 \times 3 = 9$(개)

따라서 만들 수 있는 짝수의 개수는
$12 + 9 + 9 = 30$(개)

● 자연수의 개수(서술형)

유형연습 **08**

0, 1, 2, 3, 4, 5의 숫자가 각각 적힌 6장의 카드 중에서 3장을 뽑아 만들 수 있는 세 자리의 정수 중 320 미만인 수의 개수를 구하시오.

● 자연수 만들기 경우의 수 활용

유형 09 대표를 뽑는 경우의 수

개념 09

(1) n명 중에서 자격이 다른 대표 2명을 뽑는 경우의 수:
$$n \times (n-1)$$
　　예 (A: 회장, B: 부회장) ≠ (B: 회장, A: 부회장)

(2) n명 중에서 자격이 같은 대표 2명을 뽑는 경우의 수:
$$\frac{n \times (n-1)}{2}$$
　　예 (A: 대표, B: 대표) = (B: 대표, A: 대표)

● 대표를 뽑는 경우의 수
　 – 자격이 같은 경우
● 대표를 뽑는 경우의 수
　 – 자격이 다른 경우

확인문제

[39~41] 남학생 2명과 여학생 4명 중에서 학급 임원을 선출하려고 한다. □ 안에 알맞은 수를 써넣으시오.

39 회장 1명, 부회장 1명을 뽑는 경우의 수는 뽑는 순서를 고려해야 하므로 □×□=□

40 대표 2명을 뽑는 경우의 수는 뽑는 순서를 고려하지 않으므로 (□×□)÷□=□

41 남자 중에서 대표 1명을 뽑고, 여자 중에서 대표 1명을 뽑는 경우의 수는 □×□=□

42 윤수네 학교 연극 동아리의 학생 12명 중에서 주연 1명과 조연 1명을 뽑는 경우의 수를 구하시오.

● 대표를 뽑는 경우의 수 – 자격이 다른 경우

43 승엽이를 포함하는 9명의 학생 중에서 청소 당번 3명을 뽑을 때, 승엽이가 포함되는 경우의 수를 구하시오.

● 대표를 뽑는 경우의 수 – 자격이 같은 경우

44 학생 자치회에서 '일회용품 사용을 줄이자.'를 주제로 홍보활동을 실시하려고 한다. 15명의 회원 중에서 이 활동을 담당할 3명을 뽑는 경우의 수를 구하시오.

예제 09

남학생 3명, 여학생 7명이 5명씩 두 개의 조로 나누어 게임을 진행하려고 한다. 이때 남학생 3명이 모두 같은 조에 속하는 경우의 수를 구하시오.

풀이 전략

7명의 여학생 중 남학생 3명과 같은 조에 속할 여학생 2명을 뽑는다.

풀이

남학생 3명이 모두 같은 조에 속해야 하므로, 7명의 여학생 중 남학생 3명과 같은 조에 속할 여학생 2명을 뽑는다.

따라서 구하는 경우의 수는 $\dfrac{7 \times 6}{2} = 21$

유형연습 09

혜미가 동생과 함께 잡곡밥을 지어 먹으려고 한다. 검은콩, 보리, 조, 팥, 쌀 중에서 쌀을 반드시 포함하여 총 3가지를 골라 잡곡밥을 짓는다고 할 때, 만들 수 있는 잡곡밥의 종류는 모두 몇 가지인지 구하시오. (단, 잡곡의 비율은 고려하지 않는다.)

개념 **10**

(1) **모두 다른 색을 칠하는 경우:** 한 번 사용한 색은 다시 사용할 수 없으므로 색들을 빈칸에 일렬로 세우는 경우처럼 생각한다.

(2) **같은 색을 여러 번 칠해도 되나 이웃하는 영역은 서로 다른 색을 칠하는 경우:** 이웃하지 않는 영역은 칠한 색을 다시 사용할 수 있다.

◉ 경우의 수-색칠하기

확인문제

45 오른쪽 그림과 같은 A, B, C, D의 네 영역을 빨강, 주황, 노랑, 초록의 4가지 색을 모두 사용하여 칠하려고 한다. 칠할 수 있는 모든 경우의 수를 구하시오.

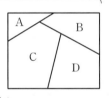

46 5가지의 서로 다른 색으로 오른쪽 그림의 각 영역을 색칠하려고 한다. A, B, C, D의 네 영역을 구분하여 칠할 때, 칠할 수 있는 모든 경우의 수를 구하시오. (단, 같은 색을 여러 번 사용할 수 있으나 이웃하는 영역에는 서로 다른 색을 칠한다.)

예제 **10**

노랑, 파랑, 빨강, 초록의 4가지 색으로 오른쪽 그림의 각 영역을 색칠하려고 한다. A, B, C, D, E의 다섯 영역을 구분하여 칠할 때, 칠할 수 있는 모든 경우의 수를 구하시오.(단, 같은 색을 여러 번 사용할 수 있으나 이웃하는 영역에는 서로 다른 색을 칠한다.)

풀이 전략

이웃하지 않는 영역은 칠한 색을 다시 사용할 수 있다.

풀이

A에 칠할 수 있는 색은 4가지
B에 칠할 수 있는 색은 A에 칠한 색을 제외한 3가지
C에 칠할 수 있는 색은 A와 B에 칠한 색을 제외한 2가지
D에 칠할 수 있는 색은 A와 C에 칠한 색을 제외한 2가지
E에 칠할 수 있는 색은 A와 D에 칠한 색을 제외한 2가지
따라서 구하는 경우의 수는 $4 \times 3 \times 2 \times 2 \times 2 = 96$

◉ 경우의 수 – 색칠하기

유형연습 **10**

오른쪽 그림과 같은 A, B, C, D의 네 영역을 빨강, 분홍, 초록, 연두색의 4가지 색을 사용하여 칠하려고 한다. 같은 색을 두 번 이상 사용할 수 있으나 이웃하는 영역에는 서로 다른 색을 칠한다고 할 때, 칠할 수 있는 모든 경우의 수를 구하시오.

6 확률

유형 11 선분 또는 삼각형의 개수를 구하는 경우의 수

개념 11

한 직선 위에 있지 않은 n개의 점 중에서

(1) 두 점을 이어 만들 수 있는 선분의 개수

➡ $\dfrac{n \times (n-1)}{2 \times 1}$ (개)

(2) 세 점을 이어 만들 수 있는 삼각형의 개수

➡ $\dfrac{n \times (n-1) \times (n-2)}{3 \times 2 \times 1}$ (개)

● 경우의 수 – 선분 또는 삼각형의 개수

확인문제

47 오른쪽 그림과 같이 한 원 위에 6개의 점이 있을 때, 두 점을 이어 만들 수 있는 선분의 개수를 구하시오.

● 경우의 수 – 선분 또는 삼각형의 개수

48 오른쪽 그림과 같이 한 원 위에 7개의 점이 있을 때, 세 점을 이어 만들 수 있는 삼각형의 개수를 구하시오.

● 경우의 수 – 선분 또는 삼각형의 개수

[49~50] 오른쪽 그림과 같이 한 원 위에 5개의 점이 있을 때, 다음을 구하시오.

49 2개의 점을 연결하여 만들 수 있는 직선의 개수

50 2개의 점을 연결하여 만들 수 있는 반직선의 개수

예제 11

다음 그림과 같은 오각형의 대각선의 개수를 구하시오.

풀이 전략

다각형의 변은 대각선이 아니다.

풀이

오각형 위의 5개의 점 중에서 두 점을 이어 만들 수 있는 선분의 개수는 $\dfrac{5 \times 4}{2 \times 1} = 10$(개)

이 중 이웃하는 두 점을 이은 오각형의 각 변은 대각선이 아니므로

오각형의 대각선의 개수는 $10 - 5 = 5$(개)

유형연습 11

다음 그림과 같은 사다리꼴 위의 11개의 점 중에서 3개를 이어서 만들 수 있는 삼각형의 개수를 구하시오.

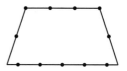

● 대표를 뽑는 경우의 수
– 자격이 같은 경우(서술형)(2)

개념 **12**

(1) **확률**: 일어날 수 있는 모든 경우의 수를 n, 사건 A가 일어나는 경우의 수를 a라 하면

　(사건 A가 일어날 확률 p)

　$= \dfrac{(\text{사건 } A\text{가 일어나는 경우의 수})}{(\text{모든 경우의 수})} = \dfrac{a}{n}$

(2) **확률의 기본 성질**

　① 사건 A가 일어날 확률을 p라 하면 $0 \le p \le 1$

　② (절대로 일어나지 않는 사건의 확률)$=0$

　③ (반드시 일어나는 사건의 확률)$=1$

●확률의 기본 성질

확인문제

[51~53] 상자 속에 모양과 크기가 같은 검은 공 2개, 빨간 공 4개가 들어 있다. 이 상자에서 한 개의 공을 임의로 꺼낼 때, 옳은 것에는 ○표, 옳지 <u>않은</u> 것에는 ×표를 하시오.

51 검은 공이 나올 확률은 $\dfrac{2}{3}$이다. 　　　（　　）

52 빨간 공이 나올 확률은 $\dfrac{2}{3}$이다. 　　　（　　）

53 파란 공이 나올 확률은 1이다. 　　　（　　）

[54~55] 1부터 10까지의 자연수가 각각 하나씩 적힌 10장의 카드가 바구니 속에 들어 있다. 이 바구니에서 한 장의 카드를 임의로 꺼낼 때, ☐ 안에 알맞은 수를 써넣으시오.

54 10 이하의 자연수가 적힌 카드가 나올 확률은 ☐이다.

55 15의 배수가 적힌 카드가 나올 확률은 ☐이다.

예제 **12**

다음은 민수네 자율 동아리 학생 30명의 MBTI를 조사하여 나타낸 표이다. 이 자율 동아리 학생 중에서 한 명을 선택할 때, 그 학생이 ESFJ일 확률을 구하시오.

MBTI유형	INTJ	ISFP	ESFP	ESFJ	ENFJ
학생수(명)	4	6	7	8	5

풀이 전략

모든 경우의 수와 어떤 사건이 일어나는 경우의 수를 이용해 확률을 구한다.

풀이

민수네 자율 동아리 학생 30명 중 ESFJ인 학생의 수는 8명이므로

구하는 확률은 $\dfrac{8}{30} = \dfrac{4}{15}$

유형연습 **12**

한 개의 주사위를 두 번 던져 처음에 나오는 눈의 수를 x, 나중에 나오는 눈의 수를 y라 할 때, $2x+y=9$일 확률을 구하시오.

●확률 – 방정식의 해 응용

6 확률

6 확률

유형 13 어떤 사건이 일어나지 않을 확률

개념 13

사건 A가 일어날 확률을 p라 하면
(사건 A가 일어나지 않을 확률)$=1-p$

● 어떤 사건이 일어나지 않을 확률

확인문제

[56~59] 다음 □ 안에 알맞은 수를 써넣으시오.

56 소민이가 경품에 당첨될 확률이 $\dfrac{2}{5}$일 때, 소민이가 경품에 당첨되지 않을 확률은 $1-\boxed{}=\boxed{}$

57 다정이가 어떤 수학 퀴즈를 틀릴 확률이 $\dfrac{7}{9}$일 때, 다정이가 이 수학 퀴즈를 맞힐 확률은 $\boxed{}-\dfrac{7}{9}=\boxed{}$

58 두 사람이 서로 가위바위보를 할 때, 비길 확률은 $\boxed{}$이고, 승부가 날 확률은 $\boxed{}-\boxed{}=\boxed{}$

59 1부터 50까지의 자연수가 각각 하나씩 적힌 50장의 카드 중에서 한 장의 카드를 임의로 꺼낼 때, 10의 배수가 아닌 숫자가 적힌 카드가 나올 확률은

$1-\dfrac{\boxed{}}{10}=\boxed{}$

[60~61] 서로 다른 두 개의 주사위를 동시에 던질 때, 다음을 구하시오.

60 두 눈의 수의 합이 10 이하일 확률

61 서로 다른 눈이 나올 확률

예제 13

지수, 현주, 지영, 영준 4명이 한 줄로 설 때, 지수가 맨 앞에 서지 않을 확률을 구하시오.

풀이 전략
(어떤 사건이 일어나지 않을 확률)
$=1-$(어떤 사건이 일어날 확률)

풀이
지수가 맨 앞에 설 확률은

$\dfrac{3\times2\times1}{4\times3\times2\times1}=\dfrac{1}{4}$

따라서 지수가 맨 앞에 서지 않을 확률은

$1-$(지수가 맨 앞에 설 확률)$=1-\dfrac{1}{4}=\dfrac{3}{4}$

● 어떤 사건이 일어나지 않을 확률

유형연습 13

태웅이를 포함한 8명의 후보 중에서 대표 2명을 뽑을 때, 태웅이가 뽑히지 않을 확률을 구하시오.

개념 14

두 사건 A, B가 동시에 일어나지 않을 때,
사건 A가 일어날 확률을 p, 사건 B가 일어날 확률을 q라 하면
(사건 A 또는 사건 B가 일어날 확률)$=p+q$

● 사건 A 또는 B가 일어날 확률

확인문제

62 주머니 속에 크기와 모양이 같은 빨간 공 3개, 노란 공 4개, 파란 공 1개가 들어 있다. 이 주머니에서 한 개의 공을 꺼낼 때, □ 안에 알맞은 수를 써넣으시오.

➡ 빨간 공을 꺼낼 확률은 □

파란 공을 꺼낼 확률은 □

따라서 빨간 공 또는 파란 공을 꺼낼 확률은

□ + □ = □

63 서로 다른 두 개의 주사위를 동시에 던질 때, 나오는 눈의 수의 합이 4 또는 9가 될 확률을 구하시오.

● 사건 A 또는 B가 일어날 확률

64 M, A, T, H가 각각 하나씩 적힌 4장의 카드를 일렬로 배열할 때, A 또는 T가 가장 앞에 올 확률을 구하시오.

예제 14

0, 1, 2, 3, 4의 숫자가 각각 하나씩 적힌 5장의 카드 중에서 3장의 카드를 뽑아 세 자리의 정수를 만들 때, 그 수가 210 이하 또는 430 이상일 확률을 구하시오.

풀이 전략

사건 A 또는 사건 B가 일어날 확률은 각각의 확률을 더해서 구한다.

풀이

모든 경우의 수는 $4 \times 4 \times 3 = 48$

(i) 세 자리 정수가 210 이하인 경우

백의 자리에 1이 오는 경우 $4 \times 3 = 12$(가지)

백의 자리에 2가 오고 210 이하인 수는

201, 203, 204, 210의 4가지이므로 세 자리 정수가 210

이하일 확률은 $\dfrac{16}{48} = \dfrac{1}{3}$

(ii) 세 자리 정수가 430 이상인 경우

430, 431, 432의 3가지이므로 세 자리 정수가 430 이상

일 확률은 $\dfrac{3}{48} = \dfrac{1}{16}$

따라서 구하는 확률은 $\dfrac{16+3}{48} = \dfrac{19}{48}$

유형연습 14

남학생 4명과 여학생 5명 중에서 대표 2명을 뽑을 때, 남학생만 2명 뽑히거나 여학생만 2명 뽑힐 확률을 구하시오.

6
확률

개념 15

두 사건 A, B가 서로 영향을 끼치지 않을 때, 사건 A가 일어날 확률을 p, 사건 B가 일어날 확률을 q라 하면

(사건 A와 사건 B가 동시에 일어날 확률)$=p \times q$

● 두 사건 A와 B가 동시에 일어날 확률

확인문제

[65~66] 두 주사위 A, B를 동시에 던질 때, □ 안에 알맞은 수 또는 기호를 써넣으시오.

65 A 주사위는 홀수의 눈이 나오고, B 주사위는 4보다 큰 수가 나올 확률은 $\dfrac{1}{2}$ □ $\dfrac{1}{3}$ = □

66 A 주사위는 4의 배수의 눈이 나오고, B 주사위는 소수의 눈이 나올 확률은 □ × □ = □

[67~68] 동전 한 개와 주사위 한 개를 동시에 던질 때, 다음을 구하시오.

67 동전은 앞면이 나오고 주사위는 3의 눈이 나올 확률

68 동전은 뒷면이 나오고 주사위는 3의 약수의 눈이 나올 확률

69 어느 야구 선수의 도루 성공률이 $\dfrac{2}{5}$일 때, 이 야구선수가 두 번 연속 도루를 성공할 확률을 구하시오.

70 두 부품 A, B가 불량품일 확률이 각각 $\dfrac{3}{89}$, $\dfrac{1}{90}$일 때, 부품 A도 불량품이 아니고, 부품 B도 불량품이 아닐 확률을 구하시오.

예제 15

10원짜리, 50원짜리, 100원짜리 동전 각각 1개씩과 서로 다른 주사위 2개를 동시에 던질 때, 동전은 모두 앞면이 나오고 주사위는 모두 3의 배수의 눈이 나올 확률을 구하시오.

풀이 전략

사건 A와 사건 B가 동시에 일어날 확률은 각각의 확률을 곱해서 구한다.

풀이

10원짜리가 앞면이 나올 확률은 $\dfrac{1}{2}$

50원짜리가 앞면이 나올 확률은 $\dfrac{1}{2}$

100원짜리가 앞면이 나올 확률은 $\dfrac{1}{2}$

서로 다른 주사위 2개가 3의 배수의 눈이 나올 확률은 각각 $\dfrac{1}{3}, \dfrac{1}{3}$

따라서 구하는 확률은 $\dfrac{1}{2} \times \dfrac{1}{2} \times \dfrac{1}{2} \times \dfrac{1}{3} \times \dfrac{1}{3} = \dfrac{1}{72}$

● 두 사건 A와 B가 동시에 일어날 확률

유형연습 15

다음 그림과 같이 자음과 모음이 쓰여 있는 9장의 카드 중에서 임의로 두 장을 뽑을 때, 글자를 만들 수 있는 카드를 뽑을 확률을 구하시오.

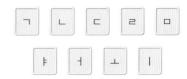

● 두 사건 A와 B가 동시에 일어날 확률(서술형)(3)

개념 **16**

(적어도 A일 확률)
$=1-(A$가 일어나지 않을 확률)

확인문제

71 서로 다른 네 개의 동전을 동시에 던질 때, 적어도 한 번은 뒷면이 나올 확률을 구하는 과정이다. □ 안에 알맞은 수를 써넣으시오.

➡ (적어도 한 번은 뒷면이 나올 확률)

$\quad = \boxed{} - ($모두 앞면이 일어날 확률$)$

$\quad = \boxed{} - \boxed{} = \boxed{}$

72 치료율이 90 %인 약으로 두 명의 환자를 치료할 때, 적어도 한 명이 치료될 확률을 구하시오.

73 타율이 4할인 야구 선수가 3번 연속 타석에 나설 때, 적어도 한 번은 안타를 칠 확률을 구하시오.
(단, '할'은 비율을 소수로 나타낼 때 소수 첫째 자리를 이르는 말이다.)

● 어떤 사건이 일어나지 않을 확률(서술형)(2)

74 이번 동아리 발표회에서 미술부는 현주, 진영, 연우가 제출한 작품 중에서 전시하기로 했다. 현주, 진영, 연우가 작품을 제출할 확률은 각각 $\dfrac{5}{6}$, $\dfrac{3}{5}$, $\dfrac{7}{8}$일 때, 동아리 발표회에서 미술부의 작품이 전시될 확률을 구하시오.

● 어떤 사건이 일어나지 않을 확률(서술형)(1)

예제 **16**

오른쪽 그림과 같이 홀수가 적혀 있는 8등분된 원판이 있다. 이 원판의 바늘을 연속하여 세 번 돌릴 때, 적어도 한 번은 소수를 가리킬 확률을 구하시오.
(단, 바늘이 경계선 위에 멈추는 경우는 생각하지 않는다.)

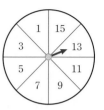

풀이 전략

(적어도 한 번은 소수를 가리킬 확률)
$=1-($세 번 모두 소수를 가리키지 않을 확률$)$

풀이

원판의 바늘을 한 번 돌릴 때, 소수를 가리킬 확률은 $\dfrac{5}{8}$,

소수를 가리키지 않을 확률은 $1-\dfrac{5}{8}=\dfrac{3}{8}$

바늘을 연속하여 세 번 돌릴 때, 세 번 모두 소수를 가리키지

않을 확률은 $\dfrac{3}{8}\times\dfrac{3}{8}\times\dfrac{3}{8}=\dfrac{27}{512}$

따라서 적어도 한 번은 소수를 가리킬 확률은

$1-\dfrac{27}{512}=\dfrac{485}{512}$

● 어떤 사건이 일어나지 않을 확률(서술형)(3)

유형연습 **16**

혜란이가 ○, ×로 정답을 표시하는 시험에서 4개의 문제의 답을 임의로 표시하였을 때, 적어도 2문제를 맞힐 확률을 구하시오.

6 확률

유형 17 연속하여 꺼내는 경우의 확률

개념 17

(1) **꺼낸 것을 다시 넣는 경우**: 처음에 일어난 사건이 나중에 일어나는 사건에 영향을 주지 않는다.
(처음에 꺼낼 때의 조건)
= (나중에 꺼낼 때의 조건)

(2) **꺼낸 것을 다시 넣지 않는 경우**: 처음에 일어난 사건이 나중에 일어나는 사건에 영향을 준다.
(처음에 꺼낼 때의 조건)
≠ (나중에 꺼낼 때의 조건)

● 연속하여 꺼내는
경우의 확률(1)

● 연속하여 꺼내는
경우의 확률(2)

확인문제

75 상자 안에 빨간 공 5개, 노란 공 3개, 파란 공 1개가 들어 있다. 이 상자에서 공 1개를 꺼내어 색을 확인하고 넣은 후 다시 1개를 꺼낼 때, 처음에 꺼낸 공은 노란 공이고, 두 번째에 꺼낸 공은 빨간 공일 확률을 구하시오.

● 연속하여 꺼내는 경우의 확률(1)

76 주머니 안에 빨간 공 4개, 파란 공 5개가 들어 있다. 이 주머니에서 희수가 1개의 공을 꺼내어 확인하고 다시 넣은 후 수영이가 1개를 꺼낼 때, 수영이만 파란 공을 꺼낼 확률을 구하시오.

● 연속하여 꺼내는 경우의 확률(1)

[77~78] 주머니 안에 노란 공 3개, 흰 공 7개가 들어 있다. 이 중에서 1개의 공을 꺼내어 확인한 후 다시 집어넣지 않고 또 1개의 공을 꺼낼 때, 다음 □ 안에 알맞은 수를 써넣으시오.

77 2개 모두 노란 공일 확률은 □ × □ = □

78 2개 모두 흰 공일 확률은 □ × □ = □

예제 17

어느 상자 안에 들어 있는 20개의 제품 중 3개가 불량품이라고 한다. 이 상자에서 연속하여 두 개의 제품을 꺼낼 때, 두 개 모두 불량품이 아닐 확률을 구하시오. (단, 꺼낸 제품은 다시 넣지 않는다.)

풀이 전략

꺼낸 것을 다시 넣지 않는 경우이므로 처음에 일어난 사건이 나중에 일어나는 사건에 영향을 준다.

풀이

처음 꺼냈을 때 불량품이 아닐 확률은 $\dfrac{20-3}{20}=\dfrac{17}{20}$

두 번째 꺼냈을 때 불량품이 아닐 확률은

$$\dfrac{17-1}{20-1}=\dfrac{16}{19}$$

따라서 구하는 확률은

$$\dfrac{17}{20}\times\dfrac{16}{19}=\dfrac{68}{95}$$

유형연습 17

어느 주머니 안에 11개의 제비 중 3개의 당첨 제비가 들어 있다. A, B, C 세 사람이 순서대로 한 개씩 제비를 뽑을 때, 세 명 모두 당첨되지 않을 확률을 구하시오. (단, 뽑은 제비는 다시 넣지 않는다.)

개념 **18**

사건 A가 일어날 확률을 p, 사건 B가 일어날 확률을 q라 하면

(두 사건 A, B 중 하나만 일어날 확률)
=(사건 A가 일어나고 사건 B가 일어나지 않을 확률)
+(사건 A가 일어나지 않고 사건 B가 일어날 확률)
=$p \times (1-q) + (1-p) \times q$

확인문제

[79~82] 재민이의 자유투 성공률은 $\dfrac{1}{3}$이다. 재민이가 두 번 연속하여 자유투를 할 때, 다음 □ 안에 알맞은 수를 써넣으시오.

79 재민이의 자유투 실패율은 □

80 재민이가 자유투를 첫 번째에 성공하고 두 번째 실패할 확률은 □ × □ = □

81 재민이가 자유투를 첫 번째에 실패하고 두 번째에 성공할 확률은 □ × □ = □

82 재민이가 자유투를 한 번만 성공할 확률은

□ + □ = □

83 어떤 수학 문제를 윤슬이가 맞힐 확률은 $\dfrac{1}{4}$, 희수가 맞힐 확률은 $\dfrac{3}{5}$이라 할 때, 둘 중 한 명만 이 문제를 맞힐 확률을 구하시오.

● 확률의 덧셈과 곱셈

84 A 주머니에는 검은 공 3개, 노란 공 5개가 들어 있고 B 주머니에는 검은 공 4개, 노란 공 4개가 들어 있다. A, B 두 주머니에서 각각 한 개씩 공을 꺼낼 때, 두 공이 서로 다른 색일 확률을 구하시오.

예제 **18**

각 면에 -2, -2, -1, -1, 0, 1이 각각 하나씩 적힌 정육면체가 있다. 이 정육면체를 두 번 던졌을 때, 밑면에 나온 수의 합이 0이 될 확률을 구하시오.

풀이 전략
밑면에 나온 수의 합이 0이 되는 경우는 $(-1, 1)$이 나오거나 $(1, -1)$이 나오거나 $(0, 0)$이 나오는 경우이다.

풀이
$(-1, 1)$이 나올 확률은 $\dfrac{2}{6} \times \dfrac{1}{6} = \dfrac{1}{18}$

$(1, -1)$이 나올 확률은 $\dfrac{1}{6} \times \dfrac{2}{6} = \dfrac{1}{18}$

$(0, 0)$이 나올 확률은 $\dfrac{1}{6} \times \dfrac{1}{6} = \dfrac{1}{36}$

따라서 구하는 확률은

$\dfrac{1}{18} + \dfrac{1}{18} + \dfrac{1}{36} = \dfrac{2+2+1}{36} = \dfrac{5}{36}$

유형연습 18

윤슬, 지인, 서우 세 사람이 가위바위보를 한 번 할 때, 윤슬이가 이길 확률을 구하시오.

● 확률의 덧셈과 곱셈의 활용 - 가위바위보

6
확률

유형 19 확률의 덧셈과 곱셈의 활용

개념 19

(어떤 사건 B가 일어날 확률)
=(사건 A가 일어나고 사건 B가 일어날 확률)
+(사건 A가 일어나지 않고 사건 B가 일어날 확률)

확인문제

[85~89] 비가 온 다음 날 비가 올 확률은 $\dfrac{3}{4}$이고 비가 오지 않은 다음 날 비가 올 확률은 $\dfrac{1}{5}$이다. 오늘 비가 오지 않았을 때, 다음 □ 안에 알맞은 수를 써넣으시오.

85 비가 온 다음 날 비가 오지 않을 확률은 ☐

86 비가 오지 않은 다음 날 비가 오지 않을 확률은 ☐

87 내일 비가 오지 않고, 모레 비가 올 확률은
☐ × ☐ = ☐

88 내일 비가 오고, 모레 비가 올 확률은
☐ × ☐ = ☐

89 모레 비가 올 확률은 ☐ + ☐ = ☐

[90~91] 볼링 동호회 회원인 민하가 스트라이크를 기록한 후 다음 투구에서 스트라이크를 기록할 확률은 $\dfrac{2}{5}$이고, 스트라이크를 기록하지 못한 후 다음 투구에서 스트라이크를 기록할 확률은 $\dfrac{1}{3}$이다. 민하가 첫 투구에서 스트라이크를 기록했을 때, 다음을 구하시오.

90 세 번째 투구에서 스트라이크를 기록할 확률

91 세 번째 투구에서 스트라이크를 기록하지 못할 확률

예제 19

A주머니에는 흰 구슬 3개, 빨간 구슬 5개가 들어 있고 B주머니에는 흰 구슬 2개, 빨간 구슬 4개가 들어 있다. A주머니에서 구슬 1개를 꺼내어 B주머니에 넣은 후 B주머니에서 구슬 1개를 꺼낼 때, 빨간 구슬일 확률을 구하시오.

풀이 전략

A주머니에서 흰 구슬을 꺼내는 경우와 빨간 구슬을 꺼내는 경우를 구분하여 생각한다.

풀이

(i) A주머니에서 흰 구슬을 꺼내어 B주머니에 넣은 후 B주머니에서 구슬 1개를 꺼낼 때, 빨간 구슬일 확률

$$\frac{3}{8} \times \frac{4}{7} = \frac{3}{14}$$

(ii) A주머니에서 빨간 구슬을 꺼내어 B주머니에 넣은 후 B주머니에서 구슬 1개를 꺼낼 때, 빨간 구슬일 확률

$$\frac{5}{8} \times \frac{5}{7} = \frac{25}{56}$$

따라서 구하는 확률은

$$\frac{3}{14} + \frac{25}{56} = \frac{12+25}{56} = \frac{37}{56}$$

● 확률의 덧셈과 곱셈−주머니 선택하여 공 꺼내기

유형연습 19

A, B 두 프로배구 팀이 플레이오프에서 다섯 경기를 하는데 먼저 3승을 하는 팀이 결승리그에 진출한다고 한다. A팀이 B팀과의 경기에서 이길 확률이 $\dfrac{3}{4}$일 때, A팀이 마지막 경기는 하지 않고 다섯 경기 전에 결승리그에 진출할 확률을 구하시오. (단, 매 경기 무승부는 없다.)

● 확률의 덧셈과 곱셈(서술형)(3)

개념 20

(1) **명중률에 관한 문제**

　2번 이하에 명중시킨다: 첫 번째에 명중시키거나 첫 번째 명중시키지 못하고 두 번째 명중시킨다.

(2) **두 사람이 만날 확률에 관한 문제**

　① 만나려면 모두 약속을 지켜야 한다.

　② (만나지 못할 확률)＝1－(만날 확률)

● 확률(명중률)

● 확률(두 사람이 만날 확률)

확인문제

[92~94] 4발을 쏘아 평균 3발을 과녁에 명중시키는 양궁 선수가 있다. 다음 □ 안에 알맞은 수를 써넣으시오.

92 이 선수가 첫 번째에 과녁에 명중시킬 확률은 □

93 이 선수가 첫 번째에 과녁을 명중시키지 못하고 두 번째에 명중시킬 확률은 □ × □ ＝ □

94 이 선수가 2발 이하를 쏘아 과녁에 명중시킬 확률은 □ ＋ □ ＝ □

[95~96] 지운이와 정민이가 만나기로 약속을 하였다. 지운이가 약속 시간을 지킬 확률이 $\frac{1}{3}$이고, 정민이가 약속 시간을 지킬 확률이 $\frac{6}{7}$일 때, 다음을 구하시오.

95 두 사람이 약속 시간에 만날 확률

96 두 사람이 약속 시간에 만나지 못할 확률

예제 20

다음 그림과 같이 수직선 위의 원점에 점 P가 있다. 동전 한 개를 던져서 앞면이 나오면 P를 오른쪽으로 1만큼, 뒷면이 나오면 P를 왼쪽으로 1만큼 움직이기로 한다. 동전을 다섯 번 던졌을 때, 점 P가 －1에 있을 확률을 구하시오.

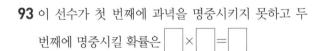

풀이 전략

점 P가 －1에 있기 위해서는 앞면이 두 번, 뒷면이 세 번 나와야 한다.

풀이

모든 경우의 수는 $2 \times 2 \times 2 \times 2 \times 2 = 32$

동전을 다섯 번 던졌을 때, 앞면이 두 번, 뒷면이 세 번 나오는 경우의 수는 5명 중 자격이 같은 대표 2명을 뽑는 경우의 수와 같으므로 $\frac{5 \times 4}{2} = 10$

따라서 점 P가 －1에 있을 확률은 $\frac{10}{32} = \frac{5}{16}$

● 확률(수직선 위의 어떤 점에 올 확률)

유형연습 20

A, B 두 개의 주사위를 동시에 던져 주사위 A에서 나온 눈의 수를 a, 주사위 B에서 나온 눈의 수를 b라고 할 때, 두 직선 $y = -2x + a$, $y = x - b$의 교점의 x좌표가 $\frac{5}{3}$일 확률을 구하시오.

● 확률(일차함수 그래프의 응용)

하루 한 장으로 중학 수학 실력 UP

인터넷·모바일·TV
무료 강의 제공

MON	TUE	WED	THU	FRI	SAT	SUN
				화이팅! 1	2	3
4	5	6	한장끝! 7	8	9	10
11	12	13	14			17
18	19	20	21			4
25	26	27	28			

| 1(상) | 1(하) | 2(상) | 2(하) | 3(상) | 3(하) |

중학 수학은
한 장 수학으로
이렇게!

 하나!
하루 한 장으로
가볍게 습관 들이기

 둘!
기초부터 시작해서
문제로 완성하기

 셋!
서술형·신유형 문항도
빠짐없이 연습하기

인터넷·모바일·TV
무료 강의 제공

정답과
풀이

EBS 중학 강의 다운로드 1위·스트리밍 1위
1,300개 강의에서 선별한 중학 2학년 핵심 유형

진짜
수학의 답을
찾아서!

[QR 코드로 연결하는 유형별 강의]

수학의 답

중학 수학 2

수학의 답
정답과 풀이

중학 수학 2

정답과 풀이

1 유리수와 순환소수 본문 6~20쪽

확인문제

01 ×	02 ×	03 ○	04 ○
05 ×	06 ○	07 ×	08 ×
09 ○	10 ×	11 ○	12 ×
13 ○	14 ×	15 ×	16 ○
17 ×	18 ○	19 ×	20 ○
21 ×	22 ×	23 ○	24 ×
25 ×	26 ×	27 ×	28 ×
29 ○	30 ○	31 ×	32 ○
33 이항	34 역수	35 ×	36 ○
37 ○	38 ○	39 ×	40 ○
41 ×	42 ×	43 ×	44 ×
45 ○	46 3	47 2, 5	48 7
49 ×	50 ×	51 ○	52 ○
53 ○	54 ○	55 ○	56 ○
57 7, 9	58 1, 2, 4, 5, 7, 8		59 순환소수
60 유한소수	61 2, 4, 6, 8	62 3, 6, 9	

유형연습

01 ④	02 (1) 5 (2) $0.0\dot{1}$		03 16
04 ㄷ, ㅁ	05 2	06 $0.\dot{6}\dot{1}$	07 9
08 13	09 $x=2.\dot{1}\dot{5}$	10 ⑤	11 9
12 4	13 179	14 16	15 ①

01

$$\frac{2}{15}=2\div15=0.1333\cdots$$

答 ④

02

(1) 주어진 분수를 소수로 나타내면 다음과 같다.

$$\frac{3}{7}=3\div7=0.\dot{4}2857\dot{1}$$

$$\frac{11}{12}=11\div12=0.91\dot{6}$$

따라서 $a=6$, $b=1$이므로

$$a-b=5$$

(2) $\dfrac{1}{10^2}+\dfrac{1}{10^4}+\dfrac{1}{10^6}+\cdots$

$$=\frac{1}{100}+\frac{1}{10000}+\frac{1}{1000000}+\cdots$$

$$=0.01+0.0001+0.000001+\cdots$$

$$=0.010101\cdots$$

$$=0.\dot{0}\dot{1}$$

答 (1) 5 (2) $0.\dot{0}\dot{1}$

03

주어진 순환소수의 순환마디의 숫자의 개수가 4개이고
$43=4\times10+3$, $50=4\times12+2$
즉, 소수점 아래 43번째 자리의 숫자는 순환마디 3번째 자리의 숫자와 같으므로 $x=2$
소수점 아래 50번째 자리의 숫자는 순환마디 2번째 자리의 숫자와 같으므로 $y=8$
따라서 $xy=2\times8=16$

答 16

04

ㄱ. $\dfrac{1}{8}=\dfrac{1}{2^3}$

ㄴ. $\dfrac{4}{25}=\dfrac{2^2}{5^2}$

ㄷ. $\dfrac{27}{56}=\dfrac{3^3}{2^3\times7}$이므로 유한소수로 나타낼 수 없다.

ㄹ. $\dfrac{27}{150}=\dfrac{3^3}{2\times3\times5^2}=\dfrac{3^2}{2\times5^2}$

ㅁ. $\dfrac{35}{2\times3\times7}=\dfrac{5\times7}{2\times3\times7}=\dfrac{5}{2\times3}$이므로 유한소수로 나타낼 수 없다.

따라서 유한소수로 나타낼 수 없는 것은 ㄷ, ㅁ이다.

答 ㄷ, ㅁ

05

주어진 식의 순환소수를 분수로 나타내면

2 수학의 답 | 수학 2

$1.\dot{1}a = \dfrac{11-1}{9} \times a = \dfrac{10}{9}a$

$0.\dot{a}\dot{1} = \dfrac{10a+1}{99}$

$2.\dot{0}\dot{1} = \dfrac{201-2}{99} = \dfrac{199}{99}$

이므로 주어진 식은

$\dfrac{10}{9}a - \dfrac{10a+1}{99} = \dfrac{199}{99}$

$110a - (10a+1) = 199$

$100a = 200$

따라서 $a=2$

目 2

06

$0.40\dot{6} = \dfrac{406-40}{900} = \dfrac{366}{900} = \dfrac{61}{150}$에서

민수는 분모를 잘못 보고 분자는 제대로 보았으므로 기약분수 A의 분자는 61이다.

또, $0.\dot{3}\dot{7} = \dfrac{37}{99}$에서

지우는 분자를 잘못 보고 분모는 제대로 보았으므로 기약분수 A의 분모는 99이다.

따라서 기약분수 A는 $\dfrac{61}{99}$이고 이를 순환소수로 나타내면

$0.\dot{6}\dot{1}$

目 $0.\dot{6}\dot{1}$

07

분수 $\dfrac{3}{n}$은 1보다 작으므로 $n>3$

즉, 조건을 만족시키는 n의 범위는 $3<n\leq20$

이때 분수 $\dfrac{3}{n}$은 기약분수로 나타내었을 때 분모의 소인수가 2나 5뿐이어야 하므로 n을 3으로 나누었을 때 몫의 소인수가 2나 5뿐인 자연수도 가능하다.

(i) $3<n\leq20$에서 소인수가 2 또는 5뿐인 자연수

×	1	2	2^2	2^3	2^4
1			4	8	16
5	5	10	20		

위의 표에서 4, 8, 16, 5, 10, 20

(ii) $3<n\leq20$에서 3으로 나누었을 때 몫의 소인수가 2 또는 5뿐인 자연수

$2\times3=6$, $4\times3=12$, $5\times3=15$

(i), (ii)에 의하여 가능한 n의 개수는 $6+3=9$

目 9

[다른 풀이]

분수 $\dfrac{3}{n}$에 n 대신 1, 2, $\cdots$, 20을 차례로 대입하여 유한소수로 나타낼 수 있는 분수의 개수를 구하여도 된다.

08

$0.\dot{5}\dot{4} = \dfrac{54}{99} = \dfrac{6}{11}$, $0.\dot{3}\dot{6} = \dfrac{36}{99} = \dfrac{4}{11}$이므로

$0.\dot{5}\dot{4} - 0.\dot{3}\dot{6} = \dfrac{6}{11} - \dfrac{4}{11} = \dfrac{2}{11}$

따라서 $\dfrac{a}{b} = \dfrac{2}{11}$이므로

$a+b = 2+11 = 13$

目 13

09

$0.3\dot{6} = \dfrac{36-3}{90} = \dfrac{33}{90} = \dfrac{11}{30}$,

$0.2\dot{1} = \dfrac{21-2}{90} = \dfrac{19}{90}$

이므로 주어진 일차방정식은

$\dfrac{11}{30}x + \dfrac{19}{90} = 1$

$\dfrac{11}{30}x = \dfrac{71}{90}$

$x = \dfrac{71}{90} \times \dfrac{30}{11} = \dfrac{71}{33}$

이때 $\dfrac{71}{33} = \dfrac{213}{99} = \dfrac{215-2}{99} = 2.\dot{1}\dot{5}$

따라서 $x = 2.\dot{1}\dot{5}$

目 $x=2.\dot{1}\dot{5}$

10

① $0.\dot{3} = \dfrac{3}{9} = \dfrac{1}{3}$이므로 유리수이다.

② $1.234567 = \dfrac{1234567}{1000000}$이므로 유리수이다.

③ -23은 정수이므로 유리수이다.

④ $0.101010\cdots=0.\dot{1}\dot{0}=\dfrac{10}{99}$이므로 유리수이다.

⑤ $0.1223334444\cdots$는 무한소수 중에서 순환하지 않는 소수
이므로 분수로 표현할 수 없다.

따라서 유리수가 아닌 것은 ⑤이다.

답 ⑤

11

$216=2^3\times 3^3$이므로 $\dfrac{3}{216}=\dfrac{1}{2^3\times 3^2}$

즉, $\dfrac{3}{216}\times a=\dfrac{1}{2^3\times 3^2}\times a$가 유한소수가 되려면 분모에 2나
5 이외의 소인수가 존재하지 않아야 하므로 a는 9의 배수이
다.

따라서 구하는 a의 값 중 가장 작은 자연수는 9이다.

답 9

12

$\dfrac{n}{28}=\dfrac{n}{2^2\times 7}$, $\dfrac{n}{30}=\dfrac{n}{2\times 3\times 5}$이므로 두 분수가 유한소수가
되려면 n은 7의 배수이면서 3의 배수이어야 한다.

즉, n은 3과 7의 최소공배수인 21의 배수이다.

이때 n은 두 자리의 자연수이므로 가능한 n의 값은 21, 42,
63, 84의 4개이다.

답 4

13

$\dfrac{m}{270}=\dfrac{m}{2\times 3^3\times 5}$은 유한소수로 나타낼 수 있는 분수이므로
m은 27의 배수이다.

또, $\dfrac{m}{2\times 3^3\times 5}=\dfrac{7}{n}$이므로 m은 7의 배수이다.

즉, m은 7과 27의 최소공배수인 189의 배수이다.

이때 분수 $\dfrac{m}{270}$이 1보다 작으므로 가능한 m의 값은 189뿐
이다.

따라서 $\dfrac{m}{270}=\dfrac{189}{270}=\dfrac{7}{10}$이므로 $n=10$

그러므로 $m-n=189-10=179$

답 179

14

$\dfrac{15}{2^4\times 5^2\times a}=\dfrac{3\times 5}{2^4\times 5^2\times a}=\dfrac{3}{2^4\times 5\times a}$이 순환소수가 되려
면 분모가 2나 5 이외의 다른 소인수를 가져야 하므로
$a=3,\ 6,\ 7,\ 9$

그런데 $a=3$, 6일 때는 분자의 3과 약분되므로 분수를 순환
소수로 나타내지 못한다.

따라서 분수 $\dfrac{15}{2^4\times 5^2\times a}$가 순환소수가 되도록 하는 모든 한
자리 자연수 a의 값은 7, 9이고 그 합은 16이다.

답 16

15

$1.7\dot{3}=\dfrac{173-17}{90}=\dfrac{26}{15}=\dfrac{2\times 13}{3\times 5}$

$1.7\dot{3}\times k=\dfrac{2\times 13}{3\times 5}\times k$가 유한소수가 되려면 k는 3의 배수이
어야 한다.

따라서 3의 배수 중 가장 작은 두 자리 자연수는
$k=12$

답 ①

2 식의 계산

본문 21~78쪽

확인문제

01 ○ **02** ○ **03** ○ **04** 3

05 ○ **06** ○ **07** ○ **08** 24

09 × **10** ○ **11** ○ **12** ×

13 ○ **14** × **15** ○ **16** ×

17 × **18** ○ **19** × **20** ○

21 ○ **22** × **23** × **24** 5, 15

25 $-2x^2$, -5 **26** 3, 6 **27** -4

28 3 **29** 1 **30** 6, 4 **31** 문자, 차수

32 $x^2-10x-11$ **33** $x^2-5x-11$

34 $x^2+5x+11$ **35** ○ **36** ×

37 × **38** ○ **39** × **40** ○

41 × **42** × **43** 분수, 역수

44 2, 밑변 **45** 가로, 세로

46 밑넓이, 높이 **47** 3, 밑넓이, 높이

48 $x+4y$ **49** $-2a+9$ **50** ad, bc **51** ○

52 ○ **53** × **54** × **55** ○

56 해 **57** 푼다 **58** × **59** ×

60 < **61** < **62** 3, $3x$, 9

63 8, $3x+5$, 14

64 -8, $-2x$, -4

65 ○ **66** × **67** × **68** ○

69 $x>2$ **70** $x \leq 2$ **71** $x>2$

72

73

74

75

76 $6x-12$ **77** -8 **78** 2

79 $3x+1$, $10x-6$ **80** $-7x$ **81** 1

82 $3x-8$ **83** $-x$ **84** -7 **85** ×

86 × **87** ○ **88** ○ **89** ○

90 ○ **91** × **92** × **93** ○

94 ○ **95** × **96** × **97** 1500

98 9500 **99** 6000 **100** < **101** ≤

102 ≥ **103** 50 **104** $\dfrac{5}{2}$ **105** 6

106 × **107** ○ **108** 12.5

109 4 **110** 115 **111** 140 **112** 55

113 40 **114** ○ **115** × **116** ×

117 ○ **118** ○ **119** ○ **120** ○

121 × **122** ○ **123** ○ **124** ×

125 ○ **126** 6 **127** 300 **128** 6, 300

129 ○ **130** ○ **131** ○ **132** 100, 100

133 6, $2x+9y$ **134** 9 **135** ○

136 ○ **137** ○ **138** ○ **139** ×

140 ○ **141** 1, $a+b$ **142** b, $3-2b$, 2

143 2, 1 **144** ○ **145** ○ **146** 공통

147 × **148** ○ **149** × **150** ×

151 ○ **152** × **153** ○ **154** 7, 3, 73

155 139 **156** 3 **157** 21 **158** 23

159 $3y$ **160** 110 **161** 80 **162** 30

163 21 **164** 36 **165** $4x+2y$

166 3 **167** $\dfrac{1}{8}$ **168** $\dfrac{1}{6}$ **169** 2

170 3 **171** 5 **172** 10 **173** 10

174 2800 **175** × **176** × **177** ○

178 거리, 속력 **179** 2 **180** 24

181 20 **182** = **183** > **184** =

185 < **186** 10 **187** 2 **188** 5

189 125 **190** > **191** < **192** 20

193 ○ **194** × **195** ○ **196** 50

197 930 **198** 20 **199** $500x$ **200** $1200y$

201 $500x+1200y$

유형연습

01 5 **02** 4 **03** 6 **04** 20

05 12 **06** $24a^3b^3$ **07** 8

08 (1) $-\dfrac{2}{3}x^{10}$ (2) $\dfrac{1}{24x^3y^3}$ **9** $\dfrac{4}{3}a^2b^5$ **10** $2x^2$

11 $\dfrac{3}{4}$ **12** 12 **13** $10a+6b-6$

14 1 **15** (1) $x-3<4x$ (2) $3x-4\le 2(x+3)$

(3) $2(x+4)<30$ (4) $4x\ge 28$ (5) $2000x+3000\le 10000$

16 1 **17** -1 **18** -1

19 $20\le a<23$ **20** 4 **21** $\dfrac{9}{2}\le a<5$

22 $x>-2$ **23** $x>-2$ **24** $24\le a<31$

25 88점 **26** (1) 33개월 (2) 31명 **27** 52

28 (1) 1500 m (2) 8분 **29** 200 g

30 19500원 **31** (1) $x=y+5$ (2) $100x+50y=850$

(3) $4x=3y+7$ (4) $4x+2y=36$

32 $(1, 3)$, $(6, 1)$ **33** -5

34 $\begin{cases} x+y=25 \\ 2x+3y=54 \end{cases}$ **35** $(4, 7)$

36 $\left(\dfrac{1}{2}, 1\right)$ **37** $-\dfrac{5}{2}$ **38** $a=-2$, $b\ne 6$

39 $-\dfrac{10}{3}$ **40** $a=5$, $b=-\dfrac{7}{3}$ **41** 3

42 $(1, -2)$ **43** 75점 **44** 46명 **45** 216명

46 돼지: 6마리, 닭: 9마리 **47** 120시간 **48** 3번

49 24000원 **50** 10 cm **51** 210 km

52 10분 후 **53** 1 km **54** 8분 후

55 시속 21 km **56** A: $\dfrac{50}{3}$ g, B: $\dfrac{100}{3}$ g

57 600 g **58** 토마토 1개: 600원, 사과 1개: 900원

01

좌변을 간단히 하면

$x^{3+(a-1)+1}y^{1+(2b-1)}=x^{3+a}y^{2b}$

이때 주어진 식은

$x^{3+a}y^{2b}=x^{2a-1}y^{b+1}$이므로

$3+a=2a-1$, $a=4$

$2b=b+1$, $b=1$

따라서 $a+b=4+1=5$

답 5

02

양변의 괄호를 풀면 $\dfrac{8x^{3a}}{y^{12}}=\dfrac{bx^6}{y^{2c}}$이므로

$3a=6$에서 $a=2$

$b=8$

$2c=12$에서 $c=6$

따라서

$a+b-c=2+8-6=4$

답 4

03

$4=2^2$, $8=2^3$, $16=2^4$, $64=2^6$이므로 주어진 등식은

$(2^6)^5\times(2^3)^x\div(2^2)^6=(2^4)^9$

$2^{30}\times 2^{3x}\div 2^{12}=2^{36}$

$2^{3x+18}=2^{36}$

$3x+18=36$

$3x=18$

따라서 $x=6$

답 6

04

좌변의 괄호를 풀면 주어진 등식은

$\dfrac{9x^{2a}}{y^8}=\dfrac{bx^6}{y^c}$이므로

$2a=6$에서 $a=3$이고

$b=9$, $c=8$

따라서

$a+b+c=3+9+8=20$

답 20

05

$$\dfrac{4^3\times 4}{3^3\times 3}\times\dfrac{9^2\times 3}{2^5\times 2}=\dfrac{2^8}{3^4}\times\dfrac{3^5}{2^6}$$
$$=2^2\times 3$$
$$=12$$

답 12

[참고]

$$\overbrace{\dfrac{4^3+4^3+4^3+4^3}{3^3+3^3+3^3}}^{\text{밑을 2로 통일}}\times\overbrace{\dfrac{9^2+9^2+9^2}{2^5+2^5}}^{\text{밑을 3으로 통일}}$$

06
$$72^5 = (2^3 \times 3^2)^5 = 2^{15} \times 3^{10}$$
$$= (2^4)^3 \times 2^3 \times (3^3)^3 \times 3$$
$$= a^3 \times 2^3 \times b^3 \times 3$$
$$= 24a^3b^3$$

답 $24a^3b^3$

[참고]

72^5을 $a=2^4$, $b=3^3$의 식으로 나타내기 위해 밑이 2와 3인 거듭제곱의 곱으로 바꾸어 나타낸다.

07

주어진 식을 변형하면
$$2^{10} \times 5^6 = 2^4 \times 2^6 \times 5^6$$
$$= 2^4 \times (2 \times 5)^6$$
$$= 16 \times 10^6$$
따라서 $2^{10} \times 5^6$은 8자리 자연수이므로
$$n = 8$$

답 8

08

(1) $(-2x^2)^2 \times \dfrac{7}{6}x^5 \times \left(-\dfrac{1}{7}x\right)$
$$= 4x^4 \times \dfrac{7x^5}{6} \times \left(-\dfrac{x}{7}\right)$$
$$= -\dfrac{2}{3}x^{10}$$

(2) $\dfrac{9}{4}xy \div 6x^2 \div (-3xy^2)^2$
$$= \dfrac{9xy}{4} \times \dfrac{1}{6x^2} \times \dfrac{1}{9x^2y^4}$$
$$= \dfrac{1}{24x^3y^3}$$

답 (1) $-\dfrac{2}{3}x^{10}$ (2) $\dfrac{1}{24x^3y^3}$

09

원기둥의 높이를 h라 하면
$$(\text{원기둥의 부피}) = \pi \times (3a^2b)^2 \times h$$
$$= 9a^4b^2h\pi$$

$$(\text{원뿔의 부피}) = \dfrac{1}{3} \times \pi \times (3ab^3)^2 \times 6a^4b$$
$$= \dfrac{1}{3} \times \pi \times 9a^2b^6 \times 6a^4b$$
$$= 18a^6b^7\pi$$
즉, $9a^4b^2h\pi = \dfrac{2}{3} \times 18a^6b^7\pi$이므로
$$h = \dfrac{2}{3} \times 18a^6b^7\pi \times \dfrac{1}{9a^4b^2\pi}$$
$$= \dfrac{4}{3}a^2b^5$$

답 $\dfrac{4}{3}a^2b^5$

10

주어진 조건에 따라
$$(2x^2 - 3x + 5) + A = -x^2 + 2x + 7$$
$$A = -x^2 + 2x + 7 - (2x^2 - 3x + 5)$$
$$= -3x^2 + 5x + 2$$
이고
$$(5x^2 - 2x + 4) - B = 3x + 6\text{에서}$$
$$B = (5x^2 - 2x + 4) - (3x + 6)$$
$$= 5x^2 - 5x - 2$$
따라서
$$A + B = (-3x^2 + 5x + 2) + (5x^2 - 5x - 2)$$
$$= 2x^2$$

답 $2x^2$

11

$$\dfrac{x - 4y}{x + y} = -\dfrac{2}{3}$$
$$3(x - 4y) = -2(x + y)$$
$$3x - 12y = -2x - 2y$$
$$5x = 10y, \ x = 2y$$
따라서
$$\dfrac{5x - 4y}{3x + 2y} = \dfrac{10y - 4y}{6y + 2y} = \dfrac{6y}{8y} = \dfrac{3}{4}$$

답 $\dfrac{3}{4}$

12

$$a(a + 4) + a^2(a + 3)$$
$$= a^2 + 4a + a^3 + 3a^2$$
$$= a^3 + 4a^2 + 4a$$

이므로

$m=3$, $n=1+4+4=9$

따라서 $m+n=3+9=12$

답 12

13

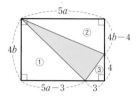

(색칠한 부분의 넓이)

=(직사각형의 넓이)−①−②−③

따라서 색칠한 부분의 넓이를 구하면

$5a\times 4b-\dfrac{1}{2}\times 4b\times(5a-3)-\dfrac{1}{2}\times 5a\times(4b-4)$

$$-\dfrac{1}{2}\times 4\times 3$$

$=20ab-10ab+6b-10ab+10a-6$

$=10a+6b-6$

답 $10a+6b-6$

14

$(2x-y):(x-y)=3:1$

$3(x-y)=2x-y$

$3x-3y=2x-y$

$x=2y$

따라서

$\dfrac{2x-y}{x+y}=\dfrac{4y-y}{2y+y}=\dfrac{3y}{3y}=1$

답 1

15

괄호와 부등호의 방향에 유의하여 부등식을 나타낸다.

(3) 직사각형의 둘레의 길이는

  $2\times\{($가로의 길이$)+($세로의 길이$)\}$

  이므로

  $2(x+4)<30$

(4) 삼각형의 넓이는 $\dfrac{1}{2}\times($밑변의 길이$)\times($높이$)$이므로

$\dfrac{1}{2}\times 8\times x\geq 4x$

따라서 $4x\geq 28$

답 (1) $x-3<4x$
(2) $3x-4\leq 2(x+3)$
(3) $2(x+4)<30$
(4) $4x\geq 28$
(5) $2000x+3000\leq 10000$

16

x가 될 수 있는 수는 1, 2, 3이다.

x	$3x-1$	대소 비교	$x+2$
1	2	<	3
2	5	>	4
3	8	>	5

따라서 주어진 부등식 $3x-1<x+2$를 만족시키는 부등식의 해는 1이다.

답 1

17

$-2\leq x<3$의 각 변에 2를 곱하면

$-4\leq 2x<6$

$-4\leq 2x<6$의 각 변에서 1을 빼면

$-5\leq 2x-1<5$

$-5\leq 2x-1<5$의 각 변을 5로 나누면

$-1\leq\dfrac{2x-1}{5}<1$

따라서 $-1\leq X<1$을 만족시키는 모든 정수는 -1, 0이고 그 합은

$-1+0=-1$

답 -1

18

주어진 부등식의 우변의 모든 항을 좌변으로 이항하면

$5x-2-4x-1+ax\leq 0$

$(1+a)x-3\leq 0$

주어진 부등식이 x에 대한 일차부등식이 되지 않으려면

$1+a=0$이어야 한다.

따라서 $a=-1$

답 -1

19

주어진 부등식에서 미지수 x를 포함하는 항은 좌변으로, 상수항은 우변으로 이항하여 정리하면

$x+2x \leq a-5$

$3x \leq a-5$

양변을 3으로 나누면

$x \leq \dfrac{a-5}{3}$

이때 이 부등식을 만족시키는 자연수 x가 5개이므로

$5 \leq \dfrac{a-5}{3} < 6$

$15 \leq a-5 < 18$

따라서 $20 \leq a < 23$

답 $20 \leq a < 23$

20

주어진 부등식에서 미지수 x를 포함하는 항은 좌변으로, 상수항은 우변으로 이항하여 정리하면

$ax-2x < -3-5$

$(a-2)x < -8$

이때 수직선 위에 나타낸 부등식의 해는

$x < -4$

$(a-2)x < -8$의 양변을 $a-2$로 나누었을 때 부등호가 바뀌지 않아야 하므로

$a-2 > 0$

따라서 $\dfrac{-8}{a-2} = -4$이므로

$a=4$

답 4

21

주어진 부등식의 괄호를 풀어서 정리하면

$2x-5 \geq 3x-2a+1$

미지수를 포함한 항을 좌변으로, 나머지를 우변으로 이항하여 정리하면

$2x-3x \geq -2a+1+5$

$-x \geq -2a+6$

$x \leq 2a-6$

이때 자연수 x가 3개이므로

$3 \leq 2a-6 < 4$

$9 \leq 2a < 10$

따라서 $\dfrac{9}{2} \leq a < 5$

답 $\dfrac{9}{2} \leq a < 5$

22

주어진 부등식의 양변에 분모의 최소공배수인 12를 곱하면

$4(x-1) < 3(2-x)+12x$

$4x-4 < 6-3x+12x$

$4x-4 < 6+9x$

$4x-9x < 6+4$

$-5x < 10$

따라서 $x > -2$

답 $x > -2$

23

주어진 부등식에서 미지수 x를 포함한 항은 좌변으로, 나머지 항은 우변으로 이항하면

$ax-3x < 6-2a$

$(a-3)x < 6-2a$

이때 $a < 3$이므로 $a-3 < 0$이고 위의 부등식에 양변을 $a-3$으로 나누면

$\dfrac{(a-3)x}{a-3} > \dfrac{6-2a}{a-3}$

$x > \dfrac{6-2a}{a-3}$

즉, $x > \dfrac{-2(a-3)}{a-3} = -2$

따라서 $x > -2$

답 $x > -2$

24

주어진 부등식에서 미지수 x를 포함한 항을 좌변으로, 나머지 항을 우변으로 이항하여 정리하면

$-2x-5x \geq 10-a$

$-7x \geq 10-a$

$x \leq \dfrac{a-10}{7}$

이때 $x \leq \dfrac{a-10}{7}$ 을 만족하는 자연수 x가 2개이므로

$2 \leq \dfrac{a-10}{7} < 3$

$14 \leq a-10 < 21$

따라서 $24 \leq a < 31$

🔳 $24 \leq a < 31$

25

네 번째 수학 시험의 점수를 x점이라 하면

$\dfrac{82+86+92+x}{4} \geq 87$

$260+x \geq 348$

$x \geq 88$

따라서 하연이는 다음 시험에서 최소 88점 이상을 받아야 한다.

🔳 88점

26

(1) 정수기를 사용하는 개월 수를 x개월이라 하면

$800000+20000x < 45000x$이므로

$800+20x < 45x$

$25x > 800$

$x > \dfrac{800}{25} = 32$

따라서 정수기를 구입하여 33개월 이상 사용해야 임대하는 비용보다 더 적게 든다.

(2) 우현이네 반 학생 수를 x명이라 하면

$8000x > 240000$

$x > 30$

따라서 31명 이상일 때 개인 관람권을 사는 것보다 40명의 단체 관람권을 사는 것이 비용이 더 적게 든다.

🔳 (1) 33개월 (2) 31명

27

(가장 긴 변의 길이) < (나머지 두 변의 길이의 합)

이어야 하므로

$(x+9) < x+(x+7)$

$x+9 < 2x+7$

$x > 2$

따라서 10보다 크지 않은 x의 값은 3, 4, 5, $\cdots$, 10이므로 그 합은

$3+4+5+\cdots+10 = 52$

🔳 52

28

(1) 시장과 집 사이의 거리를 x m라 하면

$\dfrac{x}{60}+25+\dfrac{x}{50} \leq 80$

$5x+7500+6x \leq 24000$

$11x \leq 16500$

$x \leq 1500$

따라서 시장과 집 사이의 거리는 1500 m 이하이다.

(2) 형과 동생이 달리는 시간을 x분이라 하면

$150x+100x \geq 2000$

$250x \geq 2000$

$x \geq 8$

따라서 형과 동생이 2 km 이상 떨어지려면 8분 이상 달려야 한다.

🔳 (1) 1500 m (2) 8분

29

더 넣은 물의 양을 x g이라 하면

$400 \times \dfrac{6}{100} \leq (400+x) \times \dfrac{4}{100}$이므로

$2400 \leq 1600+4x$

$4x \geq 800$

$x \geq 200$

따라서 4 % 이하의 소금물을 만들려면 200 g 이상의 물을 더 넣어야 한다.

🔳 200 g

30

판매 가격을 x원이라 하면

$x \geq 15000 \times \dfrac{130}{100}$

$x \geq 19500$

따라서 원가의 30 % 이상의 이익을 얻으려면 적어도 19500 원 이상에 팔아야 한다.

🔏 19500원

31

🔏 (1) $x=y+5$
(2) $100x+50y=850$
(3) $4x=3y+7$
(4) $4x+2y=36$

32

y의 계수의 절댓값이 x의 계수의 절댓값보다 크므로
y에 1, 2, 3, $\cdots$을 차례로 대입하여 x의 값을 구하면 다음 표와 같다.

x	6	$\frac{7}{2}$	1	$-\frac{3}{2}$	$\cdots$
y	1	2	3	4	$\cdots$

따라서 해는 $(6, 1)$, $(1, 3)$이다.

🔏 $(1, 3)$, $(6, 1)$

33

$x=3$, $y=2$를 $ax-5y=-4$에 대입하면
$3a-10=-4$
$3a=6$
$a=2$
또, $x=b$, $y=-2$를 $2x-5y=-4$에 대입하면
$2b+10=-4$
$2b=-14$
$b=-7$
따라서 $a+b=2+(-7)=-5$

🔏 -5

34

2점 홈런의 개수를 x개, 3점 홈런의 개수를 y개라 하면

	2점 홈런	3점 홈런	합계
개수(개)	x	y	25
득점(점)	$2x$	$3y$	54

따라서 구하는 연립방정식은 $\begin{cases} x+y=25 \\ 2x+3y=54 \end{cases}$

🔏 $\begin{cases} x+y=25 \\ 2x+3y=54 \end{cases}$

35

$\begin{cases} y=x+3 & \cdots\cdots \text{㉠} \\ 3x-y-5=0 & \cdots\cdots \text{㉡} \end{cases}$

㉠을 ㉡에 대입하면
$3x-(x+3)-5=0$
$2x-8=0$, $x=4$
이를 ㉠에 대입하면
$y=4+3=7$
따라서 연립방정식의 해는 $(4, 7)$이다.

🔏 $(4, 7)$

36

두 일차방정식에 분모의 최소공배수를 곱하여 계수를 정수로 고치면

$\begin{cases} 2x+3y=4 & \cdots\cdots \text{㉠} \\ 4x-y=1 & \cdots\cdots \text{㉡} \end{cases}$

㉠$+$㉡$\times 3$을 하면
$14x=7$, $x=\frac{1}{2}$
$x=\frac{1}{2}$을 ㉠에 대입하면
$1+3y=4$, $3y=3$, $y=1$
따라서 연립방정식의 해는 $\left(\frac{1}{2}, 1\right)$이다.

🔏 $\left(\frac{1}{2}, 1\right)$

37

주어진 연립방정식을 변형하면

$\begin{cases} \dfrac{7-2y}{3}=\dfrac{-4x-4y}{5} & \cdots\cdots \text{㉠} \\ \dfrac{7-2y}{3}=\dfrac{4y+ax-7}{2} & \cdots\cdots \text{㉡} \end{cases}$

연립방정식의 해 $(-3, b)$를 ㉠에 대입하면
$\dfrac{7-2b}{3}=\dfrac{12-4b}{5}$

$35-10b=36-12b$

$2b=1, b=\dfrac{1}{2}$

연립방정식의 해 $\left(-3, \dfrac{1}{2}\right)$을 ⓛ에 대입하면

$\dfrac{7-1}{3}=\dfrac{2-3a-7}{2}$

$2=\dfrac{-3a-5}{2}$

$-3a-5=4$

$a=-3$

따라서 $a=-3, b=\dfrac{1}{2}$이므로

$a+b=-\dfrac{5}{2}$

답 $-\dfrac{5}{2}$

38

연립방정식 $\begin{cases} 3x+ay=2 \\ 9x-6y=b \end{cases}$ 의 해가 없으려면

$\dfrac{3}{9}=\dfrac{a}{-6}\neq\dfrac{2}{b}$

$\dfrac{1}{3}=\dfrac{a}{-6}\neq\dfrac{2}{b}$

즉, $\dfrac{1}{3}=\dfrac{a}{-6}$에서 $3a=-6, a=-2$이고

$\dfrac{1}{3}\neq\dfrac{2}{b}$에서 $b\neq6$

따라서 주어진 연립방정식의 해가 없기 위한 조건은

$a=-2, b\neq6$

답 $a=-2, b\neq6$

[다른 풀이]

$\begin{cases} 3x+ay=2 \\ 9x-6y=b \end{cases}$ 에서 $\begin{cases} 9x+3ay=6 \\ 9x-6y=b \end{cases}$

연립방정식의 해가 없으려면

$3a=-6$이고 $6\neq b$

이어야 한다.

따라서 $a=-2, b\neq6$

39

주어진 연립방정식을 변형하면

$\begin{cases} ax-by=6x+5y \\ 2ax+by=6x+5y \end{cases}$

$x=1, y=-2$를 대입하면

$\begin{cases} a+2b=-4 & \cdots\cdots\ \text{㉠} \\ 2a-2b=-4 & \cdots\cdots\ \text{㉡} \end{cases}$

㉠+㉡을 하면

$3a=-8, a=-\dfrac{8}{3}$

$a=-\dfrac{8}{3}$을 ㉠에 대입하면

$-\dfrac{8}{3}+2b=-4, 2b=\dfrac{-4}{3}, b=-\dfrac{2}{3}$

따라서 $a+b=-\dfrac{10}{3}$

답 $-\dfrac{10}{3}$

40

두 연립방정식에서 계수와 상수항이 모두 문자가 아닌 수로 주어진 두 일차방정식으로 연립방정식을 만들면

$\begin{cases} 3x+y=9 & \cdots\cdots\ \text{㉠} \\ -2x+y=-1 & \cdots\cdots\ \text{㉣} \end{cases}$

㉠-㉣을 하면

$5x=10, x=2$

$x=2$를 ㉣에 대입하면

$-4+y=-1, y=3$

$x=2, y=3$을 ㉢ $ax-2y=4$에 대입하면

$2a-6=4, a=5$

$x=2, y=3, a=5$를 ㉡ $ax+by=3$에 대입하면

$10+3b=3, 3b=-7, b=-\dfrac{7}{3}$

따라서 $a=5, b=-\dfrac{7}{3}$

답 $a=5, b=-\dfrac{7}{3}$

41

x의 값이 y의 값보다 2만큼 크면 $x=y+2$이므로

$\begin{cases} 3x+y=2 & \cdots\cdots\ \text{㉠} \\ x=y+2 & \cdots\cdots\ \text{㉡} \end{cases}$

㉡을 ㉠에 대입하면

$3(y+2)+y=2, 4y=-4, y=-1$

이를 ㉡에 대입하면

$x=1$

$x=1$, $y=-1$을 $2x-y=k$에 대입하면

$2+1=k$

따라서 $k=3$

답 3

42

상수 a, b를 바꾸어 새로운 연립방정식을 만들면

$\begin{cases} bx+ay=-6 & \cdots\cdots\ \text{㉠} \\ ax-by=-2 & \cdots\cdots\ \text{㉡} \end{cases}$

㉠, ㉡에 $x=-1$, $y=2$를 각각 대입하면

$\begin{cases} -b+2a=-6 & \cdots\cdots\ \text{㉢} \\ -a-2b=-2 & \cdots\cdots\ \text{㉣} \end{cases}$

㉢$+$㉣$\times2$를 하면

$-5b=-10$, $b=2$

이를 ㉣에 대입하면

$-a-4=-2$, $a=-2$

$a=-2$, $b=2$를 주어진 연립방정식에 대입하면

$\begin{cases} -2x+2y=-6 \\ 2x+2y=-2 \end{cases}$

위의 두 식을 변끼리 더하면

$4y=-8$, $y=-2$

$y=-2$를 $2x+2y=-2$에 대입하면

$2x-4=-2$, $2x=2$, $x=1$

따라서 처음 연립방정식의 해는 $(1, -2)$이다.

답 $(1, -2)$

43

1차 평가의 점수를 x점, 2차 평가의 점수를 y점이라 하면

$\begin{cases} \dfrac{x+y}{2}=78 & \cdots\cdots\ \text{㉠} \\ x=y-6 & \cdots\cdots\ \text{㉡} \end{cases}$

㉡을 ㉠에 대입하면

$\dfrac{(y-6)+y}{2}=78$, $y-3=78$, $y=81$

이를 ㉡에 대입하면

$x=81-6=75$

따라서 1차 평가의 점수는 75점이다.

답 75점

44

의자 개수를 x개, 학생 수를 y명이라 하면

$\begin{cases} 6(x-2)+4=y & \cdots\cdots\ \text{㉠} \\ 5x+1=y & \cdots\cdots\ \text{㉡} \end{cases}$

㉡을 ㉠에 대입하면

$6(x-2)+4=5x+1$, $x=9$

이를 ㉡에 대입하면 $y=46$

따라서 학생 수는 46명이다.

답 46명

45

작년의 남학생 수를 x명, 여학생 수를 y명이라 하면

$\begin{cases} x+y=500 \\ \dfrac{8}{100}x-\dfrac{10}{100}y=-14 \end{cases}$에서

$\begin{cases} x+y=500 & \cdots\cdots\ \text{㉠} \\ 4x-5y=-700 & \cdots\cdots\ \text{㉡} \end{cases}$

㉠$\times5+$㉡을 하면

$9x=1800$, $x=200$

따라서 작년 남학생 수가 200명이므로 올해 남학생 수는

$200\left(1+\dfrac{8}{100}\right)=216(\text{명})$

[참고]

	남	여	합계
작년(명)	x	y	500
변화	8 % 증가	10 % 감소	
증감량	$+\dfrac{8}{100}x$	$-\dfrac{10}{100}y$	-14

답 216명

46

돼지의 수를 x마리, 닭의 수를 y마리라 하면

$\begin{cases} x+y=15 \\ 4x+2y=42 \end{cases}$에서

$\begin{cases} x+y=15 & \cdots\cdots\ \text{㉠} \\ 2x+y=21 & \cdots\cdots\ \text{㉡} \end{cases}$

㉠$-$㉡을 하면 $-x=-6$, $x=6$

이를 ㉠에 대입하면

$6+y=15$, $y=9$

따라서 돼지는 6마리, 닭은 9마리이다.

답 돼지: 6마리, 닭: 9마리

47

A, B 수도꼭지가 1시간 동안 채우는 물의 양을 각각 x, y라 하면

$$\begin{cases} 30x+30y=1 & \cdots\cdots ㉠ \\ 28x+36y=1 & \cdots\cdots ㉡ \end{cases}$$

㉠×6−㉡×5를 하면

$40x=1$, $x=\dfrac{1}{40}$

이를 ㉠에 대입하면

$\dfrac{3}{4}+30y=1$, $30y=\dfrac{1}{4}$, $y=\dfrac{1}{120}$

따라서 B 수도꼭지만 이용하면 120시간 만에 물탱크를 가득 채울 수 있다.

답 120시간

48

병욱이가 이긴 횟수를 x번, 진 횟수를 y번이라 하면

$$\begin{cases} 4x-3y=6 & \cdots\cdots ㉠ \\ 4y-3x=-1 & \cdots\cdots ㉡ \end{cases}$$

㉠×4+㉡×3을 하면

$7x=21$, $x=3$

따라서 병욱이가 이긴 횟수는 3번이다.

답 3번

49

두 티셔츠의 원가를 각각 x원, y원 $(x>y)$이라 하면

$$\begin{cases} \dfrac{120}{100}x+\dfrac{120}{100}y=42000 \\ x-y=5000 \end{cases} \text{에서}$$

$$\begin{cases} x+y=35000 & \cdots\cdots ㉠ \\ x-y=5000 & \cdots\cdots ㉡ \end{cases}$$

㉠+㉡을 하면

$2x=40000$, $x=20000$

이를 ㉠에 대입하면

$y=15000$

따라서 가격이 비싼 티셔츠의 정가는

$\left(1+\dfrac{20}{100}\right)\times 20000=24000(\text{원})$

답 24000원

50

가로의 길이를 x cm, 세로의 길이를 y cm라 하면

$$\begin{cases} 2(x+y)=50 \\ x=y+5 \end{cases} \text{에서}$$

$$\begin{cases} x+y=25 & \cdots\cdots ㉠ \\ x=y+5 & \cdots\cdots ㉡ \end{cases}$$

㉡을 ㉠에 대입하면

$(y+5)+y=25$, $y=10$

따라서 세로의 길이는 10 cm이다.

답 10 cm

51

기차를 탄 거리를 x km, 버스를 탄 거리를 y km라 하면

$$\begin{cases} \dfrac{x}{120}+\dfrac{y}{70}=5 \\ y=x-30 \end{cases} \text{에서}$$

$$\begin{cases} 7x+12y=4200 & \cdots\cdots ㉠ \\ y=x-30 & \cdots\cdots ㉡ \end{cases}$$

㉡을 ㉠에 대입하면

$7x+12(x-30)=4200$

$19x=4560$, $x=240$

이를 ㉡에 대입하면

$y=240-30$, $y=210$

따라서 버스를 탄 거리는 210 km이다.

답 210 km

52

형이 걸은 시간을 x분, 동생이 자전거를 탄 시간을 y분이라 하면

$$\begin{cases} y=x-20 \\ 40x=120y \end{cases} \text{에서}$$

$$\begin{cases} y=x-20 & \cdots\cdots\ \text{㉠} \\ x=3y & \cdots\cdots\ \text{㉡} \end{cases}$$

㉡을 ㉠에 대입하면

$y=3y-20,\ -2y=-20,\ y=10$

따라서 동생은 출발한 지 10분 후에 형과 만난다.

🗒 10분 후

53

지혜가 걸은 거리를 x km, 예지가 걸은 거리를 y km라 하면

$$\begin{cases} x+y=3 \\ \dfrac{x}{2}=\dfrac{y}{4} \end{cases} \text{에서}$$

$$\begin{cases} y=3-x & \cdots\cdots\ \text{㉠} \\ 2x=y & \cdots\cdots\ \text{㉡} \end{cases}$$

㉠을 ㉡에 대입하면

$2x=3-x,\ 3x=3,\ x=1$

따라서 지혜가 걸은 거리는 1 km이다.

🗒 1 km

54

하민이가 걸은 시간을 x분, 서현이가 걸은 시간을 y분이라 하면

$$\begin{cases} 50x+100y=700 \\ y=x-5 \end{cases} \text{에서}$$

$$\begin{cases} x+2y=14 & \cdots\cdots\ \text{㉠} \\ y=x-5 & \cdots\cdots\ \text{㉡} \end{cases}$$

㉡을 ㉠에 대입하면

$x+2(x-5)=14$

$3x=24,\ x=8$

따라서 하민이가 출발한 지 8분 후에 두 사람이 처음으로 만난다.

🗒 8분 후

55

배의 속력을 시속 x km, 강물의 속력을 시속 y km라 하면

$$\begin{cases} 2(x-y)=36 \\ \dfrac{3}{2}(x+y)=36 \end{cases} \text{에서}$$

$$\begin{cases} x-y=18 & \cdots\cdots\ \text{㉠} \\ x+y=24 & \cdots\cdots\ \text{㉡} \end{cases}$$

㉠+㉡을 하면

$2x=42,\ x=21$

따라서 정지한 강물에서의 배의 속력은 시속 21 km이다.

🗒 시속 21 km

56

필요한 두 합금 A, B의 무게를 각각 x g, y g이라 하면

$$\begin{cases} x+y=50 \\ \dfrac{90}{100}x+\dfrac{60}{100}y=\dfrac{70}{100}\times50 \end{cases} \text{에서}$$

$$\begin{cases} x+y=50 & \cdots\cdots\ \text{㉠} \\ 9x+6y=350 & \cdots\cdots\ \text{㉡} \end{cases}$$

㉠×6−㉡을 하면

$-3x=-50,\ x=\dfrac{50}{3}$

이를 ㉠에 대입하면

$\dfrac{50}{3}+y=50,\ y=\dfrac{100}{3}$

따라서 필요한 합금 A의 무게는 $\dfrac{50}{3}$ g, B의 무게는 $\dfrac{100}{3}$ g 이다.

🗒 A: $\dfrac{50}{3}$ g, B: $\dfrac{100}{3}$ g

57

20 %의 소금물을 x g, 추가한 물을 y g이라 하면

$$\begin{cases} \dfrac{20}{100}x=\dfrac{8}{100}(x+y) \\ y=x+200 \end{cases} \text{에서}$$

$$\begin{cases} 3x=2y & \cdots\cdots\ \text{㉠} \\ y=x+200 & \cdots\cdots\ \text{㉡} \end{cases}$$

㉡을 ㉠에 대입하면

$3x=2(x+200),\ x=400$

이를 ㉡에 대입하면 $y=600$

따라서 추가한 물의 양은 600 g이다.

🗒 600 g

58

토마토 1개의 가격을 x원, 사과 1개의 가격을 y원이라 하면

$\begin{cases} 3x+4y=5400 & \cdots\cdots \ \text{㉠} \\ 5x+2y=4800 & \cdots\cdots \ \text{㉡} \end{cases}$

㉠－㉡×2를 하면

$-7x=-4200, \ x=600$

이를 ㉠에 대입하면

$1800+4y=5400, \ 4y=3600, \ y=900$

따라서 토마토 1개의 가격은 600원, 사과 1개의 가격은 900원이다.

📘 토마토 1개: 600원, 사과 1개: 900원

수학 마스터

연산, 개념, 유형, 고난도까지!
전국 수학 전문가의 노하우가 담긴
새로운 시리즈

---

3 일차함수와 그 그래프

본문 79~95쪽

확인문제

01 ○, 1, 2, 3		**02** ○, 2, 4, 6	
03 ○, 1, $\frac{1}{2}$, $\frac{1}{3}$		**04** 9	**05** 1
06 0	**07** -11	**08** ○	**09** ○
10 ○	**11** ×	**12** ×	**13** 5
14 $-\frac{1}{2}$	**15** -8	**16** -5	**17** 5
18 -3	**19** -6	**20** 10	**21** 4
22 9	**23** 2	**24** 4	**25** 삼각형, 4
26 1, 2, 4, 3		**27** 기울기, y절편	
28 기울기, 일치		**29** 평행	**30** ○
31 ○	**32** ×	**33** 594	**34** 49.4
35 8	**36** 거리, 시간		**37** 거리, 속력
38 2	**39** ○	**40** ○	**41** ×
42 ×	**43** ○	**44** ○	**45** ○
46 ×	**47** ×	**48** ○	**49** 다르
50 기울기, 다르		**51** ○	**52** -4, y
53 -2, x			

유형연습

01 ④	**02** 5	**03** $a\neq-6$	**04** 15
05 $\frac{3}{2}$	**06** $-5\leq a\leq-\frac{2}{3}$		**07** 125
08 제4사분면	**09** ④	**10** $y=-\frac{1}{4}x+2$	
11 15분	**12** 12.8 cm	**13** $\frac{9}{2}$초	
14 $y=\frac{5}{4}x+\frac{5}{2}$		**15** 9	
16 $a=\frac{5}{2}$, $b\neq-3$		**17** 3	

01

① x의 값이 4일 때 4 이하의 홀수는 1, 3이다.

즉, $x=4$에 대응하는 y의 값이 한 개가 아니므로 y는 x의 함수가 아니다.

② x의 값이 2일 때 2와 서로소인 수는 1, 3, 5, …이다.

즉, $x=2$에 대응하는 y의 값이 한 개가 아니므로 y는 x의 함수가 아니다.

③ x의 값이 1일 때 $y=1$, -1이므로 y는 x의 함수가 아니다.

④ (시간)$=\dfrac{(거리)}{(속력)}$이므로 $y=\dfrac{100}{x}$

따라서 y는 x의 함수이다.

⑤ 십의 자리의 숫자와 일의 자리의 숫자의 합인 x의 값에 대응하는 두 자리 자연수 y가 한 개가 아닐 때도 있으므로 y는 x의 함수가 아니다.

따라서 y가 x의 함수인 것은 ④이다.

답 ④

02

$x=3$을 함수 $f(x)=5x+a$에 대입하여 주어진 $f(3)$의 값과 비교하면

$f(3)=5\times3+a=12$

$15+a=12$

$a=-3$

또, $x=-1$을 함수 $f(x)=5x-3$에 대입하여 주어진 $f(-1)$의 값과 비교하면

$f(-1)=5\times(-1)-3=b$

$-5-3=b$, $b=-8$

따라서 $a=-3$, $b=-8$이므로

$a-b=-3-(-8)=5$

답 5

03

주어진 식을 정리하면

$y=-6x-21-ax$

즉, $y=(-6-a)x-21$

이때 y가 x의 일차함수가 되려면 x의 계수 $-6-a\neq0$이어야 한다.

따라서 $a\neq-6$

답 $a\neq-6$

04

일차함수 $y=-\dfrac{4}{5}x-4$의 그래프를 y축의 방향으로 5만큼 평행이동하면 $y=-\dfrac{4}{5}x+1$의 그래프와 같다.

$y=-\dfrac{4}{5}x+1$에 점 $(a, -11)$을 대입하면

$-11=-\dfrac{4}{5}a+1$

$\dfrac{4}{5}a=12$

따라서 $a=15$

답 15

05

일차함수 $y=\dfrac{3}{4}x-6$의 그래프의 x절편을 구하면

$y=0$일 때, $0=\dfrac{3}{4}x-6$, $x=8$

즉, x절편은 8이다.

일차함수 $y=\dfrac{3}{4}x-6$의 그래프를 y축의 방향으로 a만큼 평행이동하면 $y=\dfrac{3}{4}x-6+a$의 그래프가 되고 그 x절편은 6이므로

$0=\dfrac{3}{4}\times6-6+a$

따라서 $a=\dfrac{3}{2}$

답 $\dfrac{3}{2}$

06

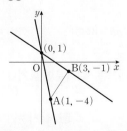

함수 $y=ax+1$의 그래프는 a의 값과 관계없이 항상 점 $(0, 1)$을 지난다.

점 A와 점 $(0, 1)$을 지나는 직선의 기울기를 구하면

$$\frac{-4-1}{1-0}=-5$$

점 B와 점 $(0, 1)$을 지나는 직선의 기울기를 구하면

$$\frac{-1-1}{3-0}=-\frac{2}{3}$$

따라서 상수 a의 값의 범위는

$$-5\leq a\leq-\frac{2}{3}$$

답 $-5\leq a\leq-\dfrac{2}{3}$

07

일차함수 $y=-\dfrac{2}{5}x-3$의 그래프를 y축의 방향으로 -7만큼 평행이동하면 $y=-\dfrac{2}{5}x-10$의 그래프와 같다.

일차함수 $y=-\dfrac{2}{5}x-10$의 그래프의 y절편은 -10

$y=0$일 때, $0=-\dfrac{2}{5}x-10$, $x=-25$

즉, x절편은 -25이다.

따라서 삼각형의 넓이를 구하면

$$\frac{1}{2}\times10\times25=125$$

답 125

08

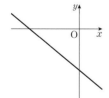

위의 그림과 같이 일차함수 $y=ax+b$의 그래프에서 $a<0$, $b<0$

일차함수 $y=abx-b$에서 기울기는 $ab>0$이고 y절편은 $-b>0$

따라서 일차함수 $y=abx-b$의 그래프는 제4사분면을 지나지 않는다.

답 제4사분면

09

일차함수의 그래프가 두 점 $(-4, 0)$, $(0, 5)$를 지나므로 x절편, y절편은 각각 -4, 5이다.

$$(\text{기울기})=\frac{5-0}{0-(-4)}=\frac{5}{4}$$

즉, 주어진 일차함수의 식은 $y=\dfrac{5}{4}x+5$

따라서 기울기가 $\dfrac{5}{4}$이고 y절편이 5가 아닌 일차함수는 ④ $y=\dfrac{5}{4}x-4$이다.

답 ④

10

구하는 일차함수의 식을 $y=ax+b$라 하자.

일차함수 $y=-\dfrac{1}{2}x+4$에 대하여

$y=0$일 때, $0=-\dfrac{1}{2}x+4$, $x=8$

일차함수 $y=\dfrac{2}{3}x+2$에 대하여

$x=0$일 때, $y=\dfrac{2}{3}\times0+2=2$

이때 $y=ax+b$의 그래프가 지나는 두 점은 $(8, 0)$, $(0, 2)$이므로

기울기 $a=\dfrac{2-0}{0-8}=-\dfrac{1}{4}$이고 y절편 $b=2$이다.

따라서 구하는 일차함수의 식은

$$y=-\frac{1}{4}x+2$$

답 $y=-\dfrac{1}{4}x+2$

11

x분 후	0	5
물 y L	30	60

처음 물의 양이 30 L이고 1분 동안의 물의 양의 변화가 a L라 하면

$$y=ax+30$$

이때 $a=\dfrac{60-30}{5-0}=\dfrac{30}{5}=6$이므로

$$y=6x+30$$

$y=120$일 때, 물탱크에 물이 가득 채워지므로

$120=6x+30$

$x=15$

따라서 물탱크에 물을 가득 채우는 데 걸리는 시간은 15분이다.

📋 15분

12

양초의 길이 $y=ax+b$라 하자.

x분 후	0	10
양초의 길이 $y$cm	16	14

$a=\dfrac{14-16}{10-0}=-\dfrac{1}{5}$, $b=16$이므로

$y=-\dfrac{1}{5}x+16$

$x=16$일 때,

$y=-\dfrac{1}{5}\times16+16=\dfrac{64}{5}=12.8$

따라서 16분 후의 양초의 길이는 12.8 cm이다.

📋 12.8 cm

13

x초 후 $\overline{PC}=(22-2x)$ cm이므로 x초 후 사각형 APCD의 넓이를 y cm²라 하면

$y=(\overline{AD}+\overline{PC})\times\overline{CD}\times\dfrac{1}{2}$

$\quad=\{22+(22-2x)\}\times8\times\dfrac{1}{2}$

$\quad=176-8x$

$y=140$일 때, $140=176-8x$, $x=\dfrac{9}{2}$

따라서 $\dfrac{9}{2}$초 후에 사각형 APCD의 넓이가 140 cm²가 된다.

📋 $\dfrac{9}{2}$초

[다른 풀이 1]

점 P가 점 B를 출발한 지 x초 후의 사각형 APCD의 넓이를 y cm²라 하자.

x초 후 $\overline{PC}$의 길이가 $(22-2x)$ cm이므로

1초 후 사각형 APCD의 넓이는

$\dfrac{1}{2}\times(22+20)\times8=168(\text{cm}^2)$

처음 사각형 ABCD의 넓이는

$8\times22=176(\text{cm}^2)$

이때 1초마다 사각형 APCD의 넓이는

$176-168=8(\text{cm}^2)$씩 작아지므로

$y=-8x+176$

[다른 풀이 2]

x초 후 $\overline{BP}=2x$ cm

□APCD=□ABCD−△ABP이므로

$y=22\times8-\left(\dfrac{1}{2}\times8\times2x\right)$

$\quad=176-8x$

14

구하는 일차함수의 식을 $y=ax+b$라 하자.

$5x-4y+3=0$에서 $y=\dfrac{5}{4}x+\dfrac{3}{4}$이므로

$a=\dfrac{5}{4}$

일차방정식 $3x-4y+6=0$의 그래프의 x절편은

$y=0$일 때, $3x+6=0$, $x=-2$

즉, 일차함수 $y=\dfrac{5}{4}x+b$의 그래프는 점 $(-2, 0)$을 지나므로

$0=\dfrac{5}{4}\times(-2)+b$, $b=\dfrac{5}{2}$

따라서 구하는 일차함수의 식은

$y=\dfrac{5}{4}x+\dfrac{5}{2}$

📋 $y=\dfrac{5}{4}x+\dfrac{5}{2}$

15

두 직선 $x=a$, $y=3$과 x축, y축으로 둘러싸인 도형의 넓이가 27이므로

$a=9$ 또는 $a=-9$

a는 양수이므로 $a=9$

📋 9

16

두 일차방정식은 각각

$$y=-\frac{a}{2}x+\frac{b}{2}, \ y=-\frac{5}{4}x-\frac{3}{2}$$

이고 서로 평행하므로

$-\frac{a}{2}=-\frac{5}{4}$에서 $a=\frac{5}{2}$

$\frac{b}{2}\neq-\frac{3}{2}$에서 $b\neq-3$

따라서 $a=\frac{5}{2}$, $b\neq-3$

답 $a=\frac{5}{2}$, $b\neq-3$

[다른 풀이]

연립방정식 $\begin{cases} ax+2y=b \\ 5x+4y=-6 \end{cases}$ 에서

$\begin{cases} 2ax+4y=2b \\ 5x+4y=-6 \end{cases}$

연립방정식의 해가 없으므로

$2a=5$, $2b\neq-6$

따라서 $a=\frac{5}{2}$, $b\neq-3$

17

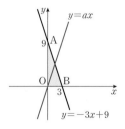

일차함수 $y=ax$의 그래프가 삼각형의 한 꼭짓점 O를 지나므로 △AOB의 넓이를 이등분하려면 변 AB의 중점을 지나야 한다.

점 $A(0, 9)$와 점 $B(3, 0)$의 중점의 좌표는

$\left(\frac{0+3}{2}, \ \frac{9+0}{2}\right)$, 즉 $\left(\frac{3}{2}, \ \frac{9}{2}\right)$

$\left(\frac{3}{2}, \ \frac{9}{2}\right)$를 $y=ax$에 대입하면

$\frac{9}{2}=\frac{3}{2}a$

따라서 $a=3$

답 3

[다른 풀이]

일차함수 $y=-3x+9$의 그래프와 x축, y축으로 둘러싸인 삼각형의 넓이는

$\frac{1}{2}\times3\times9=\frac{27}{2}$

이 넓이를 일차함수 $y=ax$의 그래프가 이등분하므로 두 직선 $y=ax$와 $y=-3x+9$의 교점의 좌표를 (m, n)이라 하면

$\frac{1}{2}\times m\times9=\frac{27}{4}$, $m=\frac{3}{2}$

$\frac{1}{2}\times n\times3=\frac{27}{4}$, $n=\frac{9}{2}$

따라서 교점 $\left(\frac{3}{2}, \ \frac{9}{2}\right)$를 $y=ax$에 대입하면

$\frac{9}{2}=a\times\frac{3}{2}$

따라서 $a=3$

뉴런

세상에 없던 새로운 공부법!
기본 개념과 내신을
완벽하게 잡아주는 맞춤형 학습!

확인문제

01 ○　　**02** ○　　**03** $x=50,\ y=80$

04 $x=110,\ y=35$　　**05** $x=6,\ y=90$

06 60　　**07** 130　　**08** 81　　**09** ○

10 ×　　**11** ○　　**12** 3　　**13** ×

14 ㉡, S　　**15** ㉃, A　　**16** 27　　**17** 14

18 $24\,\mathrm{cm}^2$　　**19** ○　　**20** ×　　**21** ○

22 $\dfrac{5}{2}$　　**23** 63　　**24** 외접, 외접원

25 ○　　**26** ×　　**27** ×　　**28** 36

29 ×　　**30** ○　　**31** ×　　**32** 60°

33 90, 10　　**34** 50, 100　　**35** 68　　**36** 40

37 내접, 내접원　　**38** ×　　**39** ×

40 ○　　**41** 28　　**42** 90, 35　　**43** 90, 36

44 114°　　**45** 2 cm　　**46** 4 cm　　**47** ○

48 ○　　**49** 88, 44　　**50** 44, 112

51 180, 128　　**52** $x+4,\ 3,\ 3y-1,\ 2$　　**53** 23 cm

54 $x=135,\ y=45,\ z=135$　　**55** ×

56 ○　　**57** ○　　**58** ×　　**59** ×

60 ×　　**61** ○　　**62** ○　　**63** ○

64 $17\,\mathrm{cm}^2$　　**65** ○　　**66** ×　　**67** 10

68 2, 2, 4　　**69** ×　　**70** ○　　**71** ○

72 ○　　**73** ×　　**74** ○　　**75** ○

76 $x=2,\ y=3$　　**77** ○　　**78** ×

79 ○　　**80** ○　　**81** ○　　**82** ×

83 ○　　**84** $x=5,\ y=45,\ z=90$　　**85** $8\,\mathrm{cm}^2$

86 ㄷ, ㅁ　　**87** ㄴ, ㄹ　　**88** ○　　**89** ○

90 180, 130　　**91** 7, 4　　**92** ○　　**93** ×

94 ㄷ, ㄹ, ㅁ, ㅂ　　**95** ㄴ, ㄹ, ㅂ　　**96** ㅁ, ㅂ

97 $2\,\mathrm{cm}^2$　　**98** $3\,\mathrm{cm}^2$　　**99** $6\,\mathrm{cm}^2$　　**100** $6\,\mathrm{cm}^2$

101 $20\,\mathrm{cm}^2$　　**102** $12\,\mathrm{cm}^2$

유형연습

01 52°　　**02** 80°　　**03** 124°

04 (1) △DBM≡△ECM(RHA 합동)　(2) 3 cm

(3) $6\,\mathrm{cm}^2$　　**05** $30\,\mathrm{cm}^2$　　**06** 10 cm　　**07** 110°

08 2 cm　　**09** 40°　　**10** 26°　　**11** 148°

12 13 cm　　**13** 23π cm　　**14** 3 cm　　**15** 6 cm

16 $x=6,\ y=40$　　**17** $96\,\mathrm{cm}^2$　　**18** 20°

19 27　　**20** 80°　　**21** 16 cm　　**22** 40°

23 정사각형　　**24** 110°　　**25** 90°　　**26** $6\,\mathrm{cm}^2$

27 9배

01

이등변삼각형 BCD의 두 밑각의 크기는 같으므로

∠C=∠BDC=64°

이등변삼각형 ABC의 두 밑각의 크기는 같으므로

∠ABC=∠C=64°

△ABC의 세 내각의 크기의 합은 180°이므로

∠A=180°−(∠ABC+∠C)

　　=180°−(64°+64°)

　　=52°

답 52°

02

∠BAC의 크기를 $\angle a$라 하면

이등변삼각형 BAC의 두 밑각의 크기는 같으므로

∠BAC=∠BCA=$\angle a$

∠BCD=5$\angle a$

삼각형의 한 외각의 크기는 그와 이웃하지 않는 두 내각의 크기의 합과 같고 △CBD, △DCE는 각각 이등변삼각형이므로

∠CBD=∠CDB=2$\angle a$

∠DCE=∠DEC=3$\angle a$

△CBD의 세 내각의 크기의 합은 180°이므로

5$\angle a$+2$\angle a$+2$\angle a$=180°

9$\angle a$=180°

∠a=20°

따라서 $\angle x$는 $\triangle EAD$의 한 외각이므로

$\angle x = \angle a + 3\angle a$

$\quad\quad = 4\angle a = 80°$

답 $80°$

03

$\angle FEG = \angle a$라 하면

접은 각과 펼친 각의 크기는 서로 같으므로

$\angle DEG = \angle FEG = \angle a$

평행한 두 직선의 엇각의 크기는 서로 같으므로

$\angle FGE = \angle DEG = \angle a$

또 맞꼭지각의 크기는 서로 같으므로

$\angle EFG = 68°$

그런데 $\triangle EFG$의 세 내각의 크기의 합은 $180°$이므로

$2\angle a + 68° = 180°$

$\angle a = 56°$

따라서

$\angle x = 180° - \angle a$

$\quad\quad = 180° - 56°$

$\quad\quad = 124°$

답 $124°$

04

(1) $\triangle DBM \equiv \triangle ECM$(RHA 합동)

　① $\langle R \rangle$ $\angle BDM = \angle CEM = 90°$

　② $\langle H \rangle$ $\overline{BM} = \overline{CM}$(중점)

　③ $\langle A \rangle$ $\angle DBM = \angle ECM$(이등변삼각형의 두 밑각)

(2) $3\,cm$

　$\triangle DBM \equiv \triangle ECM$이므로

　$\overline{EC} = \overline{DB} = 3\,(cm)$

(3) $6\,cm^2$

　$\triangle DBM \equiv \triangle ECM$이므로

　$\overline{DM} = \overline{EM} = 4\,(cm)$

　따라서

　$\triangle DBM = \dfrac{1}{2} \times 4 \times 3 = 6\,(cm^2)$

답 (1) $\triangle DBM \equiv \triangle ECM$(RHA 합동)

(2) $3\,cm$　(3) $6\,cm^2$

05

① $\langle R \rangle$ $\angle ADB = \angle AEC = 90°$

② $\langle H \rangle$ $\overline{AB} = \overline{AC}$(이등변삼각형)

③ $\langle A \rangle$ $\angle A$는 공통

이므로

$\triangle ABD \equiv \triangle ACE$(RHA 합동)

즉, $\overline{AD} = \overline{AE} = \overline{AB} - 8$

$\quad\quad\quad = 13 - 8 = 5\,(cm)$

$\overline{BD} = \overline{CE} = 12\,(cm)$

따라서

$\triangle ABD = \dfrac{1}{2} \times 5 \times 12$

$\quad\quad\quad = 30\,(cm^2)$

답 $30\,cm^2$

06

각의 이등분선 위의 점 D에서 $\overline{AC}$에 내린 수선의 발을 E라 하자.

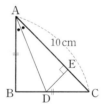

각의 이등분선 위의 한 점에서 그 각을 이루는 두 변까지의 거리는 같으므로

$\overline{BD} = \overline{ED}$

$\triangle ABD \equiv \triangle AED$(RHA 합동)이므로

$\overline{AB} = \overline{AE}$

$\triangle ABC$가 직각이등변삼각형이므로

$\angle C = \angle EDC = 45°$

즉, $\overline{ED} = \overline{EC}$

따라서

$\overline{AB} + \overline{BD} = \overline{AE} + \overline{ED}$

$\quad\quad\quad\quad = \overline{AE} + \overline{EC}$

$\quad\quad\quad\quad = \overline{AC} = 10\,(cm)$

답 $10\,cm$

07

점 O가 △ABC의 외심이므로

$\overline{OA} = \overline{OB} = \overline{OC}$

즉, △OBC, △OCA는 이등변삼각형이다.

이등변삼각형의 두 밑각의 크기는 같으므로

$\angle OCB = \angle OCA = (180° - 70°) \times \dfrac{1}{2}$

$\qquad\qquad = 55°$

따라서

$\angle BCA = \angle OCB + \angle OCA = 110°$

달 110°

08

△ABC의 세 내각의 크기의 합은 180°이므로

$\angle C = 180° - (30° + 90°)$

$\qquad = 60°$

점 O가 직각삼각형 ABC의 외심이므로

$\overline{OA} = \overline{OC}$

즉, $\angle AOC = \angle OAC = \angle OCA = 60°$이므로 △OCA는 정삼각형이다.

따라서 △ABC의 외접원의 반지름의 길이는

$\overline{OC} = \overline{AC} = 2(cm)$

달 2 cm

09

$\angle CAB = \angle x$라 하자.

점 O가 △ABC의 외심이므로 △OAB, △OBC, △OAC는 각각 이등변삼각형이다.

$\angle OBA = \angle x + 25°$

$\angle OCB = 50°$

$\angle OCA = \angle OAC = 25°$

$\angle ACB = \angle OCB - \angle OCA$

$\qquad\qquad = 50° - 25° = 25°$

△ABC의 세 내각의 크기의 합은 180°이므로

$\angle x + \angle x + 25° + 50° + 25° = 180°$

$2\angle x = 80°$

따라서 $\angle x = 40°$

달 40°

10

점 I가 △ABC의 내심이므로

$\angle IAB = \angle IAC = 32°$

$\angle A = 64°$

$\overline{AC} = \overline{BC}$이므로

$\angle B = \angle A = 64°$

따라서

$\angle x = \dfrac{1}{2} \times (180° - 64° - 64°)$

$\qquad = \dfrac{1}{2} \times 52°$

$\qquad = 26°$

달 26°

11

점 I가 △ABC의 내심이므로

$\angle B = 2\angle ABI = 2 \times 38° = 76°$

$\angle C = 2\angle ACI = 2 \times 26° = 52°$

△ABC의 세 내각의 크기의 합은 180°이므로

$\angle A = 180° - (\angle B + \angle C)$

$\qquad = 180° - (76° + 52°)$

$\qquad = 52°$

$\angle BIC = 90° + \dfrac{1}{2}\angle A$

$\qquad\quad = 90° + \dfrac{1}{2} \times 52°$

$\qquad\quad = 116°$

점 I′는 △IBC의 내심이므로

$\angle BI'C = 90° + \dfrac{1}{2}\angle BIC$

$\qquad\quad = 90° + \dfrac{1}{2} \times 116°$

$\qquad\quad = 148°$

달 148°

12

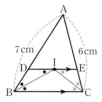

보조선 $\overline{BI}$를 그으면 △DBI에서

$\angle DBI = \angle IBC = \angle DIB$(엇각)이므로

$\overline{DI} = \overline{DB}$

보조선 $\overline{CI}$를 그리면 △EIC에서

$\angle ECI = \angle ICB = \angle EIC$(엇각)이므로

$\overline{EI} = \overline{EC}$

따라서 △ADE의 둘레의 길이는

$\overline{AD} + \overline{DI} + \overline{EI} + \overline{AE} = \overline{AD} + \overline{DB} + \overline{EC} + \overline{AE}$
$$= \overline{AB} + \overline{AC}$$
$$= 7 + 6$$
$$= 13(\text{cm})$$

답 13 cm

13

직각삼각형 ABC의 외접원의 반지름의 길이는 빗변 $\overline{AB}$의 길이의 반이므로

$\overline{OB} = \dfrac{17}{2}(\text{cm})$

직각삼각형 ABC의 내접원의 반지름의 길이를 r cm라 하면

$\triangle ABC = \dfrac{1}{2}r(\overline{AB} + \overline{BC} + \overline{CA})$이므로

$\dfrac{1}{2} \times 15 \times 8 = \dfrac{r}{2} \times (17 + 15 + 8)$

$20r = 60$, $r = 3$

따라서 색칠한 부분의 둘레의 길이는

$2\pi \times \dfrac{17}{2} + 2\pi \times 3 = 23\pi(\text{cm})$

답 23π cm

[참고]

$\triangle ABC = \triangle IAB + \triangle IBC + \triangle ICA$
$$= \dfrac{1}{2} \times \overline{AB} \times r + \dfrac{1}{2} \times \overline{BC} \times r$$
$$+ \dfrac{1}{2} \times \overline{CA} \times r$$
$$= \dfrac{1}{2}r(\overline{AB} + \overline{BC} + \overline{CA})$$

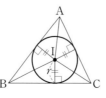

14

① ⟨R⟩ $\angle AEB = \angle CFD = 90°$

② ⟨H⟩ $\overline{AB} = \overline{CD}$(평행사변형의 대변)

③ ⟨A⟩ $\angle ABE = \angle CDF$(엇각)

이므로

△ABE≡△CDF(RHA 합동)

따라서 $\overline{CF} = \overline{AE} = 3(\text{cm})$

답 3 cm

15

평행사변형의 대변의 길이는 서로 같으므로

$\overline{BC} = \overline{AD} = 2(\text{cm})$

평행사변형의 두 대각선은 서로 다른 것을 이등분하므로

$\overline{OB} + \overline{OC} = \dfrac{1}{2}(\overline{AC} + \overline{BD})$
$$= \dfrac{1}{2} \times 8$$
$$= 4(\text{cm})$$

따라서 △OBC의 둘레의 길이는

$\overline{OB} + \overline{OC} + \overline{BC} = 4 + 2$
$$= 6(\text{cm})$$

답 6 cm

16

① ⟨R⟩ $\angle AEB = \angle CFD = 90°$

② ⟨H⟩ $\overline{AB} = \overline{CD}$(평행사변형의 대변)

③ ⟨A⟩ $\angle BAE = \angle DCF$(엇각)

이므로

△ABE≡△CDF(RHA 합동)

즉, $x = \overline{DF} = \overline{BE} = 6$

$\overline{BE} = \overline{DF}$이고 직선 AC에 대하여 $\overline{BE}$, $\overline{DF}$가 각각 수직이므로

$\overline{BE} \ / \hspace{-0.3em}/ \ \overline{DF}$

한 쌍의 대변이 평행하고 그 길이가 같으므로 □BFDE는 평행사변형이다.

따라서 $y° = \angle EDF = \angle FBE = 40°$이므로

$y = 40$

답 $x = 6$, $y = 40$

17

평행사변형의 넓이는 한 대각선에 의해 이등분되므로

$\triangle \text{BCD} = \dfrac{1}{2} \square \text{ABCD}$

$\qquad\quad = \dfrac{1}{2} \times (8 \times 6)$

$\qquad\quad = 24(\text{cm}^2)$

평행사변형의 넓이는 두 대각선에 의하여 사등분되므로

$\square \text{BEFD} = 4\triangle \text{BCD}$

$\qquad\qquad = 4 \times 24$

$\qquad\qquad = 96(\text{cm}^2)$

답 96 cm^2

18

직사각형의 두 대각선은 길이가 같고, 서로 다른 것을 이등분하므로

$\overline{\text{OA}} = \overline{\text{OB}} = \overline{\text{OC}} = \overline{\text{OD}}$

즉, $\angle \text{OAB} = \angle \text{OBA} = \angle x$

삼각형의 한 외각의 크기는 그와 이웃하지 않는 두 내각의 크기의 합과 같으므로

$2\angle x = 110°$

$\angle x = 55°$

마찬가지로 $\angle \text{OAD} = \angle \text{ODA} = \angle y$

$\angle y = \angle \text{A} - \angle x = 90° - 55° = 35°$

따라서 $\angle x - \angle y = 55° - 35° = 20°$

답 $20°$

19

$\overline{\text{AD}} /\!/ \overline{\text{BC}}$이므로

$\angle \text{DAC} = \angle \text{BCA} = x°$

평행사변형 ABCD가 직사각형이 되기 위해서는 한 내각이 직각이어야 하므로

$\angle \text{BAD} = \angle \text{BAC} + \angle \text{DAC}$

$\qquad\qquad = 63° + x° = 90°$

$x° = 90° - 63° = 27°$

따라서 $x = 27$

답 27

20

$\triangle \text{AEC}$에서

$\angle \text{ACE} = 180° - (40° + 90°) = 50°$

$\triangle \text{ABC} \equiv \triangle \text{ADC}(\text{SSS 합동})$이므로

$\angle \text{ACD} = \angle \text{ACE} = 50°$

$\angle \text{C} = 2 \times 50° = 100°$

평행사변형의 이웃하는 두 내각의 크기의 합은 $180°$이므로

$\angle \text{D} = 180° - \angle \text{C}$

$\qquad = 180° - 100°$

$\qquad = 80°$

답 $80°$

21

① 〈A〉 $\angle \text{EDO} = \angle \text{FBO}$(엇각)

② 〈S〉 $\overline{\text{DO}} = \overline{\text{BO}}$

③ 〈A〉 $\angle \text{EOD} = \angle \text{FOB} = 90°$

이므로

$\triangle \text{EOD} \equiv \triangle \text{FOB}(\text{ASA 합동})$

즉, $\overline{\text{EO}} = \overline{\text{FO}}$

두 대각선이 서로 다른 것을 수직이등분하므로

$\square \text{EBFD}$는 마름모이다

따라서 $\square \text{EBFD}$의 둘레의 길이는

$4\overline{\text{ED}} = 4 \times 4 = 16(\text{cm})$

답 16 cm

22

① 〈S〉 $\overline{\text{AB}} = \overline{\text{BC}}$

② 〈A〉 $\angle \text{ABE} = \angle \text{BCF} = 90°$

③ 〈S〉 $\overline{\text{BE}} = \overline{\text{CF}}$

이므로

$\triangle \text{ABE} \equiv \triangle \text{BCF}(\text{SAS 합동})$

즉, $\angle \text{AEB} = \angle \text{BFC} = 180° - 130° = 50°$

$\triangle \text{ABE}$의 세 내각의 크기의 합은 $180°$이므로

$\angle \text{BAE} = 180° - (90° + 50°)$

$\qquad\qquad = 40°$

답 $40°$

23

△OAB에서 ∠OAB＝∠OBA이므로

$\overline{OA}＝\overline{OB}$

$\overline{AC}＝2\overline{OA}＝2\overline{OB}＝\overline{BD}$

△ABD에서 ∠ABD＝∠ADB이므로

$\overline{AB}＝\overline{AD}$

따라서 □ABCD는 이웃하는 두 변의 길이가 같은 직사각형이므로 정사각형이다.

답 정사각형

24

△EAB에서 외각의 성질에 의하여

∠EAB＋∠EBA＝140°

△EAB는 이등변삼각형이므로

∠EAB＝∠EBA＝70°

□ABCD는 등변사다리꼴이므로

∠EBA＝∠BCD＝70°

따라서 ∠D＋∠BCD＝180°이므로

∠D＝180°－∠BCD

＝180°－70°

＝110°

답 110°

25

△APS≡△DRS (SAS 합동)이므로

∠ASP＝∠DSR＝40°

직사각형 ABCD의 네 변의 중점을 이어 만든 사각형 PQRS는 마름모이므로

∠PQR＝∠PSR

＝180°－(40°＋40°)

＝100°

따라서

∠QRS＝180°－∠PSR

＝180°－100°

＝80°

∠RQE＝180°－(80°＋90°)＝10°

따라서

∠PQE＝∠PQR－∠RQE

＝100°－10°

＝90°

답 90°

26

$\overline{AD}\,/\!/\,\overline{BC}$이고 $\overline{AB}\,/\!/\,\overline{DE}$이므로

□ABED는 평행사변형이다.

또, 점 G는 직각삼각형 DEC의 외심이므로

$\overline{DG}＝\overline{GE}$

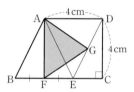

△ABE＝△EDA이므로

△ABF＝△AEF＝△AEG＝△ADG

$\square AFEG＝\dfrac{1}{2}\times\square ABED$

$＝\dfrac{1}{2}\times4\times4$

$＝8(cm^2)$

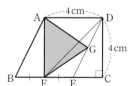

$\triangle GFE＝\dfrac{1}{2}\times\triangle DFE$

$＝\dfrac{1}{2}\times4$

$＝2(cm^2)$

△AFG＝□AFEG－△GFE

＝8－2

＝6(cm²)

답 6 cm²

27

$\overline{BD} : \overline{DC} = 1 : 3$이므로

$\triangle ADC = \dfrac{3}{4}\triangle ABC$

$\triangle ABD = \dfrac{1}{4}\triangle ABC$

$\overline{AF} : \overline{FD} = 2 : 1$이므로

$\triangle BDF = \dfrac{1}{3}\triangle ABD$

$\quad\quad = \dfrac{1}{3} \times \dfrac{1}{4}\triangle ABC$

$\quad\quad = \dfrac{1}{12}\triangle ABC$

$\triangle ADC : \triangle BDF = \dfrac{3}{4}\triangle ABC : \dfrac{1}{12}\triangle ABC$

$\quad\quad\quad\quad\quad\quad\quad = 9 : 1$

따라서 △ADC의 넓이는 △BDF의 넓이의 9배이다.

🖺 9배

5 도형의 닮음과 피타고라스 정리 본문 123~145쪽

확인문제

01 ×	02 ○	03 F	04 DE
05 D	06 9, 5	07 $\overline{AB}$, 5, 6	
08 B, 70	09 68	10 $\overline{EG}$	11 면 BCD
12 1 : 2	13 5 cm	14 6 cm	
15 △EDF, SSS		16 2 : 1	
17 △GHI, AA		18 3 : 2	
19 △DAC, AA		20 2 : 1	21 9 cm
22 ×	23 ○	24 ○	25 ○
26 ×	27 6, 4	28 4, 25	29 8, 4
30 4, 12		31 $x=6$, $y=12$	
32 $x=12$, $y=8$		33 $x=6$, $y=4$	
34 6, 4	35 7, 8	36 6 cm	37 3
38 3	39 $\dfrac{33}{8}$	40 $x=\dfrac{3}{2}$, $y=2$	
41 $x=2$, $y=\dfrac{10}{3}$		42 $\dfrac{12}{5}$ cm	43 2 cm
44 3 cm	45 $\dfrac{24}{5}$ cm	46 2, 2, 8	47 //, 64
48 ○	49 ×	50 32 cm²	51 6
52 $\dfrac{1}{3}$, $\dfrac{1}{3}$, 3		53 $\overline{GD}$, 3, 1	
54 $\overline{G'D}$, 3, 1, 2		55 8	56 15
57 4	58 16	59 8 cm	60 4 cm
61 24 cm	62 닮은, 6, 2, 3, 4, 9		
63 18 cm²	64 72 cm²	65 16, 5, 4, 3, 64, 125	
66 26 : 189	67 500	68 30	69 10000
70 1	71 $x=13$, $y=16$		
72 6 cm²	73 15 m	74 30만 원	75 ①, ②
76 ①, ⑤	77 ○	78 ×	79 ×
80 ○	81 60 cm²		

01 ㄱ, ㅁ, ㅂ, ㅈ, ㅊ　　**02** 5 cm

03 12π cm　**04** 8 cm　**05** $\dfrac{24}{5}$ cm　**06** $\dfrac{35}{4}$ cm

07 21 cm²　**08** $\dfrac{33}{8}$ cm　**09** $\dfrac{15}{2}$ cm　**10** 8

11 $\dfrac{9}{2}$ cm²　**12** 24 cm²　**13** 15 cm　**14** 24 cm²

15 18 cm²　**16** 3 cm²　**17** $\dfrac{9}{2}$ cm

18 19 cm²　**19** 36π cm³　**20** 15분

21 100π cm³　　　**22** $\dfrac{169}{8}\pi$ cm²

23 1개

01

두 직각이등변삼각형, 중심각이 같은 두 부채꼴, 두 반원, 두 구, 두 정육면체는 한 도형을 일정한 비율로 확대 또는 축소하면 다른 도형과 완전히 포개어진다.
따라서 항상 서로 닮은 도형인 것은 ㄱ, ㅁ, ㅂ, ㅈ, ㅊ이다.

답 ㄱ, ㅁ, ㅂ, ㅈ, ㅊ

02

$\square$ABCD∽$\square$EABF이므로
$6:4=(4+\overline{ED}):6$
$4+\overline{ED}=9$
따라서 $\overline{ED}=5$(cm)

답 5 cm

03

작은 원뿔의 밑면인 원의 반지름의 길이를 r cm라 하자.
두 원뿔이 서로 닮음이므로 닮음비는
$12:18=2:3$
$r:9=2:3$
$3r=18$
$r=6$
따라서 작은 원뿔의 밑면인 원의 둘레의 길이는
$2\pi\times6=12\pi$(cm)

답 12π cm

04

① 〈S〉 $\overline{AC}:\overline{AB}=6:9=2:3$
② 〈A〉 ∠A는 공통
③ 〈S〉 $\overline{AD}:\overline{AC}=4:6=2:3$
이므로
△ACD∽△ABC(SAS 닮음)
즉, $\overline{DC}:\overline{CB}=\overline{DC}:12=2:3$
$3\overline{DC}=24$
따라서 $\overline{DC}=8$(cm)

답 8 cm

05

① 〈A〉 ∠AEC=∠ADB=90°
② 〈A〉 ∠A는 공통
이므로
△CAE∽△BAD(AA 닮음)
즉, 두 삼각형의 닮음비는
$\overline{AC}:\overline{AB}=8:10=4:5$
이므로
$\overline{AE}:\overline{AD}=\overline{AE}:6=4:5$
$5\overline{AE}=24$
따라서 $\overline{AE}=\dfrac{24}{5}$(cm)

답 $\dfrac{24}{5}$ cm

06

① 〈A〉 ∠B=∠C=60°
② 〈A〉 ∠BDF+∠DFB=120°,
∠DFB+∠CFE=120°이므로
∠BDF=∠CFE
즉, △DBF∽△FCE(AA 닮음)
$\overline{FD}=7$(cm), $\overline{FC}=10$(cm)이므로
$\overline{FD}:\overline{EF}=\overline{DB}:\overline{FC}$
$7:\overline{EF}=4:5$
$4\overline{EF}=35$

$\overline{EF} = \dfrac{35}{4}(cm)$

따라서 $\overline{AE} = \overline{EF} = \dfrac{35}{4}(cm)$

답 $\dfrac{35}{4}$ cm

07

$\dfrac{1}{2} \times \overline{BC} \times \overline{AB} = \dfrac{1}{2} \times \overline{AC} \times \overline{BH}$

$20 \times 15 = 25 \times \overline{BH}$

$\overline{BH} = 12(cm)$

$\triangle ABC \backsim \triangle AHB$ (AA 닮음)이므로

$\overline{AB}^2 = \overline{AH} \times \overline{AC}$

$15^2 = \overline{AH} \times 25$

$\overline{AH} = 9(cm)$

따라서

$\overline{HM} = \overline{AM} - \overline{AH}$

$= \dfrac{25}{2} - 9$

$= \dfrac{7}{2}(cm)$

$\triangle BMH = \dfrac{1}{2} \times \dfrac{7}{2} \times 12$

$= 21(cm^2)$

답 21 cm^2

08

$\triangle ABC$에서 $\overline{DE} /\!/ \overline{BC}$이므로

$\overline{AD} : \overline{DB} = \overline{AE} : \overline{EC} = 8 : 3$

$\triangle ABF$에서 $\overline{DC} /\!/ \overline{BF}$이므로

$\overline{AC} : \overline{CF} = \overline{AD} : \overline{DB} = 8 : 3$

$11 : \overline{CF} = 8 : 3$

$8\overline{CF} = 33$

따라서 $\overline{CF} = \dfrac{33}{8}(cm)$

답 $\dfrac{33}{8}$ cm

09

$\overline{DC} = x$ cm라 하자.

$\overline{AD}$는 ∠A를 이등분하므로

$5 : 3 = (4-x) : x$

$5x = 3(4-x)$

$8x = 12,\ x = \dfrac{3}{2}$

$\overline{CE} = y$ cm라 하자.

$\overline{AE}$는 ∠A의 외각의 이등분선이므로

$5 : 3 = (4+y) : y$

$5y = 3(4+y)$

$2y = 12,\ y = 6$

따라서

$\overline{DE} = \overline{DC} + \overline{CE}$

$= x + y = \dfrac{3}{2} + 6$

$= \dfrac{15}{2}(cm)$

답 $\dfrac{15}{2}$ cm

10

$(x+4.5) : 4.5 = 10 : 6$이므로

$6x + 27 = 45$

$6x = 18,\ x = 3$

$(y+7.5) : 7.5 = 10 : 6$이므로

$6y + 45 = 75$

$6y = 30,\ y = 5$

따라서 $x + y = 8$

답 8

11

사다리꼴 ABCD에서

$\overline{AM} : \overline{MB} = \overline{DN} : \overline{NC} = 1 : 1$이므로

$\overline{AD} /\!/ \overline{MN} /\!/ \overline{BC}$

$\triangle ABC$에서

$\overline{MQ} : \overline{BC} = \overline{MQ} : 14 = 1 : 2$

$2\overline{MQ}=14$

$\overline{MQ}=7(cm)$

△BDA에서

$\overline{MP}:\overline{AD}=\overline{MP}:8=1:2$

$2\overline{MP}=8$

$\overline{MP}=4(cm)$

$\overline{PQ}=\overline{MQ}-\overline{MP}=7-4=3(cm)$

$\overline{AD}/\!\!/\overline{PQ}$이므로

△ODA∽△OPQ(AA 닮음)

닮음비는 $\overline{DA}:\overline{PQ}=8:3$

넓이의 비는 $8^2:3^2=64:9$

따라서

$\triangle OPQ=32\times\dfrac{9}{64}$

$\qquad=\dfrac{9}{2}(cm^2)$

답 $\dfrac{9}{2}$ cm^2

12

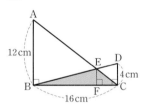

위의 그림과 같이 점 E에서 $\overline{BC}$에 내린 수선의 발을 F라 하면

△ABE∽△CDE(AA 닮음)이고

$\overline{AE}:\overline{CE}=12:4=3:1$

이므로 $\overline{CE}:\overline{CA}=1:4$

△ABC에서

$\overline{EF}:\overline{AB}=\overline{CE}:\overline{CA}=1:4$

$\overline{EF}:12=1:4$

$4\overline{EF}=12$

$\overline{EF}=3(cm)$

따라서

$\triangle EBC=\dfrac{1}{2}\times16\times3$

$\qquad=24(cm^2)$

답 24 cm^2

13

△AEC에서 두 점 D, F는 각각 $\overline{AE}$, $\overline{AC}$의 중점이므로

$\overline{DF}/\!\!/\overline{EC}$

$\overline{DF}=\dfrac{1}{2}\overline{EC}=\dfrac{1}{2}\times10=5(cm)$

△BDG에서 점 E는 $\overline{BD}$의 중점이고 $\overline{EC}/\!\!/\overline{DG}$이므로 점 C는 $\overline{BG}$의 중점이고

$\overline{DG}=2\overline{EC}=2\times10=20(cm)$

따라서

$\overline{FG}=\overline{DG}-\overline{DF}$

$\qquad=20-5$

$\qquad=15(cm)$

답 15 cm

14

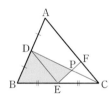

△DBE∽△ABC(SAS닮음)이고 닮음비가 1 : 2이므로 넓이의 비는 1 : 4가 되어

$\triangle DBE=\dfrac{1}{4}\triangle ABC$

$\qquad=\dfrac{1}{4}\times60$

$\qquad=15(cm^2)$

$\overline{BE}=\overline{EC}$이므로

$\triangle DEC=\triangle DBE=15(cm^2)$

$\overline{DE}/\!\!/\overline{FC}$이므로

△DEP∽△CFP(AA 닮음)이고

$\overline{DP}:\overline{CP}=\overline{DE}:\overline{CF}=\dfrac{3}{2}:1=3:2$이므로

$\triangle DEP=\dfrac{3}{5}\triangle DEC$

$\qquad=\dfrac{3}{5}\times15$

$\qquad=9(cm^2)$

따라서 □DBEP의 넓이는

$\triangle DBE+\triangle DEP=15+9=24(cm^2)$

답 24 cm^2

[참고]

높이가 같은 삼각형의 넓이
$\overline{BD} : \overline{DC} = m : n$이면

(1) $\triangle ABD : \triangle ADC = m : n$

(2) $\triangle ABD = \dfrac{m}{m+n} \times \triangle ABC$

$\triangle ADC = \dfrac{n}{m+n} \times \triangle ABC$

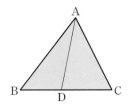

15

점 G가 $\triangle ABC$의 무게중심이므로
$\overline{CG} : \overline{GM} = 2 : 1$이고

$$\begin{aligned}
\triangle GMN &= \frac{1}{2} \triangle GCN \\
&= \frac{1}{2} \times 12 \\
&= 6 (\text{cm}^2)
\end{aligned}$$

$\overline{BG} : \overline{GN} = 2 : 1$이므로

$$\begin{aligned}
\triangle GMB &= 2 \triangle GMN \\
&= 2 \times 6 \\
&= 12 (\text{cm}^2)
\end{aligned}$$

따라서

$$\begin{aligned}
\triangle MBN &= \triangle GMB + \triangle GMN \\
&= 12 + 6 \\
&= 18 (\text{cm}^2)
\end{aligned}$$

🔲 18 cm^2

16

$\overline{AG} : \overline{GM} = 2 : 1$이므로

$\triangle GDM = \dfrac{1}{3} \triangle ADM$

$\triangle ABM$에서 $\overline{DG} /\!/ \overline{BM}$이므로

$\overline{AD} : \overline{DB} = \overline{AG} : \overline{GM} = 2 : 1$

$\triangle ADM = \dfrac{2}{3} \triangle ABM$

$\overline{AM}$이 중선이므로

$\triangle ABM = \dfrac{1}{2} \triangle ABC$

따라서

$$\begin{aligned}
\triangle GDM &= \frac{1}{3} \triangle ADM \\
&= \frac{1}{3} \times \frac{2}{3} \times \frac{1}{2} \triangle ABC \\
&= \frac{1}{9} \times 27 \\
&= 3 (\text{cm}^2)
\end{aligned}$$

🔲 3 cm^2

17

보조선 $\overline{AC}$를 긋는다.

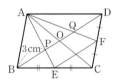

평행사변형의 두 대각선 AC, BD의 교점을 O라 하면
$\overline{AO} = \overline{OC}$

따라서 두 점 P, Q는 각각 $\triangle ABC$, $\triangle ACD$의 무게중심이므로

$\overline{BD} = 3\overline{BP} = 3 \times 3 = 9 (\text{cm})$

$\triangle CBD$에서 두 점 E, F는 각각 $\overline{CB}$, $\overline{CD}$의 중점이므로

$$\begin{aligned}
\overline{EF} &= \frac{1}{2} \overline{BD} \\
&= \frac{1}{2} \times 9 \\
&= \frac{9}{2} (\text{cm})
\end{aligned}$$

🔲 $\dfrac{9}{2} \text{ cm}$

18

① $\langle A \rangle$ $\angle ABC = \angle DCE$ (동위각)

② $\langle A \rangle$ $\angle ACB = \angle DEC$ (동위각)

이므로

$\triangle ABC \backsim \triangle DCE$ (AA 닮음)

두 삼각형의 닮음비는 $\overline{BC} : \overline{CE} = 2 : 3$

넓이의 비는 $2^2 : 3^2 = 4 : 9$이므로

$\triangle DCE = 4 \times \dfrac{9}{4}$

$\qquad = 9(cm^2)$

$\triangle ACD$와 $\triangle DCE$에서

$\overline{AC} : \overline{DE} = 2 : 3$

두 삼각형의 높이가 같으므로 넓이의 비도 $2 : 3$

$\triangle ACD = 9 \times \dfrac{2}{3}$

$\qquad = 6(cm^2)$

따라서 □ABED의 넓이는

$\triangle ABC + \triangle ACD + \triangle DCE = 4 + 6 + 9$

$\qquad\qquad\qquad\qquad\qquad = 19(cm^2)$

目 $19\ cm^2$

19

상자 A에 들어 있는 구슬의 반지름의 길이를 $r\ cm$라 하면

$4\pi r^2 = 36\pi$

$r^2 = 9$

$r > 0$이므로 $r = 3$

상자 A에 들어 있는 구슬 1개와 상자 B에 들어 있는 구슬 1개의 닮음비는 $2 : 1$이므로 부피의 비는

$2^3 : 1^3 = 8 : 1$

그런데 상자 B에는 크기와 모양이 같은 구슬 8개가 들어 있으므로 상자 A에 들어 있는 구슬의 부피와 상자 B에 들어 있는 구슬 전체의 부피는 같다.

따라서 상자 B에 들어 있는 구슬 전체의 부피는

$\dfrac{4}{3}\pi \times 3^3 = \dfrac{4}{3}\pi \times 27$

$\qquad\qquad = 36\pi(cm^3)$

目 $36\pi\ cm^3$

20

(두 지점 사이의 실제 거리)

$= 50000 \times 25(cm)$

$= 1250000(cm)$

$= \dfrac{25}{2}(km)$

따라서 실제 두 지점 사이를 자동차를 타고 이동할 때 걸리는 시간은

$\dfrac{25}{2} \div 50 = \dfrac{25}{2} \times \dfrac{1}{50}$

$\qquad\qquad = \dfrac{1}{4}(시간)$

$\qquad\qquad = 15(분)$

目 15분

21

밑면의 반지름의 길이를 $r\ cm$, 원뿔의 높이를 $h\ cm$라 하자.

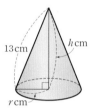

$\pi r^2 = 25\pi$

$r^2 = 25$

$r > 0$이므로 $r = 5$

피타고라스 정리에 의하여

$13^2 = 5^2 + h^2$

$h^2 = 169 - 25 = 144$

$h > 0$이므로 $h = 12$

따라서 원뿔의 부피는

$\dfrac{1}{3} \times 25\pi \times 12 = 100\pi(cm^3)$

目 $100\pi\ cm^3$

22

직각삼각형 ABC에서 피타고라스 정리에 의하여 $\overline{AB}$, $\overline{AC}$를 지름으로 하는 두 반원의 넓이의 합은 $\overline{BC}$를 지름으로 하는 반원의 넓이와 같으므로

색칠한 부분의 넓이는

$\dfrac{\pi}{2} \times \left(\dfrac{\overline{BC}}{2}\right)^2 = \dfrac{\pi}{2} \times \left(\dfrac{13}{2}\right)^2$

$\qquad\qquad\qquad = \dfrac{169}{8}\pi(cm^2)$

目 $\dfrac{169}{8}\pi\ cm^2$

직각삼각형 ABC에서 직각을 낀 두 변을 지름으로 하는 반원의 넓이를 각각 S_1, S_2라 하고 빗변을 지름으로 하는 반원의 넓이를 S_3이라 하면
$S_1 + S_2 = S_3$
이 성립한다.

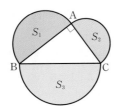

23

예각삼각형이 되기 위해서는
$a^2 < 5^2 + 11^2$
$a^2 < 146$
따라서 주어진 식을 만족하는 11보다 큰 자연수 a는 12뿐이다.

目 1개

---

6 **확률** 본문 146~165쪽

확인문제

01 2, 4, 6, 3 **02** 2, 3, 4, 5, 6, 5 **03** 1, 2, 2
04 1 **05** 3 **06** 3 **07** 6
08 3 **09** 2 **10** 4, 2, 4, 2, 6
11 9 **12** 5 **13** 3, 3, 9 **14** 4, 2, 8
15 30 **16** 6가지 **17** 3, 3, 9 **18** 11
19 2, 4, 8 **20** 7 **21** 0, 5, 2, 5, 3
22 6 **23** 6 **24** 34가지
25 4, 3, 2, 1, 24 **26** 4, 3, 12
27 3, 2, 1, 6 **28** 10, 9, 8, 720 **29** $bacd$
30 $cbda$ **31** 4, 4, 3, 2, 1, 24, 2, 24, 2, 48
32 240 **33** 144 **34** 48 **35** 4, 3, 12
36 4, 3, 2, 24 **37** 5, 5, 25
38 5, 5, 4, 100 **39** 6, 5, 30
40 6, 5, 2, 15 **41** 2, 4, 8 **42** 132
43 28 **44** 455 **45** 24 **46** 180
47 15개 **48** 35개 **49** 10개 **50** 20개
51 × **52** ○ **53** × **54** 1
55 0 **56** $\dfrac{2}{5}$, $\dfrac{3}{5}$ **57** 1, $\dfrac{2}{9}$
58 $\dfrac{1}{3}$, 1, $\dfrac{1}{3}$, $\dfrac{2}{3}$ **59** 1, $\dfrac{9}{10}$ **60** $\dfrac{11}{12}$
61 $\dfrac{5}{6}$ **62** $\dfrac{3}{8}$, $\dfrac{1}{8}$, $\dfrac{3}{8}$, $\dfrac{1}{8}$, $\dfrac{1}{2}$ **63** $\dfrac{7}{36}$
64 $\dfrac{1}{2}$ **65** ×, $\dfrac{1}{6}$ **66** $\dfrac{1}{6}$, $\dfrac{1}{2}\left(\text{또는 } \dfrac{3}{6}\right)$, $\dfrac{1}{12}$
67 $\dfrac{1}{12}$ **68** $\dfrac{1}{6}$ **69** $\dfrac{4}{25}$ **70** $\dfrac{43}{45}$
71 1, 1, $\dfrac{1}{16}$, $\dfrac{15}{16}$ **72** $\dfrac{99}{100}$ **73** $\dfrac{98}{125}$
74 $\dfrac{119}{120}$ **75** $\dfrac{5}{27}$ **76** $\dfrac{20}{81}$
77 $\dfrac{3}{10}$, $\dfrac{2}{9}$, $\dfrac{1}{15}$ **78** $\dfrac{7}{10}$, $\dfrac{6}{9}\left(\text{or } \dfrac{2}{3}\right)$, $\dfrac{7}{15}$
79 $\dfrac{2}{3}$ **80** $\dfrac{1}{3}$, $\dfrac{2}{3}$, $\dfrac{2}{9}$ **81** $\dfrac{2}{3}$, $\dfrac{1}{3}$, $\dfrac{2}{9}$
82 $\dfrac{2}{9}$, $\dfrac{2}{9}$, $\dfrac{4}{9}$ **83** $\dfrac{11}{20}$ **84** $\dfrac{1}{2}$ **85** $\dfrac{1}{4}$

86 $\dfrac{4}{5}$ **87** $\dfrac{4}{5}, \dfrac{1}{5}, \dfrac{4}{25}$

88 $\dfrac{1}{5}, \dfrac{3}{4}, \dfrac{3}{20}$ **89** $\dfrac{4}{25}, \dfrac{3}{20}, \dfrac{31}{100}$

90 $\dfrac{9}{25}$ **91** $\dfrac{16}{25}$ **92** $\dfrac{3}{4}$

93 $\dfrac{1}{4}, \dfrac{3}{4}, \dfrac{3}{16}$ **94** $\dfrac{3}{4}, \dfrac{3}{16}, \dfrac{15}{16}$

95 $\dfrac{2}{7}$ **96** $\dfrac{5}{7}$

유형연습

01 5 **02** 6 **03** 14 **04** 36

05 60가지 **06** 36 **07** 12 **08** 48개

09 6가지 **10** 84 **11** 151개 **12** $\dfrac{1}{12}$

13 $\dfrac{3}{4}$ **14** $\dfrac{4}{9}$ **15** $\dfrac{5}{9}$ **16** $\dfrac{11}{16}$

17 $\dfrac{56}{165}$ **18** $\dfrac{1}{3}$ **19** $\dfrac{189}{256}$ **20** $\dfrac{1}{9}$

01

72의 약수는

1, 2, 3, 4, 6, 8, 9, 12, 18, 24, 36, 72

이 중에서 12 이상인 수는 12, 18, 24, 36, 72의 5가지

따라서 구하는 경우의 수는 5이다.

답 5

02

x, y는 주사위의 눈이므로 $2x+y$의 값이 6의 배수가 되는 경우는 다음과 같다.

(i) $2x+y=6$일 때,

식을 만족하는 (x, y)를 순서쌍으로 나타내면

$(1, 4)$, $(2, 2)$의 2가지

(ii) $2x+y=12$일 때,

식을 만족하는 (x, y)를 순서쌍으로 나타내면

$(3, 6)$, $(4, 4)$, $(5, 2)$의 3가지

(iii) $2x+y=18$일 때,

식을 만족하는 (x, y)를 순서쌍으로 나타내면 $(6, 6)$의 1가지

따라서 구하는 경우의 수는

$2+3+1=6$

답 6

03

A지점에서 C지점까지 바로 가는 경우의 수는 2

A지점에서 B지점을 거쳐 C지점까지 가는 경우의 수는

$3 \times 4 = 12$

따라서 A지점에서 C지점까지 가는 경우의 수는

$2+12=14$

답 14

04

$\overline{CD}$를 거쳐야 하므로 A지점에서 C지점까지 최단 거리로 가는 경우의 수와 D지점에서 B지점까지 최단 거리로 가는 경우의 수를 나누어서 구한다.

A지점에서 C지점까지 최단 거리로 가는 방법은 6가지

D지점에서 B지점까지 최단 거리로 가는 방법은 6가지

따라서 구하는 경우의 수는

$6 \times 6 = 36$

답 36

05

세 종류의 동전을 각각 한 개 이상씩 사용해야 한다.

500원짜리 동전 3개로 지불할 수 있는 금액은 3가지

100원짜리 동전 4개로 지불할 수 있는 금액은 4가지

10원짜리 동전 5개로 지불할 수 있는 금액은 5가지

따라서 지불할 수 있는 금액은

$3 \times 4 \times 5 = 60$(가지)

답 60가지

06

(i) (DAE), B, C를 일렬로 세우는 경우의 수
$$3 \times 2 \times 1 = 6$$

(ii) (DBE), A, C를 일렬로 세우는 경우의 수
$$3 \times 2 \times 1 = 6$$

(iii) (DCE), A, B를 일렬로 세우는 경우의 수
$$3 \times 2 \times 1 = 6$$

이때 D, E가 순서를 바꾸는 경우의 수는 2 이므로 구하는 경우의 수
$$(6 + 6 + 6) \times 2 = 36$$

답 36

07

국어 교과서를 맨 뒤에 꽂은 후
수학, 과학 교과서를 서로 이웃하게 묶어 주면
(수학, 과학), 영어, 사회를 일렬로 세우는 것과 같으므로 경우의 수는
$$3 \times 2 \times 1 = 6$$
묶음 안에서 수학, 과학 교과서가 서로 자리를 바꾸는 경우의 수는
$$2 \times 1 = 2$$
따라서 구하는 경우의 수는
$$6 \times 2 = 12$$

답 12

08

(i) 백의 자리의 숫자가 1인 세 자리 정수의 개수는
$$5 \times 4 = 20(개)$$

(ii) 백의 자리의 숫자가 2인 세 자리 정수의 개수는
$$5 \times 4 = 20(개)$$

(iii) 백의 자리의 숫자가 3, 십의 자리 숫자가 0인 세 자리 정수의 개수는
301, 302, 304, 305의 4개

(iv) 백의 자리의 숫자가 3, 십의 자리 숫자가 1인 세 자리 정수의 개수는
310, 312, 314, 315의 4개

따라서 만들 수 있는 320 미만의 세 자리의 정수의 개수는
$$20 + 20 + 4 + 4 = 48(개)$$

답 48개

09

쌀은 이미 포함되어 있으므로 검은콩, 보리, 조, 팥 4가지 중 잡곡밥에 들어갈 2가지의 곡물을 고른다.
따라서 만들 수 있는 잡곡밥의 종류는
$$\frac{4 \times 3}{2} = 6(가지)$$

답 6가지

10

(i) A와 C가 같은 색, B와 D가 같은 색인 경우는
A에 4가지, B에 3가지, C에 1가지, D에 1가지를 칠할 수 있으므로 경우의 수는
$$4 \times 3 \times 1 \times 1 = 12$$

(ii) A와 C가 같은 색, B와 D가 다른 색인 경우는
A에 4가지, B에 3가지, C에 1가지, D에 2가지를 칠할 수 있으므로 경우의 수는
$$4 \times 3 \times 1 \times 2 = 24$$

(iii) A와 C가 다른 색, B와 D가 같은 색인 경우는
A에 4가지, B에 3가지, C에 2가지, D에 1가지를 칠할 수 있으므로 경우의 수는
$$4 \times 3 \times 2 \times 1 = 24$$

(iv) A와 C가 다른 색, B와 D가 다른 색인 경우는
A에 4가지, B에 3가지, C에 2가지, D에 1가지를 칠할 수 있으므로 경우의 수는
$$4 \times 3 \times 2 \times 1 = 24$$

따라서 4가지 색을 사용하여 칠할 수 있는 경우의 수는
$$12 + 24 + 24 + 24 = 84$$

답 84

11

11개의 점 중 세 점을 뽑는 경우의 수는
$$\frac{11 \times 10 \times 9}{3 \times 2 \times 1} = 165$$

일직선 위의 세 점을 뽑으면 삼각형이 만들어지지 않으므로

사다리꼴 윗변의 4개의 점 중 세 점을 뽑는 경우의 수

$$\frac{4 \times 3 \times 2}{3 \times 2 \times 1} = 4$$

사다리꼴 아랫변의 5개의 점 중 세 점을 뽑는 경우의 수

$$\frac{5 \times 4 \times 3}{3 \times 2 \times 1} = 10$$

따라서 만들 수 있는 삼각형의 개수는

$$165 - (4 + 10) = 151(개)$$

답 151개

12

한 개의 주사위를 두 번 던질 때 나올 수 있는 모든 경우의 수는

$$6 \times 6 = 36$$

$2x + y = 9$를 만족하는 순서쌍 (x, y)는

$(2, 5), (3, 3), (4, 1)$의 3가지

따라서 구하는 확률은

$$\frac{3}{36} = \frac{1}{12}$$

답 $\frac{1}{12}$

13

모든 경우의 수는

$$\frac{8 \times 7}{2} = 28$$

태웅이가 대표로 뽑히는 경우는 태웅이를 제외한 7명의 후보 중에서 대표 1명을 뽑는 경우와 같으므로 7가지

태웅이가 대표로 뽑힐 확률은

$$\frac{7}{28} = \frac{1}{4}$$

따라서 태웅이가 뽑히지 않을 확률은

$$1 - (태웅이가 대표로 뽑힐 확률) = 1 - \frac{1}{4}$$
$$= \frac{3}{4}$$

답 $\frac{3}{4}$

14

모든 경우의 수는

$$\frac{9 \times 8}{2} = 36$$

남학생만 2명 뽑는 경우의 수는 $\frac{4 \times 3}{2} = 6$이므로

남학생만 2명 뽑을 확률은

$$\frac{6}{36} = \frac{1}{6}$$

여학생만 2명 뽑는 경우의 수는 $\frac{5 \times 4}{2} = 10$이므로

여학생만 2명 뽑을 확률은

$$\frac{10}{36} = \frac{5}{18}$$

따라서 구하는 확률은

$$\frac{1}{6} + \frac{5}{18} = \frac{8}{18} = \frac{4}{9}$$

답 $\frac{4}{9}$

15

9장의 카드 중에서 자음 1장, 모음 1장을 뽑을 확률을 구한다.

9장의 카드 중에서 2장을 뽑는 경우의 수는

$$\frac{9 \times 8}{2} = 36$$

자음 1장, 모음 1장을 뽑는 경우의 수는

$$5 \times 4 = 20$$

따라서 구하는 확률은

$$\frac{20}{36} = \frac{5}{9}$$

답 $\frac{5}{9}$

16

4개의 문제를 모두 틀릴 확률은

$$\frac{1}{2} \times \frac{1}{2} \times \frac{1}{2} \times \frac{1}{2} = \frac{1}{16}$$

4개의 문제 중 1개의 문제를 맞힐 확률은

$$\frac{1}{2} \times \frac{1}{2} \times \frac{1}{2} \times \frac{1}{2} \times 4 = \frac{1}{4}$$

따라서 적어도 2문제를 맞힐 확률은

$$1-\left(\frac{1}{16}+\frac{1}{4}\right)=1-\frac{5}{16}$$

$$=\frac{11}{16}$$

답 $\dfrac{11}{16}$

17

11개의 제비 중 3개는 당첨 제비, 8개는 비 당첨 제비이므로

A가 당첨되지 않을 확률은

$$\frac{11-3}{11}=\frac{8}{11}$$

B가 당첨되지 않을 확률은

$$\frac{8-1}{11-1}=\frac{7}{10}$$

C가 당첨되지 않을 확률은

$$\frac{8-2}{11-2}=\frac{6}{9}$$

따라서 구하는 확률은

$$\frac{8}{11}\times\frac{7}{10}\times\frac{6}{9}=\frac{56}{165}$$

답 $\dfrac{56}{165}$

18

윤슬이만 이기는 경우는

(가위, 보, 보), (바위, 가위, 가위), (보, 바위, 바위)의

3가지이므로

윤슬이만 이길 확률은

$$\frac{3}{3\times3\times3}=\frac{1}{9}$$

윤슬이와 지인이가 이기는 경우는

(가위, 가위, 보), (바위, 바위, 가위), (보, 보, 바위)

의 3가지

따라서 윤슬이와 지인이가 이길 확률은

$$\frac{3}{3\times3\times3}=\frac{1}{9}$$

윤슬이와 서우가 이기는 경우는

(가위, 보, 가위), (바위, 가위, 바위), (보, 바위, 보)

의 3가지

따라서 윤슬이와 서우가 이길 확률은

$$\frac{3}{3\times3\times3}=\frac{1}{9}$$

그러므로 구하는 확률은

$$\frac{1}{9}+\frac{1}{9}+\frac{1}{9}=\frac{3}{9}=\frac{1}{3}$$

답 $\dfrac{1}{3}$

19

A팀이 B팀과의 경기에서 이길 확률이 $\dfrac{3}{4}$이므로 질 확률은

$\dfrac{1}{4}$이다.

각 경기에서 A팀이 이기는 것을 승, 지는 것을 패라고 하면

(승, 승, 승)의 확률은

$$\frac{3}{4}\times\frac{3}{4}\times\frac{3}{4}=\frac{27}{64}$$

(승, 승, 패, 승)의 확률은

$$\frac{3}{4}\times\frac{3}{4}\times\frac{1}{4}\times\frac{3}{4}=\frac{27}{256}$$

(승, 패, 승, 승)의 확률은

$$\frac{3}{4}\times\frac{1}{4}\times\frac{3}{4}\times\frac{3}{4}=\frac{27}{256}$$

(패, 승, 승, 승)의 확률은

$$\frac{1}{4}\times\frac{3}{4}\times\frac{3}{4}\times\frac{3}{4}=\frac{27}{256}$$

따라서 A팀이 마지막 경기는 하지 않고 다섯 경기 전에 결승 리그에 진출할 확률은

$$\frac{27}{64}+\frac{27}{256}+\frac{27}{256}+\frac{27}{256}=\frac{189}{256}$$

답 $\dfrac{189}{256}$

20

$-2x+a=x-b$의 해가 $x=\dfrac{5}{3}$이므로

$$3x=a+b$$

$$3\times\frac{5}{3}=a+b$$

즉, $a+b=5$

모든 경우의 수는 $6 \times 6 = 36$

두 눈의 합이 5인 경우는

$(1, 4), (2, 3), (3, 2), (4, 1)$

의 4가지

따라서 구하는 확률은

$\dfrac{4}{36} = \dfrac{1}{9}$

답 $\dfrac{1}{9}$

어휘가 독해다!

어휘를 알면 국어가 쉬워진다!
중학 국어 교과서 필수 어휘 총정리

한 장 수학

수학 기본기를 다지는 특별한 비법!
하루 한 장 학습으로
규칙적인 수학 습관을 기르자

MEMO

진짜
수학의 답을
찾아서!

수학의 답

중학 수학 2

필독

중학 국어로 수능 잡기

✦ **필독** 중학 국어로 수능 잡기 시리즈

문학 ─ 비문학 독해 ─ 문법 ─ 교과서 시 ─ 교과서 소설

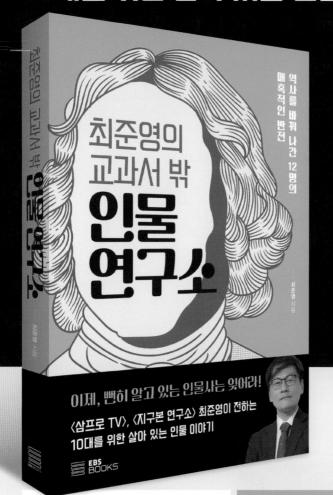